Jacques Loew

In der Schule großer Beter

Jacques Loew

# In der Schule großer Beter

Herder Freiburg · Basel · Wien

Titel der Originalausgabe:
„*La Prière à l'école des grands priants*"
Librairie Arthème Fayard, Paris (1975)
Übersetzt von
Elisabeth Darlap (S. 28–94  197–221)
und Hanns-Werner Eichelberger (S. 5–27  95–196  222–238)

© Verlag Herder KG Freiburg im Breisgau 1976
Imprimatur. – Freiburg im Breisgau, den 22. September 1976
Der Generalvikar: Dr. Schlund
Freiburger Graphische Betriebe 1976
ISBN 3-451-17607-6

# Vorwort

Der vorliegende Band geht auf eine Reihe geistlicher Vorträge zurück, die ich in der „École de la Foi" in Freiburg/Schweiz wöchentlich gehalten habe. Auch nach ihrer Überarbeitung haben sie den Charakter des gesprochenen Wortes und ihre Einfachheit behalten. Sie erheben keinen wissenschaftlichen, exegetischen oder theologischen Anspruch, sondern wollen weiter nichts, als sich auf die Suche nach Gott begeben und dann mit Philippus sagen: „Der, von dem Mose im Gesetz geschrieben hat und die Propheten, den haben wir gefunden; nämlich Jesus, den Sohn Josephs, aus Nazaret" und um mit der Frau aus Samaria hinzuzufügen: „Ob dieser vielleicht der Messias ist?" – dazu habe ich mich auf Quellen gestützt, die mir die besten schienen.

Am Schluß jedes Kapitels verweise ich deshalb auf Bücher, mit denen ich mich häufig betrachtend beschäftigt habe und die mir eine wertvolle Hilfe waren. Sie haben mein eigenes Beten wesentlich bereichert. Ich bitte die Autoren, denen ich viel verdanke, um Nachsicht, wenn ich im Text auf detaillierte Hinweise und Anmerkungen verzichtet habe. Sollte die eine oder andere ihrer Formulierungen in meinen Text eingeflossen sein, ohne daß ich dies vermerkt hätte, so möchten sie darin ein Zeichen dankbarer Aneignung erkennen.

Über die am Schluß jedes Kapitels angeführten Bücher hinaus möchte ich besonders hinweisen auf

– das wertvolle Buch von Suzanne de Diétrich, Le Dessein de Dieu, itinéraire biblique (erschienen bei Delachaux et Niestlé, Genf), das als eines der ersten – wenn nicht das erste – diesen Weg eröffnete, die Heilsgeschichte durch die Bibel zu verfolgen;

– ferner auf alles, was ich den Éditions du Cerf, Paris, und den Autoren der Jerusalemer Bibel und neuerdings der ökumenischen Bibelübersetzung verdanke;

– schließlich auf die ständige Hilfe aus dem „Wörterbuch zur Biblischen Botschaft", hrsg. von X. Léon-Dufour (deutsche Ausgabe: Verlag Herder, Freiburg i. Br. ²1967).

Zu den Psalmen bietet die Einführung von André Chouraqui in seine Psalmenübersetzung in knapper Form einen ausgezeichneten Zugang. Die Übersetzung selbst ist eine persönliche Geschmackssache. Immerhin haben viele auf dem Weg über diese Übersetzung die Psalmen erst entdeckt (erschienen bei den Presses Universitaires de France, Paris)*.

*Jacques Loew*

---

\* Die Kapitel über Abraham (S. 13–27), Mose (S. 45–64), David (S. 65–77), Jesus (S. 95–110), Paulus (S. 125–137) und das Kapitel über das Gebet der Kleinen und Armen im AT (S. 78–94) habe ich auf Anregung des französischen Nationalen Zentrums für geistliche Berufe auf sechs Schallplatten gesprochen. Sie sind erhältlich beim Centre National des Vocations, 106, rue du Bac, F-75006 Paris.

# Inhalt

Inhalt

# Einleitung

„Herr, lehre uns beten" – der Jünger, der diese Worte an Jesus richtete, ist unbekannt geblieben, doch hat seine Bitte die umfassendste Welle des Gebetes ausgelöst, die es in der Welt je gegeben hat: das Vaterunser, das seither Tag für Tag und Jahrhundert für Jahrhundert immer neu gebetet wird, ob still im Herzen gesprochen oder von einer Menge laut und feierlich gesungen.

Es ist gut, daß wir nicht wissen, wie dieser Jünger hieß und wer er war. Wie beim unbekannten Soldaten steht er durch seine Anonymität für uns alle. In der anonymen Menge derer, die wissen, daß sie nicht beten können, sind wir alle in diesem unbekannten Beter dargestellt und bezeichnet. In ihm erkennen wir uns selbst: „Herr, lehre uns beten."

Doch bevor das Gebet Wort oder Schweigen wird, Aufschrei oder Stammeln, tausendjähriger Psalm oder spontane Eingebung des Herzens, ist es das Eintreten in ein Gegenüber mit Gott. Das hatte Jesus der Samariterin deutlich gemacht. Wenn er der Frau, der er am Jakobsbrunnen begegnete, sagt: „Wenn du die Gabe Gottes kennen würdest und wer der ist, der zu dir sagt: ‚Gib mir zu trinken', dann hättest du ihn gebeten, und er hätte dir lebendiges Wasser gegeben" (Jo 4, 10), gibt uns Jesus den eigentlichen Schlüssel zur Haltung des Betens.

Die Initiative kommt von Gott: er bittet zuerst zu trinken, er dürstet nach uns. Mit diesem „gib mir zu trinken" am Anfang unterstreicht Jesus die wesentliche Ordnung des Betens: Gott selbst macht den Anfang, er ist immer der erste, der spricht. Unser geistliches Leben, unser Leben mit Gott, ist nicht eine Art Patience-Legen, bei dem man mit eigenen Karten, so gut es geht, auf dem Tisch etwas ausknobelt, sondern es ist eine Partie zu zweit, und Gott ist dabei immer derjenige, der die Initiative ergreift.

Dann erst, wenn wir die Liebe Gottes gespürt haben, dieses Gottes, der um unsere Liebe bettelt, um uns die seine besser schenken zu können – „Wenn du die Gabe Gottes für dich kennen würdest" –, dann erst beten wir. Das Beten kommt ganz natürlich in dem Augenblick, in dem wir die Gabe Gottes erspüren:

„Wenn du die Gabe Gottes kennen würdest und wer der ist, der zu dir sagt: ,Gib mir zu trinken', dann hättest du ihn gebeten." Man muß hier vor allem auf das Wort *gebeten* achten: das Beten entsteht in eben dem Augenblick, wenn du gemerkt hast, daß Gott dir etwas unendlich Großes schenken will.

Das Gebet selbst wird dich dann schließlich „ausrichten", wird dich gewissermaßen auf die Ebene Gottes holen, die stets höher liegt als dein eigenes Streben. Es führt dich zu der Quelle lebendigen Wassers im Gegensatz zum faulen, abgestandenen Wasser. Du kommst an die Quelle, die im Innern des „tiefen" Brunnens sprudelt und die du gesucht hast: „Du hättest ihn gebeten, und er hätte dir lebendiges Wasser gegeben."

Um beten zu lernen, sind wir nicht alleingelassen und führerlos: seit dem unbekannten Jünger und der Frau aus Samaria ist über Jahrtausende eine unermeßliche Schule des Betens entstanden: die Schule der großen Beter. Im Blick auf die großen Beter im Alten Testament, dann auf Jesus, auf seine unmittelbaren Jünger und schließlich auf die Heiligen aller Epochen finden wir das Fundament für jedes Gebet: den Heiligen Geist, der in uns betet, denselben Geist, der als urzeitliches Wehen „über den Wassern schwebte", noch vor der Erschaffung der Welt, dieselbe „Kraft des Höchsten, die Maria überschattete".

Aber der Gott, der die Welt erschaffen hat und der „sein Zelt mitten unter uns aufschlagen wird", gibt uns damit zu verstehen, daß unser Gebet Wurzel fassen muß in den Gegebenheiten von Raum und Zeit, jeder Zeit und jeden Raumes in unserem jeweiligen Leben. Wenn unser Gebet keine künstliche Blume sein soll, kann es nur keimen, heranwachsen und Frucht bringen, wenn es in den alltäglichsten Stoff unseres Lebens verwoben ist. Vorausgesetzt allerdings – hier kommen wir wieder auf die Frau aus

Samaria zurück –, daß es von oben her erleuchtet ist, vom Licht des Wortes, das „jeden Menschen, der in diese Welt kommt, erleuchten" will.

Deshalb dürfen wir einzelne Ereignisse oder Personen – etwa Abraham, Mose oder Jesus – nicht je für sich betrachten, sondern eingefügt und hineingenommen in die umfassende Dynamik des Heilsplanes Gottes.

Im alten Israel und in Mose sehen wir ein Volk auf der Flucht aus der Versklavung, unterwegs in ein verheißenes Land, auf einem Marsch mit allem, was an Erschöpfung, Widerstand, Verzweiflung dazugehört, das aber von einer stets noch größeren Hoffnung gehalten wird. Aber gerade eben hat dieses Volk das wunderbare Land in Besitz genommen, da geht es Götzen in die Falle und wird weich. Die unausweichlichen Konsequenzen davon sind die Zerstörung Jerusalems und die Verschleppung nach Babylon. Hier aber, in der Begegnung mit der totalitären Herrschaft der falschen Götter, entdeckt ein kleiner Rest von Verbannten die einmalige Größe seines Auftrags wieder: er kennt den wahren Gott, und dieser wahre Gott hat diesen Rest auserwählt, um sich durch ihn den Menschen bekannt zu machen. Bei der Rückkehr aus dem Exil will diese Handvoll Menschen nur noch da sein für seinen unvergleichlichen Gott im Dienst und im Kult. Und nun erstarrt es aufs neue in Praktiken und Vorschriften, deren Buchstaben nicht mehr Träger des Geistes sind.

Während sich nun über fast zweitausend Jahre hin dieses Geschehen abspielt, entwickelt sich eine weitere Geschichte innerhalb dieser ersten. Die Verheißungen, die Bundesschlüsse, die die Existenz eines Abraham, Mose, Josua, Josijas oder die prophetischen Worte eines Jesaja, Amos, Jeremia, Ezechiel oder Hosea über anscheinend höchst menschliche Ereignisse prägten, kurz, die ganze Geschichte dieses Volkes auf dem Weg erweist sich als Warten auf einen Menschen, der auf das Warum so vieler Jahrhunderte von Tränen und Hoffnungen eine Antwort gibt: ein Gesandter Gottes, ein zweiter Mose, nur viel erstaunlicher und großartiger, aber zugleich der Sohn Davids, der durch göttliche

Salbung mit Kraft, Weisheit und Weihe gezeichnet ist. Und nun „bei einem Tagesanbruch" – banal wie andere – trifft an irgendeinem Flußufer ein gewisser Andreas seinen Bruder Simon: „Wir haben den Messias gefunden, das heißt: Christus." Er nimmt seinen Bruder mit zu diesem Mann von etwa dreißig Jahren, den er seit zwei Tagen kennt, auf den sein Volk aber schon seit zweitausend Jahren wartet und der Jesus heißt.

Es dauert keine drei Jahre, und der wunderbare zweitausendjährige Traum bricht zusammen: ein kurzer Prozeß, und Jesus stirbt am Kreuz. Simon Petrus, der Bruder des Andreas, hat inzwischen diesen Christus verleugnet, obwohl er zu dessen Vertrauensmann geworden war seit dem Tag, da er gesagt hatte: „Du bist der Messias, der Sohn des lebendigen Gottes." Den wenigen Getreuen bleibt nichts weiter, als denjenigen zu begraben, von dem sie geglaubt hatten, „er würde Israel erlösen" (Lk 24, 21).

Zweitausend Jahre nach diesen Ereignissen als Nachfolger des Petrus und der anderen, die ihr Leben gegeben haben, um für das Versagen einer Nacht einzustehen, sind wir es nun – das heißt das neue Israel: Italiener, Schweizer, Belgier, Mexikaner, Japaner, Inder, Afrikaner, Franzosen, Deutsche, Menschen aus allen Ländern, Völkern und Nationen, aus allen Sprachen und Kulturen, auf die die Bibel geradezu auf jeder Seite hofft und wartet; sind wir es also, die bejahen, daß dieser Jesus Christus dennoch derjenige ist, in dem alles erfüllt ist, was in den Schriften gesagt ist „im Gesetz des Mose und in den Propheten und Psalmen" (Lk 24, 44). Mit dem ersten großen Bekehrten, mit Paulus von Tarsus, sagen wir von diesem Christus nicht nur, daß er lebt (Offb 25, 19), sondern daß die Welt in ihm erneuert, das heißt neu gezeugt ist, und daß durch ihn die Grenzen von Raum und Zeit ihren Sinn verloren haben: „Aus der Liebe Christi, die die Erkenntnis übersteigt, bis wir erfüllt werden mit der ganzen Fülle Gottes" (Eph 3, 19). Für einen Glaubenden sind das mehr als Worte. Wie anders aber sollen wir in diese Etappen der Bibel eintreten, die diesen Christus aussagen und die unser ganzes Leben bedeuten, als daß wir den Herrn bitten: „Herr, lehre uns beten."

# 1

## Abraham
## Das Eintreten in das Geheimnis Gottes

Es gibt Flüsse, die als kaum wahrnehmbares Bächlein im Wiesengrund ihren Anfang nehmen; andere dagegen sprudeln schon in ihrem Ursprung kraftvoll hervor, weil dort eine unterirdische Sperre einen gewaltigen Wasserdruck erzeugt. Ähnliches kann man vom Alten Testament sagen. Meist handelt es sich da um ein allmähliches, ja zögerndes Eintreten in das Geheimnis Gottes. Plötzlich aber offenbart sich durch einen Menschen oder ein Geschehnis ein Glaube von unerschöpflicher Dichte und Fülle. So taucht Abraham aus den gewundenen Wegen der Genesis als eine Kraft ohnegleichen auf. Jahrhunderte und Jahrtausende stammelnden Suchens konzentrieren sich in ihm und brechen aus ihm hervor.

Rein äußerlich geschieht dabei nichts Außergewöhnliches. „Abram durchzog das Land bis zur Stätte von Sichem, bis zur Terebinthe des More... Da erschien Jahwe dem Abram und sprach: ‚Deinen Nachkommen will ich dieses Land geben.' Da baute er dort Jahwe, der ihm erschienen war, einen Altar. Von da zog er weiter in das Gebirge östlich von Betel und schlug sein Zelt auf, Betel im Westen und Ai im Osten. Da baute er Jahwe einen Altar und rief den Namen Jahwes an..." (Gn 12, 6–9).

Abraham baute also Altäre; das soll für uns nicht heißen, daß wir Oratorien bauen sollen! Was will es besagen? Abraham begegnet Gott auf seinen Nomadenwanderungen; in seinem gewöhnlichen Leben, während er herumzieht, begegnet er Gott. Und weiter heißt es: „Abram zog ... an die Stätte des Altars, den er früher dort errichtet hatte. Hier rief Abram den Namen Jahwes an" (Gn 13, 3.4). Für Abraham ist die ganze Welt Kathedrale (eine Eiche, Steine), die ganze Welt ist Tempel Gottes.

Das setzt voraus, daß unser Gebet Zustand geworden ist. Es handelt sich also nicht so sehr um Gebetsakte als vielmehr um zuständliches Gebet, in dem wir Gott überall wahrhaft begegnen können. Wenn das Gebet Begegnung mit der Gegenwart Gottes ist, dann müssen wir aufmerksam sein – wach – und auch im Zustand gehorsamer Freundschaft, denn dieser Nomadenweg wird ja auf Befehl Gottes eingeschlagen: „Verlaß dein Land, Abram ..." Nach diesem seinem Akt des Gehorsams wird Abraham im verheißenen Land Gott begegnen.

Sein erstes Gebet während der Tage seiner Wanderung besteht also in schweigendem Aufmerken, im Anhangen an Gott, wie Jesus es so gut konkretisieren wird, indem er sagt: „Mein Vater läßt mich nie allein" (die Begegnung ist eine dauernde), „weil ich allezeit tue, was ihm wohlgefällt" (Jo 6, 2).

Wir alle haben erfahren, wie ein großer Schmerz – ein Trauerfall oder ein Verrat – in allem, was wir tun, gegenwärtig wird; unser Kommen und Gehen, das ganze alltägliche Leben ist erfüllt von dieser Gegenwart, vom Schmerz über diese Abwesenheit. Und genauso ist es mit einer großen Freude. Was wir auch tun ... die Töpfe in der Küche sind voll mit unserer Freude. So ist es im Zustand von Trauer und Schmerz und im Zustand von Freude. Und geradeso ist es mit Abraham, der Gott überall begegnet. Die heilige Theresia von Ávila hat dafür ein Wort geprägt, das schon klassisch geworden ist und doch nie veraltet, das Wort vom „freundschaftlichen Zusammensein mit dem Gott, von dem wir uns geliebt wissen". Abraham ist bereiten Herzens, weil er Gott schon gehört und ihm gehorcht hat, ganz im Gegensatz zu Adam,

der sich versteckt und Gott flieht. Abraham ist in einem Zustand
des Verlangens nach freundschaftlicher Begegnung.

„Und dort rief er seinen Namen an." In diesem Anruf ist das
ganze Gebet Abrahams enthalten. Keine Worte. Es handelt sich
nicht um ein subjektives Gebet, um Bitten, Flehen, um ein „Sich-
zunichtemachen" vor dem so großen Gott. Schon im voraus gehorsam gegen Jesus macht Abraham „nicht viele Worte" (Mt 6, 7)
noch Bilder. Er ruft den allerhöchsten Namen an, er anerkennt
Gott als Gott, er steht vor ihm. Er betet an, aber nicht in Form
einer Idee: „Du, der du kein anderer bist als Gott."

Dabei ist dieser Gott dem Abraham noch sehr unbekannt. El
Shaddai, der Gott des Gebirges, der auf den hohen Gipfeln wohnt.
Nach Mose wird der Name Gottes unendlich reicher sein, aber
was hat das schon zu sagen? Wichtig ist nur, daß man Gott, wenn
man seinen Namen anruft, im Persönlichsten von dem erreicht,
was er ist. Auch wenn ich nichts weiß von diesem großen Gott, so
genügt es zu sagen: „Mein Gott", oder: „Jesus", oder: „Komm,
Heiliger Geist", damit ich in die totale Vertrautheit mit Gott ein-
trete, nicht in die nachempfundene, sondern in die wirkliche. Wir
aber brauchen unseren Gott nicht mehr als den Gott der unzu-
gänglichen Gipfel anzurufen wie Abraham, wir können ihn als
„den Vater unseres Herrn Jesus Christus" anrufen wie Paulus. Ihn
den Vater zu nennen hat Jesus uns gelehrt: „Vater verherrliche
deinen Namen!" Das ist der Name, für den Jesus sterben
wird.

Wer den Namen Gottes anruft, bestätigt damit das stets gegenwärtige Eingreifen der Liebe Gottes: „Ich habe deinen Namen den
Menschen geoffenbart" (Jo 17, 6), jenen Namen, der Liebe heißt:
„Denn so sehr hat Gott die Welt geliebt, daß er seinen eingeborenen Sohn dahingegeben hat" (Jo 3, 16). „Vater unseres Herrn
Jesus Christus, du hast Abraham und Isaak noch überboten und
hast deines eigenen Sohnes nicht geschont, wie solltest du uns
nicht mit ihm alles schenken?" (Vgl. Röm 8, 32.)

Wenn wir, wie uns die Heiligen lehren, in einer Versuchung
einfach den Namen Jesus anrufen, so verschwindet zwar damit

noch nicht die Versuchung, doch gibt uns dies die Kraft seines Geistes, denn „keiner kann sagen: ,Jesus ist der Herr!' außer im Heiligen Geiste" (1 Kor 12, 3). Auf dieser Ebene wird das Gebet zu apostolischer Verkündigung, die darin besteht, den Namen Jesus zu den Menschen zu tragen.

Ehrlicherweise müssen wir aber auch darauf hinweisen, daß wir Abraham gegenüber im Nachteil sind: damals ging alles langsamer, er brauchte nicht einer Boeing nachzurennen, um noch eben einzusteigen, bevor sich die Türen schließen. Er bewegte sich im Schritt seiner Schafe, seiner Kamele, seiner Frauen. Wir dürfen es nicht eilig haben, wenn wir Gott begegnen wollen. Wenn einem gerade noch drei Minuten bleiben, um einen Zug zu erreichen, und die Ampel dann auf Rot schaltet – ob wir dann „Herr Je(sus)" oder wie viele andere einfach gleich „So ein Mist" sagen, hat alles ziemlich gleiches Gewicht und kaum andere Bedeutung. Um den Namen Jesu, des Sohnes des lebendigen Gottes, anzurufen, um „bereit zum Gebet" zu sein, muß man sich dem Schritt Gottes anpassen und sein Leben erst einmal frei machen, entrümpeln.

Der Blick auf Abraham läßt uns noch etwas anderes entdecken: die Begegnung mit Gott ist ein Dialog, der bei der Verheißung ansetzt, ein Dialog, der auf der Verheißung aufbaut: „Nach diesen Ereignissen – nämlich nach der Geschichte mit den Königen von Sodom – erging in einem Gesicht das Wort Jahwes an Abram: ,Fürchte dich nicht, Abram! Ich bin dein Schild, und dein Lohn soll sehr groß sein.' Da sprach Abram: ,Mein Herr, Jahwe, was kannst du mir geben, da ich kinderlos dahingehe? ...' Da erging das Wort Jahwes an ihn: ,Schaue hinauf zum Himmel und zähle die Sterne, wenn du sie zählen kannst ... So wird deine Nachkommenschaft sein...' Abram glaubte Jahwe, und der rechnete es ihm zur Gerechtigkeit an" (Gn 15, 1–6).

Auch hier ergreift wieder Gott die Initiative. Jedesmal wenn wir beten wollen, brechen wir auf zu einer Begegnung mit einem Gott, der schon auf uns wartet. „Das Wort Jahwes erging an Abram." Gott spricht als erster. Unsere Worte sind nur Antwort auf ein Wort, auf eine Erwartung Gottes. Und das erste Wort Gottes, angefangen von Abraham bis zu Maria und durch die ganze Geschichte hindurch, ist und wird immer ein Wort des Friedens sein: „Fürchte dich nicht" (Lk 1, 30). Das bedeutet etwas für uns, für unser Leben heute. Fürchte dich nicht, mach dich frei von deinen Ängsten, auch von metaphysischen. „Fürchte dich nicht, Abram! Ich bin dein Schild und dein Lohn." Dieses letztere Wort dürfen wir nicht im banalen Sinne verstehen, sondern in seiner ganzen Bedeutsamkeit: „Was dich erwartet, ist etwas unerhört Großes."

Als nun Abraham seinerseits spricht, legt er einfach die ausweglose Situation dar, in der er sich befindet. Dieser Austausch des Menschen mit seinem Gott ist wirklich ein Austausch: „Mein Herr, Jahwe, was kannst du mir geben, da ich kinderlos dahingehe?" – hier liegt sein ganzes Problem. So fragt auch Maria bei der Verkündigung (dort finden wir dieselbe Art des Dialogs, denn beide haben ein Herz, das nicht nur vor sich hinstammelt, sondern das das Wort in sich aufnimmt): „Wie wird dies geschehen?" (Lk 1, 34.) Das ist kein Zweifel, kein Infragestellen des göttlichen Wortes, sondern legt einfach die Ausweglosigkeit dar, in der man sich sieht, und darauf wiederholt Gott seine Verheißung: „Dein leiblicher Sproß wird dich beerben" (Gn 15, 4). „Ist das möglich, Herr? Du siehst doch, wie ich bin…"; aber Gott bestätigt: „Schaue hinauf zum Himmel, und zähle die Sterne… so wird deine Nachkommenschaft sein." Und Abraham glaubt das, er glaubt an ein, menschlich gesehen, unmögliches Versprechen. Paulus hat diese Situation treffend gekennzeichnet: „Er hat gegen alle Hoffnung hoffend geglaubt." Und genau das ist die Haltung, die wir durch den Glauben einnehmen. „Er glaubte, daß er der Vater vieler Völker werde… Ohne im Glauben schwach zu werden, betrachtete er seinen schon erstorbenen Leib – er war nahezu hundert Jahre alt – und auch den erstorbenen Mutterschoß Saras. Er zweifelte nicht ungläubig an der Verheißung Gottes" (Röm 4, 18–20).

Sind wir eigentlich davon überzeugt, daß dieser Dialog bei der

Verheißung Gottes ansetzt und nicht bei Abrahams Problemen? Darin liegt nämlich bereits ein Akt des Hoffens: Ich glaube euch, weil ihr es versprochen habt. „Er zweifelte nicht ungläubig an der Verheißung Gottes, sondern erwies sich stark im Glauben, indem er Gott die Ehre gab und vollkommen überzeugt war, daß der, der die Verheißung gab, auch die Macht hat, sie zu erfüllen" (Röm 4, 20). Das ist das Gebet der „vollen Überzeugung", eine feste Gewißheit, die mit Gott rechnet. Ehe das Gebet Ruf und Anruf ist, ist es Gewißheit, daß Gott erfüllen wird, was er versprochen hat, weil gerade daran Gottes Ehre hängt. Die Psalmen und die Propheten wiederholen dies immer wieder: „Laß uns nicht fallen, sonst spotten die Heiden über uns, rette uns um der Ehre deines Namens willen."

Wer beten will, muß sich also wie Abraham auf die Verheißung einlassen. Ich bete, indem ich mich auf Gottes Verheißung stütze: „Er zweifelte nicht ungläubig." Das antwortet Jesus auch dem Vater, der um die Heilung seines epileptischen Kindes bittet: „Wenn du etwas vermagst, so hab Erbarmen mit uns und hilf uns!" – „Wenn du etwas vermagst!" wiederholt Jesus, „alles ist dem möglich, der glaubt." Sofort ruft der Vater des Knaben laut: „Ich glaube, hilf meinem Unglauben!" Jesus hat die Bitte dieses Mannes, der zu ihm sagte: „Wenn du etwas vermagst...", gewissermaßen umgekehrt. Nicht Jesus ist es, der etwas vermag, sondern der Glaube dessen, der glaubt, vermag alles. Natürlich weiß Jesus, daß sein Vater ihn immer erhört. Darin muß also unsere ständige Vorbereitung auf das Beten liegen: uns allein auf Gott stützen und auf das, was Gott uns verheißt. Beten heißt auf eine Begegnung mit den Verheißungen Gottes zugehen.

Kurz darauf findet sich nochmals die gleiche Situation (Gn 15, 7): „Ich bin Jahwe, der dich aus Ur in Chaldäa herausgeführt hat, um dir dieses Land zum Besitz zu geben." Abraham antwortet: „Mein Herr, Jahwe, woran soll ich erkennen, daß ich es besitzen werde?" (Sag es mir, gib mir ein Zeichen.) Ein solches Zeichen hat Maria, die volles Vertrauen hatte und die Schrift kannte, gar nicht erst verlangt, und Gott gibt es ihr dennoch:

„Siehe, Elisabet, deine Verwandte, die als unfruchtbar gilt, auch sie hat einen Sohn empfangen" (Lk 1, 36).

„Abram glaubte Jahwe, und der rechnete es ihm zur Gerechtigkeit an." Man kann dieses ziemlich abstrakte Wort „Gerechtigkeit" hier auf ganz einfache Weise verstehen: Abraham „richtet" sich nach Gott aus, so wie ein Arbeiter ein Werkstück genau an einem anderen ausrichtet. Und von da an kann man zu ihm sagen, was Elisabet zu Maria sagte: „Selig, die geglaubt hat, daß Erfüllung finden wird, was ihr vom Herrn gesagt wurde." Jesus selbst sagt: „Abraham, euer Vater, frohlockte, daß er meinen Tag sehen sollte. Und er hat ihn gesehen und sich gefreut" (Jo 8, 56). Nochmals: beten heißt nicht in eine Kapelle hineingehen, sondern auf eine Verheißung eingehen und sich darauf verlassen.

In diesem 15. Kapitel der Genesis machen wir noch eine dritte Entdeckung, in dem geheimnisvollen Satz nämlich, den übrigens Dhorme abweichend und schärfer übersetzt als die Jerusalemer Bibel: „Als die Sonne unterging, kam über Abraham eine dumpfe Ohnmacht; ein Schrecken, große Finsternis fiel auf ihn…" (Gn 15, 12). In allen Religionen verstört der Kontakt mit Gott, mit dem Heiligen, mit dem Geheimnisvollen den Menschen und weckt seine Angst. Die Sonne wird gleich untergehen. Eine dumpfe Ohnmacht – das ist geheimnisvoll, manche übersetzen dieses Wort mit Ekstase – fällt auf Abraham: „Ein Schrecken, große Finsternis fällt auf ihn."

Diese Finsternis hat offensichtlich zwei Ursachen: die Gegenwart Gottes und die zu vollbringende Aufgabe. Die erstere Ursache ist das übergroße Gewicht der göttlichen Existenz, das den Menschen in seiner Zerbrechlichkeit ohnmächtig werden läßt; das Wort, mit dem die Bibel die Ehre Gottes bezeichnet – seine Gegenwart und seine furchterregende Majestät – ist aus der Wurzel des Wortes „Gewicht" gebildet. Es ist gut, diese Distanz zwischen dem Menschen und Gott zu spüren. Wer vielleicht etwas weiter vorgedrungen ist auf diesem Weg, erlebt wie Abraham einen schwierigen Augenblick: eine große Finsternis überfällt ihn, eine dumpfe Ohnmacht.

Wir dürfen daher nicht erstaunt sein, wenn wir beim Eintreten ins Gebet in Nacht geraten; das geschieht, weil wir in den Glauben eintreten.

Der heilige Johannes vom Kreuz sagt mit seinem Gedicht *Die dunkle Nacht* nichts anderes von der Seele, die das großartige Erlebnis besingt, wie sie durch die finstere Nacht des Glaubens geht und dann aus dieser finsteren Nacht des Glaubens zur Vereinigung mit ihrem Geliebten findet:

> Es war in dunkler Nacht,
> Ich brannt' von Liebeswehen –
> O Glück, das selig macht! –
> Entwich ich ungesehen
> Und ließ mein Haus in Ruhe stehen.
>
> Gehüllt in dunkle Nacht,
> Vermummt mußt ich entsteigen.
> O Glück, das selig macht! –
> In heimlich dunklem Schweigen
> Lag still das Haus, das mir zu eigen.
>
> In jener Nacht voll Glück,
> Da sich kein Aug' mir wandte,
> Der Augen blöder Blick
> Kein weisend Licht erkannte,
> Als das, so mir im Herzen brannte.

„Gehüllt in dunkle Nacht" – genau das ist der Eintritt in ein Gebet des Glaubens. Die Finsternis, von der Johannes vom Kreuz spricht, überfällt nicht nur Menschen wie ihn. Eine brasilianische Freundin, Gisah, die zur ersten Generation der „École de la Foi" in Freiburg zählte, hat dies ebenfalls, wenn auch auf ihre ganz einfache Weise entdeckt:

> „Der Anfang in der École war nicht leicht; wenn ich am Ende Personen begegnet bin, so hatte ich am Anfang das Gefühl, daß Personen um mich verschwinden. Als ich ankam, war ich meiner selbst mehr oder weniger sicher, und dann erlebte ich

mich zuerst einmal verunsichert. Ich glaubte, ich könnte helfen, mich anderen behilflich machen, ich glaubte schon, Freunde zu haben und neue dazuzufinden; und auf einmal fühlte ich mich allein, ich fand nicht diese Freude und fühlte mich ständig allein; um mich herum war eine richtige Wüste entstanden."

Die Wüste, die Nacht, das bedeutet hier dasselbe.

„Und nun hat sich meine Aufmerksamkeit dem zugewandt, der immer schon da war. Gott hat allmählich eine andere Dimension bekommen. Vorher las ich die Bibel wie ein historisches Buch, das an der Vergangenheit festhing, nun wurde alles lebendig. Abraham wurde zu jemand, der mir einen Gott bekanntmachen will, der mich sichert: ‚Ich bin dein Schild.‘ Abraham gerät zwar in die Nacht, aber er stützt sich weiter auf die Verheißung Gottes: ‚Ich bin dein Schild.‘ Und Jakob offenbart mir jenen Gott, der die Treue auch dann noch hält, wenn wir ihm Bedingungen stellen: ‚Ich bin mit dir. Ich will dich überall behüten.‘"

Und alles wird lebendig! Hören wir ihr noch etwas weiter zu und denken wir daran, daß sie Brasilianerin ist, für die eine verschneite Landschaft etwas überwältigend Großartiges ist:

„Ich kann das verdeutlichen mit einer Überlegung, die mir kam, als ich einmal nachts reiste.
Es war Winter. Ich saß in dem hell beleuchteten Abteil und sah nach draußen, aber wegen der Beleuchtung im Wageninneren sah ich draußen nichts, ich sah nur mich selbst und die Mitreisenden, die sich im Abteilfenster spiegelten. Auf einmal ging das Licht im Abteil aus: und nun wurde alles draußen hell, der Schnee, die Nacht. Es mußte Nacht um mich sein, damit ich so etwas Wunderbares erblicken konnte. Ich habe darin einen Bezug gesehen zur Bibel. Die göttliche Pädagogik hat sich nicht gewandelt: der Mensch begegnet Gott immer noch in der Wüste."

21

„Eine große Finsternis fiel auf ihn." Wenn wir im Dunkeln mühsam herumtappen, dann müssen wir – wie Abraham, der sich auf die Verheißung stützte – einfach wissen, daß man Gott nicht anders begegnen kann. Lange vor Johannes vom Kreuz sagt uns schon der Evangelist Johannes, daß die Finsternis weiterbesteht, wenn er von Jesus ausruft: „Er ist das Licht, das jeden Menschen erleuchtet" (Jo 1, 9).

Aber da ist noch eine zweite Quelle der Finsternis, des Schrekkens, der uns überfällt. Abraham hatte ein Opfer vorbereitet, wie Gott es verlangt hatte: „Mein Herr, Jahwe, woran soll ich erkennen, daß ich dieses Land besitzen werde?" Jahwe antwortet: „Bringe mir eine dreijährige Kuh..." Abraham brachte die Tiere, schnitt sie mitten durch und legte die Hälften einander gegenüber nach dem alten Opferritus, der den Bund zwischen zwei Menschen bezeichnete; aber da stießen Raubvögel auf die Tierleichen und Abraham verscheuchte sie (Gn 15, 8–11). Abraham hat also das von Gott erbetene Opfer bereitet und muß sich nun den ganzen Tag mit Raubvögeln herumschlagen, die im damaligen Denken als böses Omen galten. Das ist die zweite Art der Angst, die einen Apostel befällt.

Die erste Art des Schreckens befällt den betrachtenden Menschen vor der Majestät Gottes. Aber die Angst, von der nun die Rede ist, erfaßt den Apostel: den ganzen Tag hat er sich auf Gottes Befehl hin angestrengt, und nun muß er obendrein noch gegen Raubvögel kämpfen, gegen alles, was sich ihm in den Weg stellt und was das Opfer – den Willen Gottes – vereiteln will. Abraham kann nicht mehr und gerät in Angst und in dumpfe Ohnmacht. Auch die drei Apostel in Getsemani schlafen im Augenblick des höchsten Gebetes vor Traurigkeit ein.

Die Botschaft, die Abraham nun von Gott empfängt, macht die Lage nicht besser: „Du sollst wissen, daß deine Nachkommen Fremdlinge sein werden in einem Land, das ihnen nicht gehört. Sie werden ihnen dienen, und jene werden sie bedrücken vierhundert Jahre lang. Aber auch das Volk, dem sie dienen müssen, werde ich richten. Dann werden sie mit reicher Habe hinausgehen. Du

aber..." Diese Botschaft ist zugleich grausam (,,deine Nachkommen, Nachkommen, die es noch gar nicht gibt, werden
Fremde, Sklaven, Unterdrückte sein über vier Jahrhunderte") und
für Abraham selbst eine Botschaft des Trostes: ,,Du aber wirst in
Frieden zu deinen Vätern eingehen und in hohem Alter begraben
werden..." (Gn 15, 13 f).

Ohnmächtiger Schlaf und Finsternis machen also den Frieden
nicht zunichte. Die Nacht der Kontemplativen – das sagen Kartäuser und Trappisten und durchleben es – übersteigt alles, was
wir uns vorstellen können. Sie sind nicht dicht an den Ereignissen,
diese Großen der Beschaulichkeit, sie verfolgen nicht im Fernsehen all das Elend, die Hungersnöte und Kriege, aber dennoch
stoßen sie weiter vor in die Tiefe des Menschen, sein mögliches
Elend und seine mögliche Größe. Sie kommen bis an die eigentliche Quelle all der Bilder im Fernsehen, sie sind bis in den Kern
dessen vorgedrungen, was die Tragik der menschlichen Daseins-
bedingung ausmacht.

Und die Nacht des Apostels – das sind die Wunden der Menschheit, die Versklavung, die Abtreibungen, die Bevölkerungsexplo-
sion, ausweglose Situationen.

Beten heißt, die Nacht des Glaubens, die Nacht der Widersprüche und des Leidens akzeptieren. Vorsicht, wir dürfen nicht
allzu schnell alles von uns abschütteln. Johannes vom Kreuz sagt:
,,Viele kommen nicht voran; sie begeben sich auf den Weg der
Tugend, und wenn der Herr sie in diese finstere Nacht hinein-
stellen will, damit sie hindurchkommen zur göttlichen Gemeinschaft, kommen sie nicht mehr weiter, weil sie im Dunkeln
stehenbleiben."

Kommen wir schließlich zur letzten großen Haltung Abrahams
im Beten: zu seiner Fürsprache für Sodom (Gn 18, 17–32). Auch
hier wieder ergreift Gott die Initiative. Er stellt die Frage: ,,Kann
ich vor Abraham geheimhalten, was ich zu tun gedenke?" Gott
stellt ihn vor die Situation, und er selbst, Gott, ruft Abrahams
Fürsprache erst hervor. Gott sagt ihm also: ,,Die Klage über Sodom

und Gomorra, sie hat sich gehäuft, und ihre Sünde, sie ist sehr schwer!"

Hier ist vielerlei zu beachten. Zuallererst Abrahams Herz, das demütig und hartnäckig zugleich ist. Gerade das aber ermöglicht ihm sein Fürsprachegebet; Abraham sagt also: „Ich habe mich nun einmal unterfangen, zu meinem Herrn zu reden, obwohl ich Staub und Asche bin." In seiner Demut weiß er, „wie sehr wir Staub sind", wie es im Psalm heißt, aber das Wissen um unser Staubsein beläßt ihm seinen ganzen Mut, um vor Gott zu sprechen.

Vergleichen wir jetzt Abrahams Haltung bei diesem heiligen Verhandeln mit Gott, mit seiner Haltung gegenüber Lot oder den Nachbarkönigen. Dort ging es um eine persönliche Angelegenheit zwischen Abraham und seinem Neffen oder zwischen Abraham und den Königen: „Ich nehme nichts." Er verlangt nichts! Aber hier bei Sodom geht es um ein ganzes Volk! Hier geht es um die andern. Hier will Gott, daß Abraham für das Volk eintritt.

Bei der Angelegenheit mit Lot hätte er kaum ein Gebet im Stil einer „allgemeinen Fürbitte" erfunden und etwa gebetet: „Mein Gott, erleuchte doch diesen armen Lot. Man hat ja den Eindruck, daß dies und das..." – man kennt ja diese feinsinnigen Gebete, in denen man anderen die Leviten liest und dabei so tut, als spreche man zu Gott. Nein, hier kommt er gleich zur Sache: er läßt Lot als ersten wählen. Er sagt nichts zu Lot, denn es geht in diesem Fall ja nur um ihn, Abraham persönlich. Hier aber bei Sodom, geht es gar um ein ganzes Volk. Hier fängt also die Feilscherei um Barmherzigkeit an, die das Fürbittgebet ist. Es ist so eindrucksvoll, daß wir es uns nochmals anhören sollten:

„Ferne sei es von dir, so zu tun... Willst du sie wirklich verderben und nicht lieber dem Ort um der fünfzig Gerechten willen, die dort wohnen, vergeben? Ferne sei es von dir, so zu tun, den Gerechten mit dem Frevler zu töten, so daß es dem Gerechten wie dem Frevler erginge! Das sei ferne von dir! Sollte der Richter der ganzen Erde nicht Gerechtigkeit üben?"

Erneut stützt sich Abraham hier auf Gottes Versprechen. Er beruft sich nicht auf sich selbst und schon gar nicht auf die Verdienste der Menschen. Nein, aber eines ergibt sich daraus: die Gerechten können Vergebung für die Schuldigen erreichen, und darin liegt die große Antwort, die der Text uns bietet. Können die Gerechten für die Schuldigen Vergebung erwirken? Ja, denn Gott läßt sich ein auf dieses Verhandeln um Barmherzigkeit.

„Ich habe mich nun einmal unterfangen, zu meinem Herrn zu reden, obwohl ich Staub und Asche bin. Vielleicht fehlen an den fünfzig Gerechten noch fünf. Wirst du wegen der fünf die ganze Stadt verderben?

– Nein, ich werde sie nicht verderben, wenn ich dort nur fünfundvierzig Gerechte finde!
– Vielleicht finden sich dort nur vierzig?
– Ich werde es auch um der vierzig willen nicht tun!
– Zürne nicht, Herr, wenn ich nochmals rede! Vielleicht finden sich dort nur dreißig?
– Ich werde es nicht tun, wenn ich dort dreißig finde!
– Siehe, ich habe mich nun einmal unterfangen, zu meinem Herrn zu reden. Vielleicht finden sich dort nur zwanzig?
– Ich werde um der zwanzig willen nicht verderben!
– Zürne mir nicht, Herr, wenn ich nur noch dieses eine Mal rede. Vielleicht finden sich dort nur zehn?
– Ich werde auch um der zehn willen nicht verderben!"

Abraham hatte nicht den Mut, hier noch weiterzugehen. Er hätte noch weiter verhandeln sollen. Er wagte es nicht, bis auf einen einzigen herunterzuhandeln... Jeremias bestätigt später: „Ein einziger hätte genügt!" „Durchstreifet die Gassen Jerusalems, seht euch um, überzeugt euch selbst, sucht nach auf seinen Plätzen, ob ihr einen findet, der recht tut, der Treue sucht, dann will ich dieser Stadt verzeihen, spricht Jahwe" (Jr 5, 1).

Abraham hat unterwegs aufgegeben! Er hätte verhandeln müssen bis zum Letzten. Ezechiel spricht mit beredten Worten im gleichen Sinn: das Volk hat immer mehr seinen Raub und die Gewalttätigkeit gesteigert, hat den Armen unterdrückt und den Fremden mißhandelt. Deshalb sagt Jahwe nun: „Ich suchte unter ihnen einen Mann, der eine Mauer aufrichten und vor mir für das Land in die Bresche treten könnte, daß ich es nicht vernichte, doch ich fand keinen!" (Ez 22, 30.)

So kämpft der Fürsprecher aufrecht „in der Bresche", und er klagt, denn er muß feststellen, daß „keiner deinen Namen anrief; niemand raffte sich auf, um an dir festzuhalten" (Is 64, 6).

Kann man es Abraham zum Vorwurf machen, daß er bei der Zahl *Zehn* aufgegeben hat? Auch wenn er bis zur *Eins* gegangen wäre, hätte er niemand gefunden, denn im Grunde war dies alles ein Warten auf den einzigen Vermittler: Jesus. Wenn wir aber in unseren großen anonymen und abweisenden Städten in eine Kirche treten, müssen wir diese Gewißheit haben, daß der Gerechte, der Leben rettet, da ist, gegenwärtig in der Eucharistie.

Muß man daraus noch einen Schluß ziehen? Das Fürbittgebet erhebt nicht den törichten und absurden Anspruch, als könne es Gott beeinflussen und in seiner Meinung umstimmen. Es besteht vielmehr darin, in Gottes Umkreis einzudringen – auf Gottes Kreise einzugehen, sich in den Bereich göttlicher Anziehungskraft zu begeben, in der es zu diesem wechselseitigen Handeln zwischen Gott und uns selbst kommt. Alles kommt von Gott, aus seinem freien Entschluß, der will, daß mein Gebet die Ursache einer Wirkung sei. Gott selbst sagt Abraham, was ansteht, damit Abraham seine Fürsprache beginnt. Und die Verwirklichung dessen, was Gott will oder verspricht, hängt ab von meiner Treue. Auch ein riesiges Gestirn wird beeinflußt von dem winzigen Planeten, der es umkreist.

Das also heißt Beten in der Schule Abrahams: Gott überall begegnen, einem Gott, der Grenzen nicht kennt, den Namen Gottes anrufen, sich einlassen auf seine Verheißung, die Nacht des Glaubens und die Finsternis akzeptieren und schließlich eintreten für die Menschen.

*Literatur*

Meine Untersuchung über die großen Beter wurde angeregt von einem Artikel von P. Jean Daniélou, erschienen in: *Anneau d'Or* (Nr. 75 und 76) – von daher wurde auch der Titel dieses Buches inspiriert. Der Titel des Beitrags von P. Daniélou lautete: „Die Großen Beter des Alten Testaments".

Die Übersetzung der drei Strophen des Gedichts „Die dunkle Nacht" von Johannes vom Kreuz sind entnommen aus: Sämtliche Werke, Band 2: Dunkle Nacht (München 1938) S. 2.

# 2

## Jakob
## Kampf mit Gott

Vom Kampfe Jakobs soll hier die Rede sein, vom Kampfe des Gebetes und insbesondere von den Wesensmerkmalen jeden Gebetes und jeden Kampfes: der Geduld, der Ausdauer und der Beharrlichkeit in langdauernder Prüfung. Herbe Worte, die jedoch alle drei Wege der Hoffnung bezeichnen, die „nicht zuschanden werden läßt" (Röm 5,5). Dennoch ist die Entscheidung nicht leicht, mit welchem der drei wir beginnen sollen.

Wie in jedem christlichen Geheimnis, im Tod und der Auferstehung, gibt es auch hier eine schmerzliche und eine glorreiche Seite. Setzen wir in unserer Betrachtung bei Ausdauer und Beharrlichkeit ein, so stehen wir vor der schwierigen Seite dieses Themas. Beginnen wir mit Jakob, so haben wir bereits die Ergebnisse des Kampfes vor uns. Allerdings hat der Leser immer die Möglichkeit, einige Seiten zu überspringen, um sich dem angenehmeren Teil zuzuwenden. Wir wollen trotzdem mit der unangenehmeren, der schmerzlichen Seite beginnen.

Die Hoffnung, auch die noch ferne Hoffnung, ist also der Daseinsgrund dieser Worte und Wirklichkeiten, die der gleichen Familie angehören: Ausdauer und Beharrlichkeit des Herzens. Jakobus sagt, der Jünger solle bis zur Ankunft des Herrn aus diesen

Wahrheiten leben (5,7). Diese Wirklichkeiten sind unlösbar mit dem Gebet verbunden, das durch sie getragen wird. Wenn in der Bibel Geduld, Festigkeit und Standhaftigkeit zur Hoffnung führen, so ist diese letztere immer an das Gebet gebunden. Hoffnung und Gebet.

## Kampf des Gebets

Betrachten wir diese Worte doch etwas genauer. Geduld kommt vom althochdeutschen gidult, dolen, das verwandt ist mit dem lateinischen tolerare, (er-)tragen. Geduld bedeutet also nicht nur erwarten, sondern leiden, ertragen, eben er-dulden. Geduld oder Ungeduld (lat. patientia – impatientia, von pati) bezeichnen also die Fähigkeit oder Unfähigkeit, etwas zu ertragen. Wer fähig ist, etwas zu erdulden, der ist geduldig, wer dazu unfähig ist, ist ungeduldig.

Das Wort Festigkeit (mhd. vestecheit) rührt von den germanischen Adjektivbildungen (mhd. veste) mit der Bedeutung ‚hart, stark, beständig' her. Die Standhaftigkeit (lat. perseverantia von severus) schließlich ist die Eigenschaft eines Wesens, das sich aufrecht hält *(stare)*, das senkrecht steht. Dies weckt die Vorstellung der Stabilität, des bleibenden Zustandes. Eine Feststellung – wir haben hier die gleiche Wurzel *stare* – ist eine begründete Tatsache. Auch „Statue", „Statur" im Sinne einer aufrechtstehenden Person schließt die Bedeutung der Standhaftigkeit mit ein. Die gleiche Wurzel liegt auch jenem Begriff zugrunde, der für die alten Philosophen alles sagt, nämlich: „Substanz". Die Substanz ist nicht irgend etwas Unbestimmtes, Ungreifbares, sondern sie ist das in einem sonst wechselhaften Wesen Beständige, von dem jenes getragen wird.

Das Wort Ausdauer ist in seiner Wurzel aus dem lateinischen *durare*, ‚dauern, währen, aushalten', entlehnt. Das alte Wort ‚duramen' bezeichnete die alten Hölzer des Weinstocks, die alten Wurzelstöcke, die eingetrocknet und nicht mehr zu beschneiden waren. Von hier aus führte die Entwicklung zu ‚härten' und

‚dauern', das heißt fähig sein, etwas zu ertragen, zu erdulden. Alle diese Worte, Geduld, Festigkeit, Standhaftigkeit, Ausdauer, die im Evangelium so häufig wiederkehren, sind also Wörter, die Stärke und Dauer zum Ausdruck bringen.

Was sagt nun die Schrift darüber, denn nur sie kann uns über die in diesen Wörtern enthaltenen Wirklichkeiten belehren? Wie immer, wenn wir die Bibel öffnen und „die Schrift durchforschen", müssen wir sie in zweifacher Hinsicht betrachten. Unser Blick wendet sich zunächst dem Geheimnis Gottes zu: was bedeuten diese menschlichen Wörter in bezug auf das Geheimnis Gottes selbst? Ausgehend von dieser Sicht, die uns jenen Gott enthüllt, der sich erkennen läßt, suchen wir dann nach der Haltung des Menschen, der sich darum bemüht, sich nach dem Vorbild Gottes zu formen. Für uns sind Standhaftigkeit und Festigkeit nicht Tugenden, über die wir uns bei irgendwelchen Weisen, Philosophen oder Gelehrten belehren lassen, sondern die wir in Gott suchen. Wir wenden unseren Blick Gott zu: was hat er uns über sich selbst gesagt und was entdecken wir, ausgehend von ihm, für unser eigenes Verhalten? Dieser Blick auf Gott selbst ist noch einmal unterteilt in einen Blick auf „den Gott unserer Väter, den Gott Abrahams, Isaaks und Jakobs", den Gott der Propheten und der inspirierten Autoren des Alten Testaments und in einen Blick auf das fleischgewordene Wort, Jesus Christus.

Wir bewegen uns also auf drei Ebenen oder in drei Blickrichtungen: zuerst geht es um das im Alten Bund geoffenbarte Geheimnis Gottes, dann um das in Jesus Christus geoffenbarte Geheimnis Gottes und schließlich um unsere eigene Haltung, jene Haltung, die Gott – ausgehend von ihm selbst und von Jesus – uns näherbringt. Diese aus der Bibel geschöpften Wirklichkeiten haben eine ganz andere Dimension als jene der menschlichen Tugenden oder der Übungen der Aszese. Es ist die liebende Nachfolge unseres Gottes.

Im Alten Bund erkennen wir aus dieser Perspektive, wie Israel sich im Verlauf der Jahrhunderte nach und nach bewußt wird, daß seine Geschichte, diese lange Geschichte seit der Sintflut und der

Rettung Noes, „die Zeit der göttlichen Geduld" ist. Mit diesen Worten kennzeichnet Paulus die lange Dauer des Alten Testamentes: „die Zeit der Geduld Gottes" (Röm 3, 26). In dieser Zeit hat Gott im Blick auf Jesu Kreuz und die Rechtfertigung durch den Glauben an Jesus seinen Zorn aus Barmherzigkeit zurückgehalten und unsere Sünden ungestraft gelassen: angesichts unseres Elendes wartet Gott zu, er vergilt nicht Gleiches mit Gleichem. Darin zeigt Gott seine gnädige Liebe: „Jahwe, Jahwe, ein gnädiger und barmherziger Gott, langmütig und reich an Gnade und Treue, der Gnade bewahrt den Tausenden, Schuld, Frevel und Sünde vergibt..." (Ex 34, 6–7).

Dies ist die Zeit des Alten Testaments, der göttlichen Geduld, die, wie es schon in den Psalmen heißt, immerdar währt: „Jahwe ist barmherzig und gnädig, zögernd im Zorn und reich an Erbarmen. Er hadert nicht immer, nicht ewig währet sein Zürnen..." (Ps 103, 8–9). Jesaja spricht von der gleichen göttlichen Wirklichkeit: „Um meines Namens willen halte ich meinen Zorn zurück, um meiner Ehre willen habe ich mich bezähmt" (Is 48, 9). Jeremia beklagt sich angesichts seiner Verfolger sogar über die zu große Langmut Gottes: „Dein Zorn ist zu langsam, laß mich nicht dahingerafft werden" (Jr 15, 15). Diese Geduld ist nur sinnvoll im Blick auf Jesus, „dem Sühnmal durch den Glauben in seinem eigenen Blut" (Röm 3, 25), aber sie war, wie Petrus sagt, bereits gegenwärtig, „als die Langmut Gottes zuwartete in den Tagen Noachs, damals, als die Arche gebaut wurde, in der nur wenige, nämlich acht Seelen durch das Wasser hindurch gerettet wurden. Als dessen Gegenbild rettet jetzt euch die Taufe" (1 Petr 3, 20). Gott zaudert also aufgrund seiner Langmut, die darin besteht, daß er nicht nur die Menschen aus der Sintflut, sondern die ganze Menschheit aus ihrer Sünde retten will.

Geduld ist keineswegs gleichzusetzen mit Schwäche. Wir sehen gleichzeitig im Buch Jona, daß sich Gottes Langmut auch auf die Heiden erstreckt, bis sie sich bekehrt haben. Dies ist bereits etwas, das wir bewundern und von dem wir uns inspirieren lassen müssen: nämlich die unerschöpfliche Langmut Gottes, der zuwartet: „Ich habe ja kein Wohlgefallen am Tode, spricht Jahwe, der Herr. So kehret um, und ihr sollt leben" (Ez 18, 32).

Jesus selbst können wir als die „Geduld Gottes", als die sichtbar gewordene Langmut Gottes bezeichnen. Jesu Parabeln sind oft Gleichnisse der Geduld, wie etwa das Gleichnis vom unfruchtbaren Feigenbaum (Lk 13, 6–9): man wird es noch ein Jahr mit ihm versuchen, wird ihn noch intensiver betreuen und vielleicht bringt er dann Früchte. Oder auch das Gleichnis vom verlorenen Sohn, auf den der Vater unverdrossen wartet, oder das Gleichnis vom unbarmherzigen Knecht (Mt 18, 23), mit dem man Geduld gehabt hat.

Jesus selbst fügt sich durch sein Leiden in die lange Reihe jener ein, die für die Gerechtigkeit und das Wort Gottes gelitten haben und verfolgt wurden. Er wird nach seinen eigenen Worten von den „Söhnen der Prophetenmörder" verfolgt. „Macht ihr nur das Maß eurer Väter voll!" (Mt 23, 31.) Denn diese Geduld, die ein langes Zuwarten ist, ist auch leidvoll: „So hat er, obwohl er der Sohn war, an dem, was er litt, den Gehorsam gelernt" (Hebr 5, 8) und er wurde „gehorsam bis zum Tode, bis zum Tod am Kreuz" (Phil 2, 8). Jesus weiß, daß sein Leiden in geheimnisvoller Weise notwendig ist: Er selbst sagt zu den Jüngern von Emmaus: „Mußte nicht der Messias dieses leiden und so in seine Herrlichkeit eingehen?" (Lk 24, 26). Dies alles ist die sichtbar gewordene Langmut Gottes. Jesus ist „leiderfahren" (Is 53, 3), er kennt den Verrat des Judas, die Verleugnung des Petrus, das augenscheinliche Verlassensein von Gott. Diese Langmut Christi muß, wie wir später sehen werden, auf uns übergehen. Die Fastenzeit ist eine Zeit, in der wir diese Geduld, die wir „Passion" nennen, meditieren sollten. Die Passion Christi ist jenes Buch, das die Absperrmauern unseres Herzens zu durchbrechen vermag.

Wie können wir uns im Sinne dieser Langmut Gottes und Jesu formen? In diesem Bemühen entdecken wir zwei unerläßliche Weisen der Langmut: zum einen die Geduld gegenüber dem Ärgernis und den Verzögerungen in der Vollendung des Reiches Gottes und der Wiederkunft Jesu: „Warum, o Herr, warum alle diese Verzögerungen? Warum zögerst du, den Unterdrückten Gerechtigkeit widerfahren zu lassen?" Diese noch immer nicht aufgehobene Verzögerung ist die Weiterführung der Langmut Gottes aus dem Alten Testament in unsere Zeit hinein: Gott ist auch heute noch geduldig. Der Apostel Petrus gibt uns den Grund dafür an: „Dies eine aber, Geliebte, darf euch nicht entgehen: ein Tag ist bei dem Herrn wie tausend Jahre, und tausend Jahre sind wie ein Tag. Der Herr verzögert die Verheißung nicht, wie etliche es für Verzögerung halten, sondern er ist langmütig gegen euch, da er nicht will, daß jemand verlorengehe, sondern daß alle zur Umkehr gelangen" (2 Petr 3, 8–9). Es ist die Erwartung der Bekehrung, bis das Maß voll, übervoll ist: „Und erachtet die Langmut unseres Herrn für Heil, wie ja auch unser lieber Bruder Paulus nach der ihm verliehenen Weisheit euch geschrieben hat" (2 Petr 3, 15).

Die zweite Weise der „Langmut" ist jene, die unsere eigene christliche Größe erfordert: sie ist Teil unseres Seins, da „wir Kinder Gottes sind. Wenn aber Kinder, dann auch Erben, Erben Gottes, Miterben Christi, wenn anders wir mitleiden, um auch mitverherrlicht zu werden" (Röm 8, 17). So mündet die Langmut ein in das Leid und ist zugleich Prüfung: „So harret geduldig aus, Brüder, bis zur Ankunft des Herrn. Siehe, der Landmann wartet auf die köstliche Frucht des Feldes, er harrt ihretwegen geduldig aus, bis sie Frühregen oder Spätregen bekommt. So harret auch ihr geduldig aus. Stärkt eure Herzen, denn die Ankunft des Herrn ist nahe (…)! Brüder, nehmt zum Vorbild im Ertragen von Leiden und im geduldigen Ausharren die Propheten, die im Namen des Herrn geredet haben. Siehe, wir preisen die selig, die standhaft ausgehalten haben. Von der Standhaftigkeit Ijobs habt ihr gehört und das vom Herrn herbeigeführte Ende habt ihr gesehen; denn voll Mitleid ist der Herr und reich an Erbarmen" (Jak 5, 7–8.10–11). Und wieder: „Erachtet es für lauter Freude, meine Brüder, wenn ihr in mannigfache Anfechtungen geratet. Ihr wißt ja, daß die Erprobung eures Glaubens Standhaftigkeit bewirkt" (Jak 1, 2–3).

Wir stellen fest, wie häufig diese Worte Langmut, Opfer, Standhaftigkeit wiederkehren: Paulus und Barnabas warnten die Neubekehrten, damit sie nicht überrascht sein sollten: „Sie bestärkten das Herz der Jünger und forderten sie auf, im Glauben fortzufahren, denn, so sagten sie, ‚wir müssen viel Drangsal erdulden, um in das Reich Gottes einzugehen‘". Paulus sagt den Thessalonichern: „... daß Thimotheus euch bestärke... auf daß keiner sich in diesen Bedrängnissen zum Wanken bringen lasse. Ihr wißt ja selbst, daß wir dazu bestimmt sind. Und wir haben auch schon, als wir bei euch weilten, euch im voraus gesagt, daß wir Drangsale erdulden müßten – so ist es denn auch eingetroffen, ihr wißt es" (1 Thess 3, 2–4).

Das Leben in Drangsal ist für Paulus die normale Situation der Christen vor der endgültigen Wiederkunft Christi. Denn die Worte Geduld, Standhaftigkeit und Ausdauer stehen in wechselseitiger Beziehung zu jenen anderen Worten: Prüfung, Not und Drangsal. Das ist es, was Jesus uns sagt: „Dies alles habe ich euch gesagt, damit ihr in mir den Frieden habet. In der Welt werdet ihr leiden müssen. Aber habt Mut! Ich habe die Welt besiegt." Der Hebräerbrief sagt uns, was dieser Sieg Christi bedeutet: „So wollen denn auch wir, da wir eine so große Wolke von Zeugen um uns haben, allen Ballast und die uns leicht umgarnende Sünde ablegen und mit Ausdauer in dem Wettkampf laufen, der uns obliegt. Dabei wollen wir hinblicken auf den Anführer und Vollender unseres Glaubens, auf Jesus. Statt der Freude, die vor ihm lag, erduldete er das Kreuz, achtete nicht der Schmach und hat sich nun zur Rechten des Thrones Gottes niedergelassen. Ja, betrachtet den, der solchen Widerspruch von seiten der Sünder gegen sich erduldete, damit ihr nicht ermattet, indem ihr schlaff werdet in euren Seelen. Noch habt ihr nicht bis aufs Blut widerstanden im Kampfe gegen die Sünde" (12, 1–4). Dieser Christus ist also „ein Zeichen, dem widersprochen wird", wie es der greise Simeon der Mutter des Kindes im Tempel prophezeit hat. Und wenn wir uns ihm zuwenden, sehen wir, daß dieser Christus die Erde ist, in der sich jene Kräfte der Geduld und der Festigkeit einwurzeln.

Dies ist die bitterste Seite dieser Worte, und wenn sie nicht Eingang in unser Leben findet, so verfallen wir der Täuschung. Ebenso lebendig und freudig aber müssen wir auch den Aspekt des Lichtes und der hohen Gewißheit bewahren. Es entsteht eine Kettenreaktion: Paulus zeigt uns, worin all diese Drangsal, Not, Geduld und Standhaftigkeit, wenn sie im Glauben gelebt wird, einmündet: „Wir wollen uns auch der Drangsale rühmen, da wir wissen, daß die Drangsal Geduld bewirkt, die Geduld Bewährung, die Bewährung Hoffnung. Die Hoffnung aber läßt nicht zuschanden werden, weil die Liebe Gottes in unseren Herzen ausgegossen ist durch den Heiligen Geist" (Röm 5, 3–5).

So verfügen wir also über eine große Gewißheit. Etwas ungeheuer Großes bereitet sich vor in dem Weizenkorn, das in die Erde geworfen wurde und stirbt, um Frucht zu bringen und das nicht allein bleibt. Diese Prüfungen führen uns zur Quelle der lebendigen Wasser, sie machen das Land frei.

Und wieder lesen wir bei Petrus: „Geliebte, laßt euch nicht befremden durch die Feuersglut, die über euch gekommen ist zu eurer Erprobung, als ob euch etwas Befremdliches (dabei) widerfahre. Sondern freut euch vielmehr in dem Maße, wie ihr teilhabt an den Leiden Christi, damit ihr auch bei der Offenbarung seiner Herrlichkeit Freude und Jubel habt. Werdet ihr um des Namens Jesu willen geschmäht, selig seid ihr. Denn der Geist der Herrlichkeit, der Geist Gottes, ruht auf euch" (1 Petr 4, 12–14). Und Petrus fährt fort: „Widersteht dem Widersacher standhaft im Glauben, da ihr wißt, daß dieselben Leiden euren in der Welt (zerstreuten) Brüdern auferlegt sind. Der Gott aller Gnade aber, der euch in Christus zu seiner ewigen Herrlichkeit berufen hat, wird euch nach kurzem Leiden selber ausrüsten, stärken, kräftigen und auf festen Grund stellen" (5, 9–10).

Immer befinden wir uns, wie Paulus sagt, in diesem Mißverhältnis zwischen „der augenblicklichen geringfügigen Trübsal, die uns eine von Fülle zu Fülle anwachsende, alles überwiegende ewige Herrlichkeit bewirkt" (2 Kor 4, 17; Röm 8, 18).

## Der Kampf Jakobs

Wir spüren, daß all dies wahr ist, wir wissen es, und doch, ist dies nicht zu viel für uns? Liegt es denn noch in unserer Reichweite? Als Antwort auf diese Fragen bietet sich uns eine nähere und eingehendere Betrachtung Jakobs an. Ich selbst habe Jakob lange Zeit mit nur geringer Sympathie betrachtet: als einen Betrüger, einen durchtriebenen und berechnenden Menschen, einen Schwindler, der sich an die Stelle seines älteren Bruders drängt. Gewiß ist auch der etwas einfältige Esau nicht sehr interessant, aber trotzdem geht Jakob zu weit, wenn er den Segen des greisen und blinden Isaak raubt. Später bereichert er sich hinter dem Rücken seines Schwiegervaters Laban in der sehr zweifelhaften Angelegenheit mit den Schafen. Als er sich schließlich zwanzig Jahre später mit Esau aussöhnen muß, sichert er sich durch feierliche Begrüßungen und reiche Geschenke im voraus umsichtig einen Teil seiner Herde. Er verläßt sich im allgemeinen auf seine Zungenfertigkeit, um sich aus der Affäre zu ziehen. Dies alles entspricht den Tatsachen.

Nicht weniger wahr aber ist, daß Jakob auch selbst oft übertölpelt wird. Er empfängt zwar den Segen Isaaks, aber er muß fliehen, denn Esau hat sich geschworen, ihn zu töten, sobald der Vater nicht mehr am Leben ist: „Bald nahen die Tage der Trauer um meinen Vater; dann werde ich meinen Bruder Jakob erschlagen." Und dies wird schon bald sein. Jakob ist auch von seinem Schwiegervater übertölpelt, als er am Morgen des Hochzeitstages erkennen muß, daß nicht Rachel, sondern Lea in seinen Armen liegt. Nach einer sehr heiteren jüdischen Homilie aus dem 4. Jahrhundert sagt Jakob zu Lea: „Betrügerisches Mädchen, warum hast du mich getäuscht?" Lea antwortet: „Und du, warum hast du deinen Vater getäuscht, als er dich fragte: ‚Bist du wirklich mein Sohn Esau?'" Jakob hat also nur erhalten, was er verdient hat. Ausgebeutet von seinem Schwiegervater, der ihn zweimal sieben Jahre und dann noch einmal sechs Jahre arbeiten läßt, muß er auch später noch durch harte Prüfungen hindurch: zunächst die

Unfruchtbarkeit Rachels, dann die Schande seiner Tochter Dina, der Verlust Josephs, seines Lieblingssohnes, Simeons und Benjamins. So ist uns dieser menschliche, allzu menschliche Jakob sehr verwandt. Abraham und Mose sind zu groß; in Jakob können wir uns wiedererkennen.

Von einem höheren Standpunkt aus und aus der Sicht Gottes, der über dessen Betrügerei und dessen Buße steht, sehen wir, daß Jakob in zweifacher Weise der Vater Israels ist. Er ist zunächst durch das Blut und seine zwölf Söhne der Ahnherr der zwölf Stämme. Von ihm erhält dieses aus zwölf Stämmen bestehende Volk aber auch seinen Namen, jenen Namen Israel, den er selbst von Gott empfangen hat. Er ist in zweifacher Weise Vater: zum einen durch das Blut, zum anderen durch den Namen. Die jüdische Tradition bewahrt von der Person Jakobs vor allem die Erinnerung an seine Größe: sie sieht in ihm jenen Menschen, der sich für die künftige Welt entschieden hat, während sich Esau für die gegenwärtige Welt entschied. Esau war müde und hungrig, er bittet um das Linsengericht und wird später stammesfremde Frauen heiraten. Die Bibel nennt ihn „den Schänder", weil er sein Erstgeburtsrecht geringachtete (Gn 25, 34), das Gottes geheiligte Gabe war, um so mehr als Esau der Träger der Verheißung sein sollte.

Jakob ist für uns der, dessen Traum und Kampf unsere eigenen Kämpfe erhellt. Wir sind die Kinder dieses Gottesbezwingers: Israel, „der mit Gott gekämpft hat". Jakobs ganzes Leben ist eingefaßt zwischen zwei Gottesbegegnungen, ist gleichsam zwischen zwei Augenblicke der Begegnung gesetzt: den Traum von Bethel und den an der Furt des Jabbok. Zwanzig Jahre liegen zwischen diesen beiden Augenblicken. Beide Male ist es eine Zeit der Prüfung und der Nacht. Jakob ist beide Male allein. Beide Male ein Mann in Verwirrung. Das erste Mal flieht er, allein, nur mit dem Stock in der Hand, und er muß tausend Kilometer zurücklegen, um zu seiner fernen Familie zu gelangen und eine Frau zu finden; das zweite Mal muß er sich Esau stellen, der ihm mit vierhundert Bewaffneten entgegenzieht.

Die erste Begegnung ist jener geheimnisvolle Traum eines Mannes, der so wenig würdig zu sein scheint, ein Mann Gottes zu sein und es dennoch wird. Paulus hat gesagt: „Wenn Gott mit uns ist, wer ist dann gegen uns?" Ich möchte sagen: „Wenn Jakob von Gott auserwählt wurde, warum nicht auch ich?" Wir sind von der gleichen Art: so wenig würdig.

Jakob geht nach Haran. Es ist Abend, eine seiner ersten Tagreisen ist zu Ende gegangen. Die Sonne geht unter, und so nimmt er einen von den Steinen des Geländes, legt ihn unter seinen Kopf und schläft an jenem Platz ein. Er träumt: eine Leiter war auf die Erde gestellt, deren Spitze den Himmel berührt und die Engel Gottes steigen daran auf und nieder: „Und siehe, Jahwe stand über ihr und sprach: ‚Ich bin Jahwe, der Gott deines Vaters Abraham und der Gott Isaaks (…). Siehe, ich bin mit dir. Ich will dich überall behüten, wohin du gehst'" (Gn 28, 13.15). Jakob ist also nicht allein, Gott sorgt für ihn, er ist mit ihm und verläßt ihn nicht. Das Unsichtbare wird in der Prüfung sichtbar. Kardinal Newman kommentiert dieses Ereignis folgendermaßen:

„Jakob vermutete an diesem Ort nichts Außergewöhnliches. Es war ein Ort wie alle anderen, es war eine einsame und unwirtliche Stätte. Es gab kein Haus. Die Nacht brach herein, und er mußte auf dem blanken Felsen schlafen. Und dennoch, wie anders war die Wirklichkeit! Er sah nur die sichtbare Welt, aber dennoch war die unsichtbare Welt da."

Das ist es, was uns Jakobs Traum lehrt: Gott ist da. Und Gott spricht zu ihm. An der Spitze der Leiter ist Gott. Aber der Text sagt darüber noch sehr viel mehr: Jahwe war Jakob nahe, als dieser schlief. Gott ist nicht nur an der Spitze der Leiter, sondern er „steht bei ihm". Nicht die Engel sind zu Jakob herabgestiegen, sondern Gott selbst. Dieser Gott, der der ganz Andere ist, der Allmächtige, diese Engel, die auf- und niedersteigen, diese Art Zugriemen, diese, wenn man so sagen kann, Seilbahn, die vom Himmel zur Erde und von hier wieder zum Himmel führt, diese fortwährende Verbindung, das ist wahrhaft der „Gott mit uns", der zu Jakob herabsteigt. Hier geschieht eine spirituelle Revolution, der wir große Aufmerksamkeit schenken müssen.

Für die Menschen dieser Zeit, für alle, selbst die kultiviertesten Völker, bestand diese fortwährende Verbindung nicht. Gott kümmerte sich nicht um den Menschen. Gott konnte wohl kommen, aber er war Schicksal, Fatum, Gott der Philosophen und nicht ein Gott, der sich mit seiner Schöpfung gleich auf gleich stellt und „vor ihr steht". Mit Jakob ist eine geheimnisvolle, wirkliche Verbindung zwischen Geschöpf und Schöpfer angezeigt, ein Gnadenstrom, der nicht Folge eines Opfers ist, in dem Jakob seinem Gott irgend etwas dargebracht hätte. Es handelt sich hier nicht einmal um einen Bund. Hier befinden wir uns im Bereich der Freundschaft, und wir müssen den Gegensatz sehen zwischen dem Turm zu Babel, dessen Spitze in einer Anmaßung ohnegleichen bis zum Himmel reichen sollte, und der Leiter, die auf die Erde gestellt ist und deren Spitze den Himmel berührt; und Gott ist es, der aus eigener Initiative herabsteigt. Im Turmbau von Babel ist es der Mensch, der etwas unternehmen möchte; im Traum Jakobs ist es die Gnade. In dem einen Fall ist es die Maßlosigkeit des Menschen, im anderen die Barmherzigkeit Gottes, die das verwirklicht, was die Maßlosigkeit des Menschen niemals vermöchte. In dem einen Fall ist Gott ein Gegner, stürzt sich der Mensch in Sünde und Zwietracht; im anderen Fall ist Gott Vater, läßt er den Menschen in seinen Bund, in sein eigenes Leben eintreten. Die Engel steigen auf und nieder und Jesus sagt zu Nathanael: „Wahrlich, wahrlich, ich sage euch: Ihr werdet den Himmel offen und die Engel Gottes über dem Menschensohn auf- und niedersteigen sehen" (Jo 1, 51). Jesus wird die wahre Leiter sein, wenn er am Kreuze „erhöht" sein wird.

Zugleich mit dieser Offenbarung seiner Gegenwart erneuert Gott seinen Bund mit Jakob: „Ich bin Jahwe, der Gott deines Vaters Abraham und der Gott Isaaks. Das Land, auf dem du ruhst, will ich dir und deinen Nachkommen geben. Deine Nachkommenschaft soll wie der Staub der Erde werden, und du sollst dich nach West und Ost, nach Nord und Süd ausbreiten." Dies ist die

Größe und das Ende der Drangsal: „Durch dich und deine Nachkommen sollen alle Geschlechter der Erde gesegnet werden. Siehe, ich bin mit dir. Ich will dich überall behüten, wohin du gehst, und dich in dieses Land zurückführen. Denn ich werde dich nicht verlassen, bis ich vollbracht, was ich dir verheißen habe." Jakob erwacht aus seinem Schlaf und sagt: „Wahrlich, Jahwe ist an dieser Stätte, und ich wußte es nicht!" Und an diesen Gott – so sagt der große jüdische Mystiker Bahya Ibn Paqûda –, der ihm die Zukunft verheißt, „an diesen Herrn, der seine Stirne mit Sternen bekränzt, richtet Jakob nur eine Bitte: ein Stück Brot zum Essen, ein Gewand zum Anziehen, alles andere überläßt er der Güte Gottes."

Dies ist die vornehmere Version, und sie entspricht der Wahrheit. Dennoch müssen wir einräumen, daß in der Rede Jakobs eine Anzahl von noch beunruhigenden „Wenn" aufscheint: „*Wenn* Gott mit mir ist (…), *wenn* er mich auf diesem Wege behütet (…), *wenn* er mir Brot zum Essen gibt (…), *wenn* er mir ein Gewand zum Anziehen gibt und *wenn* ich zurückkehre. Dann soll Jahwe mein Gott sein." Vielleicht ist dies noch nicht die vollkommene Bekehrung. Gott verpflichtet sich ihm: „Ich werde dir alles geben." Aber Jakob hat noch eine Anzahl von *Wenn* vorzubringen.

Zwanzig Jahre später ereignet sich die endgültige Bekehrung. Der Endkampf. Jakob kehrt an die Furt des Jabbok zurück. Zwanzig Jahre. Gott hat seine Verheißung erfüllt. Der Landstreicher von Bethel kommt als Patriarch zurück. Er hat nun Herden, Kinder. Er hat nur noch die schwere Prüfung des reifen Alters zu bestehen. Einst, als er zum ersten Mal durch diesen Ort zog, hatte er alles zu gewinnen, er besaß nichts als einen Stock. Nun hat er alles zu verlieren. Und die Gnade dieses Augenblicks wird seine Angst sein, seine Furcht vor der Begegnung mit Esau. Nun betet Jakob. Zum ersten Mal betet er wirklich und läßt sich nicht von seinen großen Fähigkeiten blenden: „Gott meines Vaters Abraham und Gott meines Vaters Isaak, Jahwe, der du zu mir gesagt hast: ,Kehre zurück in dein Land, zu deiner Verwandtschaft! Ich will es dir wohlergehen lassen.' Ich bin nicht wert aller

Gnaden und aller Treue, die du deinem Knecht erwiesen hast."
Jakob demütigt sich. Zum ersten Mal erfährt er sich als unbedeutend, er hat seine Grenzen erkannt. Bislang war er der Überzeugung, durch seine Wendigkeit alles erreichen zu können, bei Esau
hat er sogar eine ausgeklügelte Diplomatie angewandt. Jetzt aber
ist er allein. Jakob hatte sich auf einen Kampf mit einem Menschen, seinem Bruder, vorbereitet, in dem List und Verführung
noch möglich sind. Er will dem Zorn seines Bruders, den vierhundert Bewaffneten, die ihm entgegenziehen, die Stirn bieten. Furcht-
erregend sind für ihn jedoch weder sein Bruder noch dessen
Gefolgsleute, sondern der Zorn Gottes. Es geht hier nicht um Hindernisse, Kriege, Krankheit oder Tod; was Jakob zu besiegen hat,
ist die Gegnerschaft Gottes. Wenn dieser Gott „öffnet, dann ver-
schließt sich nichts, und wenn er schließt, so öffnet sich nichts".
Und Gott ist es, der sich ihm entgegenstellt, während Jakob nur
noch diesen Sturzbach zu überqueren hat.

Es fällt uns nicht leicht, dies zu verstehen! Jenseits aller Gegebenheiten, Dinge, Menschen, Zufälle, Glücks- und Unglücksfälle,
Bemühungen und Arbeiten hat Jakob es mit Gott zu tun, mit Gott
allein, mit Gott als Person. Alles andere sind nur sichtbare Spuren
des unsichtbaren Gottes. Der verborgene Gott ist es, der zu ihm
kommt, diesmal jedoch nicht mehr in einem Traum, sondern in
einem Kampf.

„Jakob bleibt allein. Ein Mensch kämpft mit ihm bis zum
Anbruch der Morgenröte. Als dieser sieht, daß er Jakob nicht
überwinden kann, berührt er ihn an der Hüftpfanne, und Jakobs
Hüftpfanne wird ausgerenkt, während er mit ihm ringt. Darauf
spricht er: ‚Laß mich los, denn die Morgenröte bricht an!' – ‚Ich
lasse dich nicht, bis du mich gesegnet hast.' Er fragt ihn: ‚Wie
heißt du?' Die Antwort: ‚Jakob.' – Da sagte jener: ‚Du sollst nicht
mehr Jakob heißen, sondern Israel, Kämpfer mit Gott, denn du
hast dich Gott gegenüber als stark erwiesen und über Menschen
wirst du siegen.' Da fragte Jakob und sprach: ‚Tu mir doch deinen
Namen kund!' – Er aber antwortete: ‚Warum fragst du mich nach
meinem Namen?' Und er segnete ihn dort" (Gn 32, 25–30).

Wer ist dieser Mann? Wer stellt sich der Rückkehr Jakobs in das verheißene Land entgegen? Wer will ihn töten? Jakob ist allein, wie man immer allein ist in der Prüfung der Hilflosigkeit, der Krankheit und des Todes. Jakobs großer Kampf wird der letzte Kampf aller Menschen sein. Und Gott ist es, der zu ihm sagt: „Du hast mit Gott gekämpft." Du ringst nicht nur mit den unmittelbaren Heimsuchungen, sondern mit Gott selbst. Jakob sagt: „Ich habe Gott von Angesicht zu Angesicht geschaut." Aber welches Von-Angesicht-zu-Angesicht! Es ist ein Ringen, das eine ganze Nacht währt; sie liegen beide im Staub. Dies ist kein Scheinkampf. Jakob sagt nicht „Dein Wille geschehe". Er kämpft bis zum Morgen mit unvorstellbarer Härte. Ist Jakob stärker als Gott? Dies ist nicht möglich, denn dann wäre Gott nicht mehr Gott. Woher hat Jakob diese Kraft, daß er eine ganze Nacht hindurch mit einem anderen kämpfen kann und dieser ihn nicht zu besiegen vermag? Jakob kämpft – und dies wird uns hier gezeigt – mit den Waffen Gottes selbst. Jakobs Waffen in diesem Kampf sind die Verheißung Gottes und die Treue Gottes. Die gleiche Haltung finden wir bei Ijob: „Und wenn er mich auch tötete, so hoffte ich immer noch auf ihn", und später bei Theresia vom Kinde Jesus. Solange der Mensch hofft, kann er nicht geschlagen werden. Jakob geht als Sieger aus dem Kampf hervor, weil er hofft: „Bewahre die Liebe und die Gerechtigkeit und hoffe stets auf deinen Gott", sagt Hosea. Die Hoffnung ist nun Jakobs Kraft und nicht mehr seine List, seine Arbeit, seine menschlichen Mittel. „Weil du es verheißen hast." Jakob hat keine andere Waffe als diese, aber diese Waffe kann selbst Gott nicht besiegen. Im Buch der Weisheit heißt es von Jakob: „Sie verlieh ihm den Sieg in einem schweren Kampf, um ihn erkennen zu lassen, daß Frömmigkeit stärker als alles ist" (Weish 10, 12). Und in der Morgenröte wird ihm der Name Israel gegeben: „Stark im Kampf mit Gott und den Menschen."

Wir müssen die Symbolik dieses Namens beachten, der später von Jakob auf das Volk übergeht. Es ist dies der Mensch, der sich an Jahwe klammert, wie man sich in einem Ringkampf an den Gegner heftet, der Mensch, der sich in der Barmherzigkeit Gottes gewissermaßen durch die Hoffnung der Kraft Gottes bemächtigt und der den Schutz Gottes erpreßt, weil er „bis zum Ende" kämpft, genau das, was auch Jesus tut. Schließlich erweist sich Gott in diesem Augenblick schwächer als der Mensch, denn die Schwäche Gottes liegt in seiner Anerkennung unserer Freiheit.

Wir können mit Pater Molinié sagen: „Gottes Liebe zu uns ist wie jede große Liebe zugleich scheu und umfassend." Dies sind zwar menschliche Ausdrücke, aber sie enthalten doch eine Wahrheit. Ein liebender Gott wird scheu, denn während er alles will, alles gibt und alles fordert, erwartet er es von unserer Freiheit. Die größte Gefahr für Jakob läge darin, den Kampf aufzugeben und sich zurückzuziehen. Jakob bleibt Sieger, weil Gott in Bethel zu ihm gesagt hat: „Ich bin mit dir, wohin du auch gehst." Selbst in diesem Kampf, den Gott gegen Jakob führt, kann Gott letztlich nicht *gegen* ihn sein, da er sonst sein Versprechen bräche, *mit* ihm zu sein. Gueric d'Igny führt zu diesem Gedanken in einer Predigt folgendes aus:

> „Listenreiche Güte, die du dich als Härte ausgibst! Mit welcher Liebe kämpfst du gegen jene, zu deren Heil du deinen Kampf führst (...). Darum verzweifle nicht, sondern halte durch, glückliche Seele, die eingetreten ist in den Kampf mit Gott. Ja doch, er sieht es gern, daß du Gewalt anwendest, und er möchte von dir besiegt werden. Denn selbst wenn er in Zorn ist und die Hand erhebt, um zuzuschlagen, sucht er noch immer, wie er selbst gesagt hat, einen, der ihm wie Mose widersteht. Findet er einen solchen nicht, so klagt er und sagt: ‚Keiner erhebt sich und hält mich zurück.'"

Bis zum Anbruch der Morgenröte, als er sich endlich entfernen muß, damit Jakob sein Gesicht nicht sehe, ist Gott der Gefangene seiner Treue. Aber auch Jakob muß bis zur Morgenröte durchhalten. Jesus macht dies zur Regel für seine Jünger: „Wer bis zum Ende durchgehalten hat, der wird gerettet werden"; jeder, der mit Gott gerungen und den Gott nicht besiegt hat. Das ist der vernichtende Beweis der Treue Gottes.

Wenn der Mensch also sagt und singt: „Ja, ein getreuer Gott bist du", dann muß er diese Erprobung der Treue Gottes in einem Kampf erleben. Dann erhält die Gewißheit, daß Gott wirklich Gott ist und daß er uns liebt und uns nicht verlassen kann, ihren Beweis und wird in einem gnadenlosen Kampf Mann gegen Mann durchlebt. Letztlich ist es das, was Paulus uns sagen will: „Werdet stark im Herrn und in der Kraft seiner Stärke. Legt die Waffenrüstung Gottes an, auf daß ihr standhalten könnt gegen die Ränke des Teufels. Denn unser Kampf geht nicht gegen Blut und Fleisch, sondern gegen die Mächte, gegen die Gewalten, gegen die Weltbeherrscher dieser Finsternis, gegen die bösen Geister in den Himmelshöhen. Darum greift zur Waffenrüstung Gottes, damit ihr am bösen Tage Widerstand leisten und, wenn ihr alles überwunden habt, bestehen könnt" (Eph 6, 10–13).

Hier sind die strengen Worte des Beginns wieder zu zitieren, hier jedoch in einer Siegeshymne: „so tretet denn an: eure Hüften umgürtet mit der Wahrheit (Christus: ‚Ich bin die Wahrheit und das Leben'), angetan mit dem Panzer der Gerechtigkeit, die Füße beschuht mit der Bereitschaft für das Evangelium des Friedens. Zu alledem ergreift den Schild des Glaubens, mit dem ihr alle feurigen Pfeile des Bösen löschen könnt. Nehmt auch den Helm des Heiles und das Schwert des Geistes (das zweischneidige Schwert), das ist das Wort Gottes." Und da Gebet und Kampf nicht voneinander zu trennen sind, fügt Paulus hinzu: „Lebt in ständigem Gebet und Flehen; betet allezeit im Geiste" (6, 18).

Wir sind alle aufgerufen zu diesem Kampf Jakobs: „Fürchtet nichts, ich habe die Welt besiegt", weil ich mit Gott gekämpft habe, wie Jesus in der Nacht von Gethsemane.

*Literatur*

J. *Goldstain*, Promesses et alliances. Histoire patriarcale, Gn 12–50 (Éditions de la Source, Paris). Stichwort „Geduld – Langmut" in: Wörterbuch zur biblischen Botschaft, hrsg. von X. Léon-Dufour (Freiburg i. Br. ²1967) S. 218–220.
M. D. *Molinié*, Le combat de Jacob (Éditions du Cerf, Paris).
*Bahya Ibn Paqûda*, Les devoirs du cœur (Éditions Desclée de Brouwer, Paris).

# 3

## Mose
## Von der Anbetung zur Fürsprache

Nach Abraham, dem Meister des Gebetes, und nach Jakob, der
mit Gott gekämpft hat, kommen wir nun zu Mose. Abraham ist
der Kolumbus des nackten Glaubens. Der Mann, der auf ein Wort
hin in ein unbekanntes Land, eine unbekannte Zukunft aufbricht.
Abraham zieht aus, nur gestützt auf die Zerbrechlichkeit eines
inneren Wortes, aber mit ungetrübtem und uneingeschränktem
Vertrauen. Kein Weg ist seiner Reise vorgezeichnet. So enthält
auch das Gebet immer etwas von Abrahams Situation: es ist
immer ein Aufbruch ins Unbekannte, ist Vertrauen.

Mose nun ist der Mann, dem der Inhalt des Glaubens von Gott
selbst geoffenbart und gegeben wird. Abraham ist aufgebrochen,
ohne seinen Weg zu kennen, er zog durch eine Wüste auf ein Land
zu, den Weg dorthin wies Gott ihm nur jeweils von Tag zu Tag:
„Das Land, das ich dir zeigen werde." Dem Mose gibt Gott die
Mittel in die Hand, mit denen er den Weg vorzeichnen kann. Er
gibt ihm die Thora, die wir – nicht ganz richtig – mit ‚Gesetz' wiedergeben. „Denn", so sagt der große jüdische Autor Neher, „die
Thora bedeutet im Hebräischen nicht die Ordnung, sondern die
Orientierung; nicht Gesetz, sondern Weg, jene Wegstrecke, auf

der ein gemeinsames Gehen möglich ist." Das Wort „Thora" bezeichnet also einen Weg, eine Route, der nicht nur ein Mensch, sondern ein ganzes Volk folgen muß. „Wandelt auf meinem Wege", steht im Buch Leviticus (18, 3–4) geschrieben, und die Jünger Jesu werden „die Jünger des Weges" genannt (Apg 18, 25).

Mit Mose besiegelt Gott einen Bund, wie er es auch mit Abraham getan hat. Das Wesentliche des Bundes mit Abraham waren die Verheißungen der Schaffung eines Volkes, einer neuen Beziehung mit Gott („Ich werde dein Gott sein") und des Besitzes eines Landes. Um diesen Bund zu schließen, verlangt Gott von Abraham „vor ihm zu wandeln" und sich die durch den Vollzug eines Zeichens, nämlich der Beschneidung, verheißenen göttlichen Gaben anzueignen. Aber dies ist erst eine Verheißung, an der Abraham im Glauben festhalten muß. Erst durch die Offenbarung der Thora, also im Bund Gottes mit Mose am Sinai, wird Israel zum Volk, das Jahwe wirklich zu eigen ist.

In diesem Bund offenbart Gott Mose ein unbekanntes und unvorstellbares Geheimnis: Gott kommt dem Menschen entgegen, er verbindet sich mit ihm, er bindet sich durch einen Vertrag an den Menschen, um ihn in dieses Land zu führen, das einst dem Abraham verheißen wurde, jenes Land des Friedens, das letztlich nichts Geringeres ist als Gott selbst, als das Leben mit ihm.

Wenn Paulus von dem „seit Jahrhunderten verborgenen und in Jesus Christus geoffenbarten Geheimnis" spricht, so meint er damit den Neuen Bund, jenen Bund, den Jesus mit allen Menschen und nicht mehr nur mit einem Volk geschlossen hat. Aber der Bund mit Mose ist bereits der erste Schritt auf diese Offenbarung hin.

Die vier Bücher des Pentateuch, die von Mose sprechen, zeigen ihn als einen Mann des Gebetes, eines Gebetes, das zwar verschiedene Weisen kennt, in seinem Herzen aber „eines" ist und nicht aufhört. Mose ist der zur Handlung gedrängte Kontemplative, und dieser zum Handeln gedrängte Kontemplative ist der Apostel, der Prophet. Mose ist der Prophet des Alten Testaments schlechthin, jener, dem Gott selbst diesen Titel verliehen hat (Dt 18, 15 u.

34, 10); er ist der größte Prophet bis zu Johannes dem Täufer, der nach Jesu eigenen Worten, „mehr ist als ein Prophet".

Mose lehrt uns durch sein Leben insbesondere drei Verhaltensweisen des Menschen gegenüber Gott, drei Weisen und drei Wirklichkeiten des Gebetes. Mose ist ein Mann der Anbetung, ein Mann der Fürsprache und des Handelns, ein Mann des Lobpreises.

## Anbetung

Mose ist allein jenseits der Wüste, in der Nähe des Berges Horeb, wo er die Herden seines Schwiegervaters weidet. Er ist „vor langer Zeit" (Ex 2,23) aus Ägypten geflohen. Wenn Stephanus in der Apostelgeschichte sagt: „…nachdem vierzig Jahre verflossen waren", so will er damit anzeigen, daß Mose an einem neuen Lebensabschnitt stand. Aber zweifellos verfolgt ihn in dieser Einsamkeit, in seiner Zurückgezogenheit in der Wüste die Erinnerung an seine Brüder, die dort unten „seufzen" und für die er gelitten hat, für die er in der Verbannung ist. Menschlich gesehen ist diese Verbannung augenscheinlich ohne Hoffnung, wie auch die Seufzer der Söhne Israels ohne Hoffnung sind. Denn wer ist er schon gegenüber dem Pharao? Und so weit entfernt.

Wie immer und wie es auch bei Abraham geschah, ergreift nun Gott die Initiative und tritt dazwischen. Gott ruft immer als erster. Das gleiche gilt auch für Jesus: „Ich bin es, der euch auserwählt hat", und „er rief jene zu sich, die er wollte".

„Da erschien ihm der Engel Jahwes in einer Feuerflamme, mitten aus einem Dornbusch heraus. Und er sah hin, und siehe, der Dornbusch brannte im Feuer, aber der Dornbusch wurde nicht verzehrt" (Ex 3, 2).

So beginnt die Anfangsvision des Mose gleich jener des Paulus mit etwas Seltsamem, etwas dem normalen Leben Fremdem: einer „Verfremdung". Dies gilt auch für Isaias, dessen Lippen durch die glühende Kohle des Seraphim gereinigt werden, während der Tempel von der Wolke erfüllt ist; es gilt für Paulus, der auf dem

Weg nach Damaskus vom Licht geblendet wird. Immer kommt es zu einer Verfremdung. Dem Nahen Gottes im Gebet, selbst im täglichen Gebet, muß eine Verfremdung vorausgehen.

„Der Dornbusch brannte im Feuer, aber der Dornbusch wurde nicht verzehrt. Da dachte Mose: ‚Ich will doch hingehen und dieses seltsame Schauspiel betrachten‘“ (Ex 3, 2).

„Hingehen!“ Wir müssen also den eigenen Weg verlassen! Nicht, um nicht wieder zu ihm zurückzukehren, aber wenn wir wirklich beten wollen, müssen wir ihn verlassen. Jesus sagt: du sollst dich in dein Zimmer einschließen. Damit soll nicht gesagt sein, man müsse, um zu beten, das Leben fliehen! Keineswegs! Der Umweg, den Mose gemacht hat, führt ihn nicht aus dem Leben heraus! Dies wird klar aus den Wechselfällen des Exodus. Dennoch findet ein erstes Hingehen statt. Und von diesem Umweg sagt die Bibel, daß Gott ihn „sieht“: Jahwe sah, daß er herantrat. Gott „sieht“ die Umwege, die wir machen, um uns ihm zu nähern. Der Bericht fährt fort: „Gott rief ihm aus dem Dornbusch zu: ‚Mose, Mose!‘ Dieser antwortete: ‚Hier bin ich!‘“

„Hier bin ich.“ Das ist auch Abrahams Antwort auf Gottes Anruf vor der Opferung Isaaks. Es ist die Antwort Mariens. Es ist die einzige Haltung, die uns den Eintritt in das Gebet ermöglicht: ein Herz, das bereit ist, zu hören. Mose ist in seinem Herzen bereit, auf den ersten Anruf Gottes zu antworten. Und dennoch:

„Tritt nicht näher heran! Ziehe deine Schuhe von deinen Füßen, denn der Ort, auf dem du stehst, ist heiliger Boden!“ (Ex 3, 5.) Mit anderen Worten: laß deinen Staub und deine Unreinheit draußen. So muß auch dem Gebet eine Zeit der Abklärung vorangehen. Bewegtes Wasser wird nach einiger Zeit wieder klar. Schmutz und Schlamm sinken auf den Boden. Zum Gebet, dieser Gabe Gottes, müssen wir mit einem klaren und „entspannten“ Herzen kommen. Deshalb muß das Gebet eine bestimmte Dauer haben, bedarf es der Zeit, sich zu „entspannen“.

Wir spüren, daß es Tage und Augenblicke gibt, in denen wir auch nach einer halben Stunde noch kaum zur Ruhe gekommen sind. In der ersten halben Stunde sind wir trotz unseres guten Willens innerlich noch bewegt. Das ist auch der Grund, warum dreimal eine Viertelstunde nie den gleichen Wert hat wie eine Dreiviertelstunde in einem: man ist noch kaum „entspannt". Mag sein, daß es einem Kartäuser unmittelbar gelingt, ins Gebet zu finden. Mag sein. Aber das Herz des Menschen, welches Leben er auch immer führen mag, ist doch nie von sich aus völlig „entspannt".

Kardinal Mercier hat einmal gesagt: „Ich will Ihnen ein Geheimnis über die Heiligkeit und das Glück verraten: Versuchen Sie, jeden Tag einige Augenblicke lang Ihre Phantasie abzuschalten, Ihre Augen vor den wahrnehmbaren Dingen und Ihre Ohren vor dem Lärm zu verschließen, um bei sich selbst einzukehren („ziehe deine Schuhe von deinen Füßen"). Und hier, im Heiligtum Ihrer Seele, die Tempel ist des Heiligen Geistes, sprechen Sie zu diesem Geist."

Jesus sagt über das Gebet nur dies: „Seid beharrlich." Er hat nie gesagt: „Euer Gebet sei sanft, friedlich oder dies oder jenes", sondern nur: „Seid beharrlich." Sobald eine Kontinuität gegeben ist, stellt sich auch die Entspannung ein.

Zur Vorbereitung der Anbetung ist somit zuallererst dies von Bedeutung: ich wende mich ab, um zu horchen, und ich ziehe meine Schuhe von den Füßen, um mich ihm zu nähern. Gott selbst ist es, der uns dies lehrt: man nähert sich ihm nicht ungestraft oder in irgendeiner beliebigen Weise. Die Anbetung des Mose ist nicht eine „ungeordnete" Anbetung.

Dieser unsichtbare und doch in der Form einer Feuerflamme gegenwärtige Gott offenbart sich ihm also: „Ich bin der Gott deines Vaters, der Gott Abrahams, der Gott Isaaks und der Gott Jakobs." Und noch während Mose sein Angesicht verhüllt, spricht Gott zu ihm: „Ich habe das Elend meines Volkes gesehen. So gehe nun. Ich will dich senden."

„Ich habe gesehen", sagt Gott. Wie Mose in seiner Verbannung so glaubt sich auch der Mensch in seinem Ich allein: er denkt, er erinnert sich, er ist unruhig, er leidet. Allein. In diesem Zustand befinden wir uns oft: wir wissen nicht – oder nicht mehr –, daß Gott da ist.

„Gott war da, und ich wußte es nicht!" Das ist die große Entdeckung Jakobs, die Mose vor dem brennenden Dornbusch wiedererlebt und die auch wir oft machen müssen. Aber Mose hat beim ersten Anruf Gottes geantwortet: „Hier bin ich!" Nun zeigt Gott, daß er ganz nahe ist, daß er sich ebenso wie Mose an das Elend seines Volkes erinnert.

„Ich bin der Gott deines Vaters." Nachdem Gott Mose gezeigt hat, daß er der Heilige, der ganz Andere ist, will er ihm ganz nah sein, will sich dem Mose in gewisser Weise „nähern", sich von ihm „erkennen" lassen. „Diesem Mann aus dem Stamm Levi offenbart sich der Gott der Väter in vollkommener Übereinstimmung mit einer langen Tradition (Neher): im Hintergrund dieses Textes wird gleichsam eine Vertrautheit mit diesem Gott erkennbar, denn schon Generationen (Abraham, Isaak, Jakob) haben ihn gekannt und angebetet. Weitere Generationen haben ihn vielleicht während der Jahrhunderte der Knechtschaft vergessen und dennoch zögert Gott nicht, sich dem Mose als der „Gott deines Vaters" darzustellen. Die Erinnerung der Patriarchen war lebendig geblieben.

„So gehe nun ... ich sende dich." Und Mose antwortet: „Wenn ich zu den Kindern Israels komme und ihnen sage: ‚Der Gott eurer Väter hat mich zu euch gesandt' – und sie mich dann fragen: ‚Wie lautet sein Name?', was soll ich ihnen antworten?"

*Der Name Gottes*

Nun empfängt Mose wie einst Abraham, aber sehr viel deutlicher als dieser, den göttlichen Namen. Abraham gegenüber hatte Gott sich *El Shaddai* (Gott des Gebirges) genannt. Aber *El Shaddai* ist für Abraham während seines langen Lebens der Wanderung in dessen Gegenwart in solchem Maß zu seinem Herrn und Gott geworden, daß Gott sich dem Mose unter dem Namen ‚Gott Abrahams' vorstellt.

Mose aber möchte den Gott seines Vaters aus einer persönlichen Erkenntnis kennen; er wünscht diese Erkenntnis für sich selbst, und für seine Brüder. Hier beginnt nun Mose wahrhaft zu beten. Gewiß, es ist Gott, der als erster ruft und das Gespräch beginnt, aber das Gespräch wird erst dann wirklich zum Dialog, wenn der Mensch es wünscht. Gott respektiert den Willen des Menschen in seinem persönlichsten Bereich. Gott gibt seinen Namen nicht von sich aus preis: er wartet, bis der Mensch danach verlangt, ihn zu kennen, bis er ihn sucht. Nun sagt Gott zu Mose: ,,Ich bin der Ich-bin.''

Diese Offenbarung des Namens Jahwes ist eine Antwort auf ein Verlangen des Mose, sie ist eine wirkliche Antwort, kein Rätsel. Aber Gott ist gleichwohl der Unnennbare, der Undefinierbare: daher ist dieser göttliche Name zugleich Offenbarung Gottes und Offenbarung des Geheimnisses Gottes. Gott offenbart sich, entdeckt sich in seinem Namen, auch wenn dieser Name geheimnisvoll bleibt. Es gibt verschiedene Übersetzungsmöglichkeiten und eine jede von ihnen beleuchtet diesen unergründlichen Namen in besonderer Weise: ,,Ich bin, der ich bin'' oder ,,Ich bin, was ich bin'' oder ,,Ich werde sein, der ich sein werde'' oder ,,Ich bin da''.

Beten heißt deshalb, seinen Geist öffnen, oder genauer, zuzulassen, daß dieser göttliche Name unseren Geist und unser Herz dem wahren Sinn der Werte öffnet: der Transzendenz Gottes, vor der wir unsere Grenzen erkennen, und jenem Anruf Gottes, der will, daß wir uns selbst überschreiten, um auf ihn zuzugehen. Wir müssen unsere Grenzen kennen, sie annehmen und doch zugleich danach verlangen, sie zu überschreiten. Das Gebet ist diese unaufhörliche Bewegung unseres Herzens.

## Dialog: das Du und das Ich

Von diesem Augenblick an findet ein fortwährender Dialog zwischen Jahwe und Mose statt. Dieser macht sich auf den Weg durch die Wüste, ,,mit dem Stab Gottes''. Während dieses ganzen, an Wundern wie auch Schwierigkeiten so reichen Weges, der ihn schließlich zum Sinai führt, gewinnt Mose durch seinen Wunsch, diese Gegenwart möge ihn nie mehr verlassen, eine immer größere Vertrautheit mit Gott. Mose läßt nicht ab, zu flehen und sogar zu drängen – wie der aufdringliche Freund des Evangeliums –, und all sein Beten stützt sich fortan wie das Gebet Abrahams einzig und allein auf das Wort Gottes: „Siehe, du hast mir befohlen..." (Ex 33, 12).

Die Größe Moses liegt nicht in der Macht, die Gott ihm verliehen hat, um den Pharao zu besiegen oder das Volk durch alle Schwierigkeiten hindurchzuführen, ja nicht einmal darin, daß er Prophet ist. Moses Größe besteht darin, daß er ein Herz hat, das seinen Herrn mehr liebt, als alle Gaben, die es von ihm empfangen hat. Sie liegt darin, daß er mit seinem Herzen und nicht nur durch die empfangene Sendung der Diener Jahwes ist. Gott selbst enthüllt uns die Größe Moses:

> „Ist sonst ein Prophet unter euch,
> tu' ich mich ihm durch Gesichte kund,
> durch Träume red' ich zu ihm.
> Nicht so bei meinem Knechte, dem Mose,
> der in meinem ganzen Hauswesen sich bewährt!
> Mit ihm red' ich von Mund zu Mund, offenbar
> und nicht in Rätseln;
> ja, Jahwes Gestalt darf er schauen" (Nm 12, 6–8).

Die Größe des Mose liegt in seiner Vertrautheit mit seinem Herrn. Wie Mose im Hause Gottes als „treuer Diener" weilte, so „steht Christus als Sohn über seinem Hause" (Hebr 3, 2–5).

Ein anderer Abschnitt des Exodus zeigt uns diese Vertrautheit des Mose mit seinem Gott. Es ist der Zeitpunkt der Besiegelung des Bundes. Dieser Bundesschließung geht eine regelrechte Vorbereitung voraus: „Dann stieg Mose den Berg hinauf. Die Wolke verhüllte den Berg, und die Herrlichkeit Jahwes ließ sich auf dem Berg Sinai nieder, und die Wolke hüllte ihn sechs Tage lang ein. Am siebten Tag rief er Mose mitten aus der Wolke heraus zu.

Den Augen der Israeliten stellte sich die Herrlichkeit Jahwes dar wie ein verzehrendes Feuer auf dem Gipfel des Berges. Da ging Mose in die Wolke hinein und stieg auf den Berg. Mose blieb vierzig Tage und vierzig Nächte auf dem Berg" (Ex 24, 15–18).

Mose hat also sechs Tage gewartet, Gott rief ihn erst am siebten Tag. Sechs Tage in Bereitschaft für Gott. Und Mose dringt immer tiefer in diese Wolke ein, er steigt immer höher den Berg hinauf (man läßt nicht nach, wenn man den Berg Gottes besteigt); er bleibt vierzig Tage und vierzig Nächte (das sind nicht unsere kleinen Viertelstündchen!). Und die Bibel achtet das Geheimnis dieses vierzigtägigen Dialogs.

Und schließlich jene so vertrauliche und erstaunliche Stelle, an die wir leider schon zu sehr gewöhnt sind: „Mose nahm nun das Zelt und schlug es für ihn außerhalb des Lagers in einiger Entfernung vom Lager auf", dort, wo das ungetreue Volk wohnte, und „die Wolkensäule senkte sich herab und blieb am Eingang des Zeltes stehen, während Jahwe mit Mose redete ... Jahwe aber redete mit Mose von Angesicht zu Angesicht, wie jemand mit seinem Freunde spricht" (Ex 33, 7–11).

Hier sind wir am höchsten Punkt der Anbetung angelangt, denn unser Gott ist nicht ein Gott, dessen Transzendenz uns erdrückt und vor der wir uns niederbeugen müßten, sondern er ist ein Gott, der zu uns spricht, wie ein Mensch zu seinem Freund spricht. Hier gilt Jesu Wort bereits für Mose: „Ich werde euch nicht mehr Knechte, sondern Freunde nennen."

In seinem Buch *Moïse et la Vocation juive* (= Moses und die jüdische Berufung), das um so beeindruckender ist, als es nach den Massakern von Auschwitz und anderer Konzentrationslager geschrieben wurde, schildert André Neher, der selbst Jude ist, eindrucksvoll den Charakter des Mose: „Mose ist der Mann des ersten Gebotes, der Mann, den Gott sucht, bestimmt und ergreift: ‚Ich bin dein Gott.‘ "

Hier ist vor allem das Wort „dein" Gott zu beachten. Gott sagt zu Mose nicht einfach: „Ich bin Gott", sondern: „Ich bin dein Gott." Zweifellos hat Mose, wie Neher feststellt, „diese unmittelbare Anrede durch Gott nicht als einen Anruf aufgefaßt, der an seine individuelle Person gerichtet war, sondern als das ein für allemal an das jüdische Volk gerichtete Wort". Denn Mose hat sich niemals von seinem Volk losgelöst, ganz im Gegenteil war er bereit, dessen Murren und Mangel an Gottvertrauen auf sich zu nehmen. Mose, der erste Empfänger dieses „dein" Gott, hat es in sehr intensiver Weise empfangen und erlebt – ähnlich konnte auch Maria in einem bestimmten Augenblick die gesamte Kirche sein. Bei Mose waren das kollektive „dein" und das persönliche „dein" im ersten Augenblick der Offenbarung auf dem Sinai nicht unterschieden, aber von ihm ausgehend, hat sich dieses „dein Gott" nach und nach ganz allmählich – auch gegen die anfängliche Unzulänglichkeit vieler – auf alle ausgeweitet.

Denn seit der Begegnung mit Jahwe im brennenden Dornbusch ist Mose nicht mehr allein in seinem Ich: „Er ist nie mehr allein mit sich selbst" (Neher). So müßte das Gebet sein. Nachdem Mose in Jahwe den Gott seiner Väter erkannt hat, singt er nach dem siegreichen Durchzug durch das Schilfmeer: „Er ist ,mein' Gott, ihn will ich preisen." Gottes Umgang mit Mose wird nun zusehends vertrauter: „Ich bin dein Gott."

Ich bin dein Gott, er ist mein Gott. Das Gebet ist dieses *du* und *ich:* ein Dialog der Liebe. „Heute sprichst du in Liebe mit Gott, und Gott spricht in Liebe mit dir, heute" (Dt 26, 17 f). Daß eine fehlgeleitete Erbauungsliteratur diese erstrangige Wirklichkeit verfälscht hat, ist bedauerlich, aber sie ist darum nicht weniger wahr. Von hier wird nun verständlich, warum sich Gott als „ein verzehrendes Feuer", ein „eifersüchtiger Gott" zeigt, nämlich wegen des Übermaßes dieser Liebe, die zu dieser Eifersucht führt.

*Gott erkennen = das Geschenk des Namens + das Zwiegespräch*

Das Geschenk des göttlichen Namens, das Zwiegespräch mit Gott, das Du und Ich mit Gott führen zu einer immer tieferen Erkenntnis Gottes und zu dem Wunsch, ihn immer mehr zu erkennen. Das Gebet ist diese Förderung des Verlangens, Gott zu erkennen.

In Mose ist ein Durst nach Gott erwacht: inmitten seiner Arbeit – und das ist das Schöne an ihm, hierin ist er unser Lehrmeister – ist Mose beständig auf der Suche nach dem Antlitz Gottes, jenes Gottes, in dem er Gnade gefunden hat und der ihn mit Namen kennt (Ex 22, 12–17).

Mose dürstet immer mehr nach der Erkenntnis seines Herrn, und sein Gebet wird kühner: ,,Laß mich doch deine Herrlichkeit schauen!" Der Mensch kann auf Erden nichts Größeres wünschen, als das Teilhaben an dieser göttlichen Vertrautheit. In der Kraft und der Reinheit dieses Verlangens liegt unsere Berufung. Durch dieses Verlangen findet der Mensch zur Ähnlichkeit mit Gott. Ihn sehen bedeutet ihm ähnlich werden: ,,Wir werden ihm ähnlich sein, weil wir ihn schauen werden, so wie er ist" (1 Jo 3, 2). Alle Bemühungen des Menschen, nicht nur das Bestreben des Gläubigen, sondern jedes Bemühen des heutigen Menschen zu einer Selbsterkenntnis und einer Erkenntnis der Wunder der Welt, die ihn umgeben, zu gelangen, sind nichts anderes als dieses oft entstellte und unbewußte Gestammel in ihm: ,,Laß mich doch deine Herrlichkeit schauen."

Deine Herrlichkeit, d. h. deinen Glanz in seiner ganzen Entfaltung. Laß dich erkennen, mein Gott, so wie du bist und nicht so wie meine begrenzte Vorstellungskraft dich sieht. In einem anderen Text heißt es: ,,Zeige dich mir." Beachten wir dieses fortwährende Verlangen, durch das Mose immer offener wird für die Vorstellung der ungeheueren Größe Gottes: ,,Laß dich erkennen." Wie weit sind wir hier entfernt von der Betrachtung des eigenen Ich.

Gott hört diese Bitte: ,,Ich will alle meine Schönheit an dir vorüberziehen lassen und den Namen Jahwes vor dir ausrufen" (Ex 33, 19). Diesen Namen, den der Mensch zu kennen verlangt, wird er aus dem Munde Gottes selbst vernehmen. Er wird nicht nur seinen Glanz sehen, sondern auch diesen Namen erfahren. Er wird den unvergleichlichen Reichtum seines Namens kennenlernen. Dies ist die große Offenbarung, die nicht nur den Namen gibt, sondern alles, was dieser Name enthält, bloßlegt: Zärtlichkeit, Mitleid, Milde, Gnade, Treue.

„Mein Angesicht kannst du nicht schauen, denn kein Mensch sieht mich und bleibt am Leben." Die Spannung des Gebetes liegt darin, daß Gott zu gleicher Zeit sagt: „Ich werde an dir vorüberziehen", und: „Mein Angesicht kannst du nicht schauen." Aber Jahwe erhört das Gebet des Mose: „Wenn dann meine Herrlichkeit vorübergeht, will ich dich in die Höhlung des Felsens stellen und meine Hand über dich decken, bis ich vorübergegangen bin. Wenn ich meine Hand zurückziehe, wirst du meine Rückseite schauen. Aber mein Angesicht darf man nicht schauen" (Ex 33, 21).

Das Verlangen des Mose, Gott zu schauen, ist erhört: zwar sieht er nur den Rücken, aber er sieht dennoch Gott. Hier ist die ganze Dialektik und die ganze Mystik der Begegnung mit Gott und dessen, was in uns den Durst nach Gott erweckt, beschrieben. Er ist da, aber man erfaßt ihn nur unvollkommen, „tastend", „wie in einem Spiegel", wie Paulus sagt. Das Verlangen nach dem Von-Angesicht-zu-Angesicht wird zusehends stärker im Zwiegespräch des Gebets und in der immer tieferen Erkenntnis des göttlichen Namens.

### Bestürzende Entdeckung

Die bestürzende Entdeckung des Mose besteht darin, daß der Mensch Gott lieben kann. Daß Gott den Menschen liebt, ist schon verwirrend genug, aber daß auch der Mensch Gott lieben kann! Neher bemerkt dazu: „Daß Gott die Menschen liebt, sei es als ihr Vater oder als ihr Beschützer, das haben bereits andere große Geister der Antike geahnt oder auch klar ausgesprochen. Aber daß die Menschen eingeladen sind, Gott zu lieben, das erschüttert die religiöse Struktur der Welt." Nicht mehr allein die Furcht, sondern die Liebe ist das Ergebnis des Bundes. „Er rief den Namen Jahwes an. Jahwe zog an ihm vorüber und rief aus: ‚Jahwe, Jahwe, ein gnädiger und barmherziger Gott, langmütig und reich an Gnade und Treue!'" (Ex 34, 6).

In der Schrift geht alles so vor sich, als wenn Gott seine Forderung nach Liebe („Ich bin ein eifersüchtiger Gott") nur deshalb offenbarte, weil er das Bedürfnis hat, geliebt zu werden, weil er darauf wartet, geliebt zu werden. So ist das Gebet nicht eine Steuer, die man an Gott entrichtet, oder ein Dienst, den zu erfüllen man versprochen hat. Das Gebet ist die liebende Suche nach dem Antlitz Gottes. Wobei mit ‚liebend' nicht gesagt sein soll, daß sich alles in unbeschwerter Heiterkeit vollzieht. Aber ich suche ihn, ich komme zu ihm, ich weiche von meinem Weg ab, ich nähere mich ihm, ich verlange danach, ihn zu erkennen! „Jahwe aber redete mit Mose von Angesicht zu Angesicht in der dunklen Wolke, wie jemand mit seinem Freunde spricht." Gebet bedeutet also – mit Mose –, auf Gott zu hören, der von Angesicht zu Angesicht mit mir spricht, wie ein Freund zu seinem Freunde spricht. Und wenn Gott in dieser Weise zu mir spricht, dann werde auch ich so zu ihm sprechen.

## Fürsprache

Anbetung und Zwiegespräch führen uns zur Fürsprache. Es gilt hier, die Reihenfolge zu beachten: wie es das erste Gebot der Liebe ist, Gott zu lieben, und das zweite, seinen Nächsten zu lieben – was nichts Geringeres ist –, seinen Ursprung im ersten hat, so hat auch die Fürsprache ihren Ursprung in der Anbetung und nicht umgekehrt.

Verfolgen wir diesen großen Text der göttlichen Erscheinung: „Jahwe, Jahwe, ein gnädiger und barmherziger Gott, langmütig und reich an Gnade (das ist der Grund der Fürsprache) und Treue, der seine Gnade bewahrt den Tausenden, Schuld, Frevel und Sünde vergibt, aber nichts ganz ungestraft läßt und die Schuld heimsucht." Sogleich wirft sich Mose zur Erde – hier also die Fürsprache – nieder und sagt: „Wenn ich Gnade in deinen Augen gefunden habe, o Herr, dann möge doch mein Herr in unserer Mitte mitziehen. Es ist zwar ein halsstarriges Volk. Aber vergib unsere

Schuld und unsere Sünde, und nimm uns an als dein Erbe" (Ex 34, 6–9). So wandelt sich die Anbetung („Laß mich doch deine Herrlichkeit schauen", „Ich will dich kennen") zur Fürsprache.

„Vergib, Herr, und nimm uns an als dein Erbe." Eine Konstante gibt es im Leben des Mose: die Anbetung macht ihn zum Diener seiner Brüder und seines Gottes. Die Anbetung ist es, die ihn zum Mittler und Diener werden läßt. Gott offenbart ihm am brennenden Dornbusch seinen Namen und sagt zu ihm: „Geh, rufe die Ältesten Israels zusammen, und sprich zu ihnen: ‚Jahwe ist mir erschienen.'" Dies ist Offenbarung und Anbetung zugleich. Und dann: „geh", und dieses „geh" zieht sich durch das ganze Leben des Mose hindurch: „Geh, und sage dem Pharao", „Geh zum Pharao", „Sage den Israeliten, sie sollen umkehren", „Sage den Israeliten, sie sollen wieder aufbrechen", „Geh zum Volk, und sag ihm, es solle sich heiligen", „So wirst du zu den Israeliten sprechen", „Du wirst mir einen Altar errichten", „Das sind die Gesetze, die du ihnen geben wirst."

Wie kann man annehmen, die Anbetung des lebendigen Gottes würde uns dem Leben entfremden? Sie wirft uns geradezu hinein! „Geh, du wirst sprechen, du wirst handeln. Das sind die Gesetze, die du geben wirst." Gewiß ist die Anbetung dann nicht in das Leben integriert, wenn ich mein kleines Ich anbete, wenn alles nur um mich selbst kreist! Die Anbetung Gottes aber weist uns immer wieder in das Leben ein. Viele Aufzeichnungen berichten davon, wie die Art und Weise, in der Gott einem Menschen erscheint, dessen persönliche Berufung nach sich zieht:

*Jesaja:* er schaut die Heiligkeit Gottes. Er wird zum Diener und Propheten der Heiligkeit Gottes.

*Maria Magdalena:* „Maria! – Rabuni! – Halte mich nicht fest! Geh zu den Brüdern." Das Wort Gottes führt uns immer wieder zu den Menschen zurück.

*Paulus:* „Geh, du bist mir ein auserwähltes Werkzeug (…), und du wirst wissen, wie viel du um meines Namens willen leiden mußt."

Gott hat keine andere Weise als diese. Die Anbetung führt zur

Fürsprache. Jeder Abschnitt im Leben des Mose mündet in ein Gebet der Fürsprache .

Schon bei der Rückkehr des Mose nach Ägypten und seiner Intervention beim Pharao wegen der Erhöhung der geforderten Leistung und der Klagen des Volkes, taucht dieses Wort auf, das ein Wort der Fürsprache ist: „Herr, warum?" Jesus wird sagen: „Warum hast du mich verlassen?" Also eine Frage.

Das Volk zürnt dem Mose, weil die Ägypter es aussaugen. Mose entschuldigt sich nicht, sondern wendet sich an Gott: „Warum erhebst du solches Wehklagen zu mir!" Das Volk murrt über das bittere Wasser, als es das Rote Meer durchzogen hat. Wieder schreit Mose zu Jahwe: das Wasser quillt aus dem Fels. Mose greift ein.

Es murren Mirjam und Aaron! Seine Schwester Mirjam und sein Bruder Aaron machten Mose das Leben nicht leicht, denn sie zürnten ihm wegen seiner kuschitischen Frau: „Hat denn Jahwe nur mit Mose geredet? Hat er nicht auch mit uns geredet?" (Nm 12, 2.) Mose aber setzt sich für sie ein, trotz ihrer Eifersucht. Zunächst schweigt er demütig, und aufgrund dieses Schweigens übernimmt Gott selbst seine Verteidigung!

Betrachten wir schließlich die große Fürsprache des Mose während der entscheidenden Schlacht gegen die Amalekiter. Sie ist das Musterbeispiel der Fürbitte: „Josua tat, wie ihm Mose befohlen hatte, und zog aus zum Kampf mit den Amalekitern. Mose aber stieg mit Aaron und Hur auf den Gipfel des Hügels. Solange Mose seine Arme erhob, behielten die Israeliten die Oberhand; wenn er aber die Arme sinken ließ, gewannen die Amalekiter die Oberhand" (Ex 17, 10–11).

Die Wirksamkeit des Gebetes und die Rechtfertigung des kontemplativen Menschen vom Gesichtspunkt des Handelns her könnte nicht deutlicher bestätigt werden: „Schließlich wurden aber die Arme des Mose zu schwer. Da nahmen sie einen Stein und legten ihn unter ihn, und er setzte sich darauf. Aaron und Hur stützten seine Arme, der eine auf dieser, der andere auf der anderen Seite. So blieben seine Arme erhoben bis zum Sonnenuntergang." Wenn Mose das Gebet dem Schwerte vorzieht, so geschieht dies nicht aus Trägheit: „Du reibst dich um die Leute bei dir auf. Die Sache ist zu schwer für dich, du kannst sie nicht allein bewältigen" (Ex 18,18). Und in diesem gleichen Abschnitt findet sich ein Satz, der charakteristisch ist für diese Rolle des Fürsprechers: „Vertritt du das Volk vor Gott, und bringe du ihre Angelegenheiten vor Gott" (Ex 18,18).

Das Fürsprachegebet ist nicht platonisch. Nachdem man gebetet hat, muß man sich selbst ohne jeden Vorbehalt wieder unter jene begeben, die das Böse tun; man darf sich nicht die Hände waschen. Gandhi hat dies in außerordentlicher Weise gelebt; Gandhi, der sich selbst bestrafte, wenn seine Jünger sich verfehlten. Dazu müßten wir gelangen! Das Fürbittgebet beschränkt sich nicht darauf, sich wie Pilatus die Hände zu waschen. Es findet seinen Ausdruck in der Geschichte des Goldenen Kalbes (Ex 32).

Die Episode des Goldenen Kalbes beginnt wie eine Familienszene. „Jahwe aber sprach zu Mose: ‚Auf, geh hinab! Denn dein Volk, das du aus Ägypten herausgeführt hast, hat gefrevelt" (Ex 32,7); (die Redeweise ist ganz ähnlich, wenn eine Frau zu ihrem Mann oder ein Mann zu seiner Frau sagt: *dein* Sohn, *dein* Volk hat sich vergangen). „Schnell sind sie vom Wege abgewichen … sie haben sich ein gegossenes Kalb gemacht." Jahwe sagt zu Mose: „Ich habe dieses Volk beobachtet und gesehen, daß es ein halsstarriges Volk ist. Nun laß mich, daß mein Zorn gegen sie entbrenne und ich sie vertilge. Dich aber will ich zu einem großen Volke machen!"

Das ist also der Vorschlag an Mose: er soll sich von diesem halsstarrigen Volk lossagen und selbst zu einem großen Volk werden. Mose aber verweigert dies und bemüht sich, Jahwe zu besänftigen: „Mose begütigte das Antlitz Jahwes (dies ist sein Gebet der Fürbitte), und er sagte, wie Abraham vor Sodoma: ‚Warum, Jahwe, soll dein Zorn wider dein Volk entbrennen? Sollten denn die Ägypter sagen dürfen: in schlimmer Absicht hat er sie herausgeführt, um sie im Gebirge umzubringen und sie vom Erdboden zu vertilgen? Laß ab von deinem glühenden Zorn, und lasse dich das Unheil gereuen, das du über dein Volk verhängen willst. Denke an

Abraham, Isaak und Israel, deine Knechte, denen du bei dir selbst geschworen und denen du verheißen hast: ich will eure Nachkommenschaft so zahlreich machen wie die Sterne des Himmels" (Ex 32, 11–13).

Mose ist wahrhaft das geliebte Kind, das seinem Vater vertraut und das für seine Brüder eintritt. Nun sagt Gott zu ihm: „Geh zu deinem Volk." Und Mose geht. Er ist zornig, er macht dem Volk Vorwürfe und kündigt das Strafgericht an. So ist auch Jesus im Tempel zornig, weil man ihn zu einem Handelshaus gemacht hat. Mose spricht zum Volk: „Ihr habt eine große Sünde begangen", denn der Fürbitter steht auf der Seite Gottes: „Ich stand damals zwischen Jahwe und euch, um euch die Worte Jahwes mitzuteilen" (Dt 5, 5), und es bedarf des Mutes, den Menschen die Wahrheit zu sagen: „Nun will ich zu Jahwe hinaufsteigen. Vielleicht kann ich Vergebung für eure Sünde erwirken." Er kehrt zu Jahwe zurück: „Ach, dieses Volk hat eine große Sünde begangen und sich einen Gott aus Gold gemacht. Dennoch, wenn du ihm nun seine Sünde vergibst ... Wenn nicht, dann lösche mich doch aus deinem Buch, das du geschrieben hast" (Ex 32, 32). Noch einmal besteigt Mose den Berg, um nach dieser großen Sünde des Volkes zu vermitteln: „Ich verharrte aber wie das erste Mal vierzig Tage und vierzig Nächte auf dem Berge. Jahwe erhörte mich auch dieses Mal; der Herr wollte dich nicht vernichten" (Dt 10, 10).

Das Gebet der Anbetung vermittelt dem Menschen den Sinn für die wahren Werte, die Fürbitte aber entspringt dem Abgrund einer sündigen Welt.


## Lobpreis

Anbetung + Fürbitte = Lobpreis. Der Lobpreis ist die mit der Fürbitte verbundene Anbetung – der biblische Lobpreis –, denn es ist eine Lobpreisung, die ihre Wurzeln zugleich im Leben und in den Ereignissen hat. Eine Fürbitte, der nicht die Anbetung vorausgeht, ist nur Bitterkeit und Verzweiflung: „Eine Fatalität jagt die andere", „Der Mißerfolge sind zu viele".

Denn Mose empfindet sein Leben Tag um Tag als eine Aufein-
anderfolge von Niederlagen. Bisweilen bricht er unter dieser Last
zusammen, und dann gerät er in Zorn; von seinem Temperament
her handelt er und sehnt sich nach dem Absoluten. Als er jung
war, dürstete er nach der Gerechtigkeit unter den Menschen: er
tötet den Aufseher, er trennt die streitenden Hebräer, er beschützt
die Hirtinnen von Midian gegen die Hirten, die sie belästigen
wollen. Später jedoch steht Mose nicht mehr nur den Menschen
gegenüber, sondern der menschlichen Schwerfälligkeit, und dies
führt ihn zur Lobpreisung.

Er muß zunächst mit seiner eigenen Schwerfälligkeit fertig
werden: im Zwiegespräch beim brennenden Dornbusch: ,,So gehe
nun, ich will dich senden ... – Wer bin ich? ... Nein, sende einen
anderen, ... Denn unbeholfen ist mein Mund und meine Zunge ...
Sende, wen du willst." Das ist seine erste Schwerfälligkeit. Wahr-
scheinlich hat er sie später noch bitterer empfunden. Aber daneben steht die unbewegliche und drückende Schwerfälligkeit der
Seinen, all dieses Aufbegehren auf dem Weg durch die Wüste, die
Ausschweifung und der Götzendienst des Volkes.

Er stirbt, ohne sein höchstes Ziel, für das er sein ganzes Leben
lang gearbeitet hat, erlangt zu haben: den Einzug in das verheißene
Land. Dennoch bricht er in Lobpreisungen aus, wohl die schönsten Texte des Deuteronomiums: ,,Damals flehte ich auch zu
Jahwe um Erbarmen, indem ich sprach: ,O Herr, Jahwe, du hast
begonnen, deinem Knechte deine Größe und deinen starken Arm
zu offenbaren. Wo ist ein Gott im Himmel und auf Erden, der
solche Taten und Machterweise wirkte wie du! Nun möchte ich
doch auch hinübergehen und das schöne Land jenseits des Jordans
schauen dürfen, dieses schöne Bergland und den Libanon!' ... Aber
Jahwe sprach zu mir: ,Genug davon! Rede nichts weiter in dieser
Sache zu mir! Steige auf den Gipfel des Pisga hinauf, und erhebe
deinen Blick nach Westen und Norden, nach Süden und Osten,
daß du es mit eigenen Augen siehst! Denn diesen Jordan wirst
du nicht überschreiten!" (Dt 3, 24–27.)

Mose wünscht ein neuerliches Von-Angesicht-zu-Angesicht,

aber auch hier wieder sieht er dieses Land, zu dem er sein Volk unter so großen Schwierigkeiten geführt hat, nur von der Ferne, wie er einst Gott nur im Schatten seiner Hand in der Felsspalte sah.

„Dort im Lande Moab starb dann Mose, der Knecht Jahwes, nach dem Geheiß Jahwes … Mose war hundertzwanzig Jahre alt, als er starb; sein Auge war nicht matt geworden und seine Frische nicht gewichen" (Dt 34, 5–7).

So ist es also diese unentwirrbare Mischung von Versagen und Anbetung, von Spreu und Weizen, von Anbetung und Fürbitte für die Sünde, die Mose zum Lobpreis führt, zu jenen *Te Deum*-Gesängen der Freude, des Jauchzens, der Erlösung, die sein Leben bestimmen. Gerade weil er anbetet und doch zugleich in jeder Hinsicht Mensch ist, tritt er in den Lobpreis Gottes ein, eine Lobpreisung, in der sein ganzes Leben enthalten ist:

> Meine Stärke ist Jahwe und mein Lied,
> Er ward mir zum Retter.
> Er ist mein Gott, ihn will ich preisen,
> Den Gott meines Vaters, ihn will ich rühmen    (Ex 15, 2).

Mit welchem Jubel singt Mose dieses Lied nach dem Durchzug durch das Rote Meer und am Ende seines Lebens:

> Horcht her, ihr Himmel, nun will ich reden,
> die Erde höre meines Mundes Spruch!
> Wie Regen riesele nieder meine Botschaft,
> Wie Tau hernieder sinke mein Wort!
> Wie Regengüsse auf junges Grün,
> Wie Regenschauer auf (welkes) Kraut!
> Denn Jahwes Namen ruf ich aus.
> Gebt Ehre unserem Gott!
> Der Fels! Vollkommen ist sein Tun.

Das ist Lobpreisung, eine Lobpreisung, die seinem ganzen Leben entspricht:

Der Gott in Treue, des Frevels bar,
Gerecht und redlich ist er!
Gefrevelt haben sie, die er gezeugt ohne Makel.

Der Lobpreis Gottes entspringt aus seiner Fürbitte, und er ist
die ganze Geschichte dieses Volkes, dieser ,,betrügerischen und
ränkevollen Generation'', die doch stets von Gott geleitet, beschützt und geliebt wird:

Wagt ihr, Jahwe so zu vergelten,
Du Volk der Torheit und des Unverstandes?
Denk an die Tage der Vorzeit.
Frag deinen Vater, er wird dir's künden.
Als der Höchste die Völkersitze verteilte...
Denn Jahwes Anteil ist sein Volk,
Jakob ist das für ihn abgesteckte Erbe.
Im Wüstenlande nimmt er es zu eigen
In der Wildnis und Nacht der Steppe;
Umhegt es schützend, wartet seiner,
Wie seinen Augapfel behütet er es.
Einem Adler gleich, der sein Nest aufstört,
Über seinen Jungen schwebt,
Breitet er aus seine Schwingen, nimmt es auf,
Auf seinen Fittichen trägt er es.
Jahwe allein geleitet es      (Dt 32, 1–12).

Das ganze Leben des Mose ist erfüllt von dieser letzten Gewißheit: zwar stirbt er einige Schritte vor dem verheißenen Land, aber
er zweifelt nicht an der Verheißung seines Gottes: Er ist sicher,
daß nichts die unverrückbare Treue Gottes und seine unermeßliche Liebe zu beeinträchtigen vermag.

*Literatur*

A. *Neher*, Moïse et la vocation juive (Éditions du Seuil, Paris), Reihe ,,Maîtres
spirituels''.

# 4

## David
## Das „Erbarme dich meiner"

„Laß mich dein Antlitz schauen", sagte Mose zu seinem Gott, der ihm so zugeneigt war. Das aber ist unmöglich, selbst für Mose: „Mein Angesicht kannst du nicht schauen, denn kein Mensch sieht mich und bleibt am Leben!" (Ex 33, 18–20.) Die Zeit vergeht – ein Vierteljahrtausend – aber Israel hört nicht auf, das Angesicht seines Gottes zu suchen. Es entdeckt, daß nur aufrechte Herzen das Antlitz Gottes schauen werden, weil Gott heilig und gerecht ist.

Nun erscheint unter den Hochherzigen dieses Volkes Israel David. Er besingt seinen Herrn, er will ihm ein Haus bauen. Es ist ihm unerträglich, selbst in einem Zedernhaus zu wohnen, während die Gotteslade nur in einem Zelt steht. Gott aber will noch keinen von Menschenhand erbauten Tempel. Er selbst, Gott, wird das Haus und das Königtum Davids erbauen, die auf immer währen werden. Nun sagt David Dank: „Wohlan denn, Herr Jahwe, du bist Gott, und deine Worte sind Wahrheit. Du hast deinem Knecht diese herrliche Verheißung gegeben" (2 Sm 7, 28).

Dieser gleiche David, der so gesegnet und großmütig ist, der einst als kleiner Junge dem Riesen Goliath die Stirn bot, der bereit war, Saul, der ihn verfolgte, zu verzeihen, dieser David ist es, in dem sich ein Abgrund der Sünde auftut. Es mußte ein sehr großer Mann sein, der eine so große Sünde begehen konnte: die Mittelmäßigen sündigen nur mittelmäßig. Mose nahm die Sünde seines Volkes auf sich. David muß seine eigene Sünde tragen, und zwar allein.

In einem David zugeschriebenen Psalm lesen wir: „Fluten rufen die Fluten im tosenden Fall seiner Wasser, all deine Fluten und Wogen gingen hin über mich" (Ps 42, 8). Die menschliche Seele, sagt Augustinus in seinen *Bekenntnissen*, ist ein Abgrund, und wenn man zu einer Seele von göttlichen Dingen spricht, dann lenkt man in den Abgrund der Seele den Abgrund der Sturzbäche Gottes. Aber die menschliche Seele kann auch ein Abgrund der Sünde werden! Gott stürzt sich dennoch hinein, aber unter einer Bedingung: daß diese Seele demütig sei und ihr Elend erkenne.

Die Physiker von einst waren der Meinung, die Natur verabscheue die Leere! Ebenso schenkt sich Gott einer Seele, die er ihrer selbst völlig entleert vorfindet, um sie zu erfüllen. Das ist es, was uns David und die Psalmen heute nicht weniger als im Jahrhundert des Augustinus lehren. Stalins eigene Tochter, Swetlana Allilujewa, hat dies erfahren und bezeugt: Swetlana ist im Herzen des Kreml und des rigorosesten Atheismus, den es je gab, aufgewachsen. Sie ist eine Frau: mehr als andere hat sie die Dramen dieses unmenschlichen Regimes miterlebt, das Drama ihrer eigenen Mutter, die zum Selbstmord getrieben wurde, das Drama, die Tochter Stalins zu sein. Mit fünfunddreißig Jahren steht sie vor der Frage, ob der Selbstmord nicht eine Lösung sei. Sie begegnet André Siniawski, einem Konvertiten, der sie in die Psalmen einführt. Von diesem Augenblick an, so sagt sie selbst, „ist das Leben jeden Tag von neuem von einer unerschöpflichen Quelle erfüllt, die stark ist wie eine Sonne":

„Ich suchte nach Worten, um das, was ich empfand, besser begreifen zu können. Ich fand sie schließlich in Davids Psalmen.

David singt mit offenem Herzen, einem Herzen, das bis zum Zerspringen klopft. Er berauscht sich fast am Leben, und im Leben sieht er Gott. Er bittet Gott, ihm zu Hilfe zu eilen, wenn er sein Versagen spürt. Dann berichtet er diese Schwäche, sucht zu ergründen, worin er geirrt hat, macht sich seine Irrtümer zum Vorwurf. Doch er sagt sich, daß er ganz unbedeutend sei, nur ein Teilchen des Universums, aber eben doch ein Teilchen, und nun dankt er Gott für die ganze ihn umgebende Welt und für dieses Licht in seiner Seele.

Nie vernahm ich Worte, die so sicher wirken, wie die Worte dieser Psalmen. Ihre brennende Poesie reinigt, gibt wieder Mut, läßt das eigene Innere klar erkennen. Durch sie wird es möglich zu sehen, wo man sich getäuscht hat, und eröffnet sich ein Neubeginn. Die Psalmen sind eine große Fackel der Liebe und der Wahrheit."

Worin liegt nun das Geheimnis dieser bewegenden Kraft der Psalmen? In dieser Sprache, die Gott uns für das Zwiegespräch mit ihm lehrt, gibt es nur zwei Wege (das sagt auch Jesus): „Es gibt zwei Wege, nicht drei oder vier, oder soviel man will." André Chouraqui, einer der besten Kenner der Psalmen, sagt dazu: „Wir sind gewarnt: die Welt ist *zwei*geteilt. Wir müssen uns entscheiden (…). Der Weg der Finsternis und der Weg des Lichts teilen sich die Universalität des Wirklichen." Erinnern wir uns daran, daß sogar die modernsten Computer auf einem ebenso einfachen Prinzip beruhen: der Strom fließt durch oder nicht: es gibt nur zwei Zahlen, die Eins und die Null; unendlich wiederholt, genügen sie auch für die schwierigsten Berechnungen.

Die Psalmen sprechen zum einen vom Weg des Fürsten der Finsternis; Chouraqui weist uns darauf hin, daß der Verdammte, der Bedrücker, der Urheber des Nichts, der, den Jesus als „Raka" bezeichnet, hier mit einhundertzwölf Namen, Übernamen, Titeln und Eigenschaften benannt wird. Zum anderen beschreiben sie den Weg des Gerechten, des Zaddik, des Unschuldigen; auch er wird mit etwa hundert Namen bezeichnet: der Demütige, der Arme, der Treue, der vor Gott Erschaudernde.

Eine andere, ebenfalls zweiteilige Unterscheidung der Psalmen ist möglich: die Psalmen untergliedern sich in solche der Anbetung und der Armut. Die Anbetung findet in dem einen Wort *Alleluja* ihren Ausdruck und ihren Höhepunkt. Unter Armut *(anawâh)* ist jene Einstellung zu verstehen, zu der man nach der Definition von A. Gelin „durch eine Anzahl von Erfahrungen des Leids und des menschlichen Versagens gelangt". Unser ganzes Menschenleben, unser Menschengebet spielt sich zwischen diesen beiden Polen ab: Anbetung und Armut.

„Preise meine Seele, Jahwe! (Anbetung!) Alles in mir lobpreise seinen heiligen Namen!" (Ps 103, 1.)

„Jubelt Jahwe, alle Lande! Freuet euch und frohlocket ( ...). Es erbrause das Meer und was es erfüllt, der Erdkreis und die ihn bewohnen. Klatschet in die Hände, ihr Ströme, ihr Berge, stimmet ein in den Jubel! Im Angesicht Jahwes" (Ps 98, 4–9). Freuen sollen wir uns darüber, daß das Jenseits Gottes immer jenseits unserer Worte und unendlich ist: „So viel du darüber auch sagen magst, du wirst nie alles sagen."

Die andere Erfahrung, die untrennbar mit der ersten verbunden ist: die Armut, eine Armut aus Leidenschaft. André Gide nannte die Menschen der Psalmen „diejenigen, die zu Gott ‚Du' sagen", jene, die sich im Umgang mit Gott kein Blatt vor den Mund nehmen, die ihn, wie Jeremia, unmittelbar mit Du anreden: „Du hast mich verlockt, du hast mich überwältigt ( ...). Verflucht sei der Tag, an dem ich geboren!" (Jr 20, 7 und 14.) Aus diesen Psalmen der Armut, des Elends, der Not, aus diesen großen Psalmen tönt unser menschliches Elend, unsere Sünde. „Jahwe, mein Gott, am Tage rufe ich dich, ich klage vor dir in der Nacht. Es dringe zu dir mein Gebet, neige dein Ohr meinem Flehen. Denn meine Seele ist gesättigt mit Leid. Du warfest mich in die unterste Grube, in die Finsternis, in den Abgrund (der Abgrund ruft den Abgrund), meine Augen dunkeln ... Entfremdet hast du mir den Freund und Vertrauten, und nur das Dunkel ist mir vertraut" (Ps 88).

Das ist der Arme. Er fleht: „Der Herr erhört ihn, er rettet ihn aus aller Bedrängnis", und dieser Arme, auch wenn er sich auflehnt, sagt schließlich doch: „Sei stille in Jahwe, und hoffe auf ihn" (Ps 37,7). Wäre er nicht arm, so würde er nicht so sprechen, aber weil er arm ist, weiß er, daß Gott zu ihm kommen wird: „Steh ab vom Zorn, und laß deinen Grimm; erzürne nicht, auf daß du nicht sündigest. Sei ein Hirt der Treue" (Ps 37,8): das ist das Schweigen einer besänftigten Seele.

Dieses Band zwischen der wunderbaren Heiligkeit Gottes und der Demut des Menschen, das schließlich in das *Magnifikat* einmündet, wird schon von Jesaja in seiner Berufung erfahren. Er sieht die Engel Gottes, die ausrufen: „Heilig, heilig, heilig ist Jahwe Zebaot, die ganze Erde ist voll seiner Herrlichkeit!" „Von der Stimme der Rufenden erbebte die Grundfeste der Schwellen, und der Tempel füllte sich mit Rauch (dies ist die Anbetung, die Vision der göttlichen Heiligkeit und Größe), und ich sprach: ‚Wehe mir, ich bin verloren. Denn ich bin ein Mann mit unreinen Lippen und wohne unter einem Volk mit unreinen Lippen" (Is 6,2–5). Das ist das Bewußtsein seiner Armut.

Wenn wir diese beiden Wirklichkeiten der Anbetung und der Armut verstanden haben, dann können wir den herrlichen Psalm *Miserere* lesen. Ob dieser Psalm nun von David selbst oder von einem Schüler Ezechiels verfaßt wurde, ist hier nicht von Bedeutung. Auch wenn er von einem Schüler des Ezechiel stammen sollte, so hat dieser doch sehr deutlich zum Ausdruck gebracht, was David eines Tages empfand und was die Menschheit noch immer empfindet. David hat sich zur Sünde hinreißen lassen. Aber David, der Gott und die göttliche Größe wahrhaft liebt, hat ein lebhaftes Empfinden für seine menschliche Bedingtheit, er, David, der doch König ist. Als Nathan ihm seinen Fehler vorhält, gesteht er sogleich: „Ich habe gesündigt vor dem Herrn" (2 Sm 12,13). So ist der Psalm 51 der Aufschrei eines Sünders *und* zumal eines Gerechten.

Die Lehre von der Bekehrung zieht sich durch den ganzen Text. „Erbarmen! Gnade, mein Gott! Gnade, Herr!" Schon mit diesem schlichten Wort haben wir den Bereich der Gewissensbisse und des Bedauerns verlassen und treten ein in den Bereich der Buße:

„Gnade, mein Gott!" Der von Gewissensbissen geplagte Mensch ist über das schmerzliche Empfinden der Schande, das durch das Bewußtsein, schlecht gehandelt zu haben, verursacht wurde, nicht hinausgekommen. Der Gewissensbiß bleibt auf die Vergangenheit bezogen, er ist an mich selbst, an mein Handeln, möglicherweise an meinen Stolz, an meine Verzweiflung gebunden. Judas hat keinerlei Möglichkeit, aus sich selbst auszubrechen, er empfindet Verzweiflung, Gewissensbisse im wahrsten und reinsten Sinn, Bedauern. So bleibt er auf die Vergangenheit, die nicht mehr zu ändern ist, bezogen. Es ist aus, es ist nichts mehr zu machen, was gewesen ist, kommt nicht wieder.

Die Buße dagegen spricht mit David: „Erbarme dich, mein Gott!" Die Buße ist bereits positive Hoffnung auf jemanden, es sind die Tränen des Petrus: „Erbarme dich meiner, o Gott, der du barmherzig und gnädig; nach dem Übermaß deiner Gnade lösche aus meine Schuld." Und sogleich erhebt sich die Bitte um Reinigung: „Bis auf den Grund wasche ab meine Missetat." All dies ist bereits voll der Hoffnung: „Von meiner Sünde mache mich rein. Denn meine Bosheit erkenne ich wohl, immer steht mir vor Augen die Sünde." David war zwar Ehebrecher, und sein Ehebruch hat ihn zum Mord getrieben, aber er besitzt ein genügend tiefes Gespür für Gott, um seinem Herrn sagen zu können: „Ich habe gesündigt an dir allein; was böse vor dir, ich hab' es getan" (Ps 51, 3–6).

Die Sünde ist keine mehr oder weniger morbide Schuldhaftigkeit und noch weniger eine mehr oder weniger sexuelle Schuldhaftigkeit: Sie ist zunächst und zuerst der Bruch der persönlichen Beziehung zu Gott, auch wenn ich gemordet habe. Sünde und Buße ist nur möglich in Beziehung zu Gott, der als der Liebende, als der, der etwas von mir erwartet, der mich auffordert zu lieben, anerkannt wird. „Adam, wo bist du?" Das war Gottes Wort nach dem Fall Adams. Und wir sagen: „Ich vernahm deinen Schritt ... da fürchtete ich mich ... und verbarg mich" (Gn 3, 10). Es ist der Bruch der persönlichen Beziehung zu Gott: ich verberge mich vor Gott. Es ist ein freier geistiger Akt, die Zurückweisung Gottes, der sich schenkt. Welche menschlichen Gegebenheiten diese Sünde auch immer begleiten, ihr ihre Färbung aufprägen, sie bleibt doch immer zunächst eine Zurückweisung Gottes.

Jesaja spricht dies zu Beginn seines Buches deutlich aus: „Höret, ihr Himmel, horche auf, du Erde, denn Jahwe spricht: ‚Söhne habe ich aufgezogen und groß gemacht; sie aber haben revoltiert gegen mich.' " Diese Revolte, das ist die Sünde. Der Text spielt mit der Gegenüberstellung von Revolte – Erkenntnis: „Das Rind kennt seinen Besitzer und der Esel die Krippe seines Herrn. Israel nicht, mein Volk hat keine Einsicht." Die Erkenntnis, das ist jene gleichsam eheliche Vertrautheit, in der man sich durch und durch kennt: „Wehe, schuldbeladene Nation! Sie haben Jahwe verlassen, ihm den Rücken gekehrt" (Is 1, 2–4). So richtet sich die Auflehnung gegen Gott, gegen die Erkenntnis Gottes. Umgekehrt ist immer von der Erkenntnis die Rede, wenn Hosea von der Rückkehr („Du wirst mir angetraut in Treue"), dem Gegensatz der Revolte („Auf daß du erkennst, daß ich Jahwe bin"), spricht (Hos 2,22).

Diese Verdunklung des Lichtes Gottes, die eintritt, wenn wir in der Sünde verharren, ist schwerwiegend: die Sünde verhärtet sich, sie wird Kruste, die auf unserer Haut liegt wie eine Schmutzschicht. Jeremia sagt: „Kann etwa ein Mohr seine Haut wechseln oder ein Panther sein buntes Fell? Und ihr, könnt ihr gut handeln, die ihr ans Böse gewöhnt seid?" (Jr 13, 23.) Aber gerade der Arme, der Demütige weiß, daß er immer noch den Weg ändern, daß er umkehren, zurückgehen und sein Herz ändern kann, zwei Akte, die voneinander verschieden und doch untrennbar miteinander verbunden sind. Das haben die Christen immer als eine sichere Hoffnung bewahrt. Erinnern wir uns an Pascal, zu dem Christus in seinem *Mysterium Jesu* sagt: „Kenntest du deine Sünden, so würdest zu verzagen. – Ich werde verzagen, Herr. – Nein, denn ich, der ich dich belehre, kann dich von ihnen heilen, und daß ich es dir sage, ist ein Zeichen, daß ich dich heilen will."

So entdeckt auch David in ein und demselben Blick Gott und

sein eigenes Übel: „Erbarme dich meiner, o Gott. Nach dem Übermaß deiner Gnade lösche aus meine Schuld. Wasche ab meine Missetat, denn meine Bosheit erkenne ich. Ich habe gesündigt an dir allein. Was böse vor dir, ich hab' es getan." Im Erbarmen Gottes entdeckt David sein Menschenelend, das diesem diametral entgegengesetzt, aber dennoch voller Hoffnung ist, wie es ein anderer Psalm schön zum Ausdruck bringt: „Im Licht werden wir das Licht schauen."

Wieder die Aufforderung zur inneren Erneuerung: „Laß mich vernehmen Freude und Wonne, und mein zerschlagen Gebein wird frohlocken" (Ps 51, 10). David ist herausgetreten aus dem verschlossenen Schweigen über sich selbst, aus jenem Schweigen, das seinen Fehler nicht laut eingestehen will: „Solange ich schwieg, da ward ich verzehrt bis ins Mark" (Ps 32, 3).

Franz von Sales, der zwar eigenartige Ansichten über die Naturgeschichte vertrat, sie aber in schöne Parabeln kleidete, erzählt folgendes: Will der Wolf ein Schaf reißen und greift es bei den Pfoten, so wird das Schaf schreien; der Schäfer kommt und treibt den Wolf in die Flucht. Daher packt der schlaue Wolf das Schaf an der Kehle, so daß es nicht mehr schreien und er es in Ruhe forttragen kann. Also auch hier gilt: „Solange ich schwieg, ward ich verzehrt bis ins Mark", solange ich meine Schuld nicht eingestehen will. Kehre ich jedoch zur Treue zurück, so wird dieses Schweigen zu einem wunderbaren Lobgesang: „Dir, o Gott, ist das Schweigen Lob" (Ps 65, 2). Nun ist David also auf das Wirken der Gnade hingewendet: „Wende ab von meinen Sünden dein Angesicht, und tilge all meine Frevel." Er verwendet nun ein ungewöhnliches Wort: „Ein reines Herz erschaffe mir, Gott!"

Das hier verwendete Verb „erschaffen" wird in der Bibel nur auf Gott allein angewendet: nur Gott ist das Subjekt dieses Verbs „erschaffen", niemals aber ein Mensch. Das bedeutet, daß diese, von David erflehte „Neu-Schöpfung" nicht das Werk von Menschen sein kann noch die Frucht von Opfern oder das Ergebnis von Bußübungen: Unser Herz zu verändern ist ein Werk, das vom

Gott der Genesis, vom Schöpfer Himmels und der Erden und von ihm allein herrührt.

„Verstoße mich nicht, nimm von mir nicht hinweg deinen heiligen Geist. Deines Heiles Wonne schenke mir wieder, befreie mich. Herr, tu auf meine Lippen… All die Opfer erfreuen dich nicht. Wollte ich Brandopfer bringen, du nimmst sie nicht an. Die Opfer, o Gott? Ein Herz voll Demut und Reue wirst du nicht verschmähen" (Ps 51,13–19).

Hier müssen wir einen Augenblick innehalten. Israel kannte zahlreiche Sühneopfer für die verschiedensten Sünden, keines jedoch für Ehebruch und Mord. Für diese Vergehen war nur der Tod des Schuldigen vorgesehen und kein anderes Opfer. Aber welches Gericht konnte den König verurteilen, den theokratischen König, der zugleich staatliches Oberhaupt und Gesalbter Jahwes ist? Eine Steinigung oder Hinrichtung war unvorstellbar. David befindet sich in einem ausweglosen Dilemma; er ist verpflichtet zu sühnen und sieht doch keine Möglichkeit dazu. Wohl treten eine Reihe von Strafen ein, die Nathan vorhergesagt hatte, aber es ist nicht David selbst, der sie erdulden muß; er erleidet sie nur indirekt als Vater und Gatte. David möchte persönlich wiedergutmachen, aber welcher persönliche Tod kann seine Sünde entsühnen, da kein Gericht ihn verurteilen kann?

Hier nun entdeckt Davids Herz einen bislang unbekannten und außergewöhnlichen Weg: „Mein Opfer ist ein reuiger Sinn; ein Herz voll Demut und Reue wirst du nicht verschmähen." Die innere Hingabe, das innere Opfer tritt an die Stelle des Sühneopfers. Natürlich ist irgendeine kleine, flüchtige Zerknirschung bei weitem nicht ausreichend – ein Augenblick der Beschämung ist schnell wieder verflogen –, aber die Zerknirschung des Herzens, begleitet von der Demut und dem Gelübde, ist zweifellos ein Opfer im höchsten Grad, das von Gott auch angenommen wird.

Fünfhundert Jahre später stellt sich in einer analogen, wenn auch äußerlich ganz verschiedenen Situation das gleiche Dilemma. Der letzte Nachfahre Davids, Sedekija war gefangen, verschleppt, angekettet und geblendet worden. Handwerker und junge Männer werden deportiert, unter ihnen Hananja, Asarja, Mischael und die arbeitsfähigen Männer Israels. Diese drei jungen Märtyrer – und nur sie – weigern sich, das riesige Standbild des Nebukadnezar anzubeten.

Sie werden in den Feuerofen geworfen, augenscheinlich weil sie Nebukadnezar den Gehorsam verweigert haben, in Wirklichkeit und Jahwe gegenüber jedoch wegen der Sünden Israels. Auch sie können sagen: „Wir haben gesündigt vor dir allein." Wohl haben sie sich geweigert, die Götzenbilder anzubeten, aber sie tragen doch in solidarischer Verantwortung die Schande ihres ganzen Volkes: „Denn in gerechter Entscheidung hast du dies alles wegen unserer Sünden über uns verhängt. Ja, wir haben gesündigt, haben dein Gesetz übertreten durch Abfall von dir. Wir haben bis zum Äußersten gefrevelt und uns um deine Gebote nicht gekümmert. Weder unser Gewissen noch unsere Taten haben wir nach dem gerichtet, was du uns geboten, auf daß es uns wohlergehe. Verstoße uns nicht für immer, und löse deinen Bund nicht auf. Versage uns dein Erbarmen nicht, um deines Freundes Abraham (der schönste Titel Abrahams) und Isaaks und Israels willen. Wir sind heute in der ganzen Welt gedemütigt wegen unserer Sünden (Dn 3, 28–37).

Mischael, Hananja und Asarja haben also wie David keine Möglichkeit, Sühneopfer darzubringen. Sie sind verschleppt, und es gibt dort keinen Tempel, keinen Priester. „Es gibt zu dieser Zeit keinen Fürsten, keinen Propheten, keinen Anführer; es gibt weder Brand- noch Schlachtopfer, weder Speiseopfer noch Räucherwerk. Nicht einmal einen Platz, wo wir vor dir die ersten Früchte niederlegen und dein Erbarmen finden könnten."

Auch sie befinden sich angesichts des Todes in einer ausweglosen Situation vor Gott. Sie haben den Wunsch, für das ganze Volk zu sühnen, aber dieser Wunsch ist nicht zu verwirklichen: sie können keine Sühneopfer darbringen. Es bleibt also nur die göttliche Lösung, jene Davids. Nun hat Asarja den gleichen Gedanken wie David, und er gebraucht die gleichen Worte: „Aber laß uns mit zerknirschtem Herzen und demütigem Sinn bei dir Aufnahme finden." Asarja erläutert: „Als kämen wir mit Brandopfern von Widdern und Stieren und Tausenden fetter Lämmer. Solcherart gelange heute unser Opfer vor dein Angesicht und entsühne deine Anhänger; denn die auf dich vertrauen, werden nicht zuschanden" (Dn 3).

„Ein zerknirschtes und demütiges Herz wirst du nicht zurückweisen!" Für Asarja ist wie für David der Wunsch, den Satzungen gemäß zu sühnen, nicht zu verwirklichen. So opfert er nun seine zerknirschte Seele, seinen gedemütigten Geist auf, er spricht das Gebet des Psalms, und die Demut seines Herzens steht für die Tausende fetter Lämmer. Er weiß, daß dieses Vertrauen nicht enttäuscht werden wird, denn er fügt – was David nicht konnte – die Hingabe des eigenen Lebens aller drei hinzu: „Solcherart sei unser Opfer heute vor dir": Das zerknirschte Herz und jene Gegenwart im Feuerofen sind hier vereinigt.

Aber hier sind auch wir angesprochen. In dem Opfer, das wir in der Eucharistie begehen, opfert sich Christus nicht allein auf – wie schwer fällt es uns doch, dies zu begreifen! –, sondern es ist der ganze Leib Christi, der ganze mystische Leib, der sich hingibt, um in Christus „ein lebendiges Opfer zum Lob des Ruhmes Gottes" zu sein.

Wie ist dies nun ausgedrückt, nicht nur in dem einen oder anderen Gebet, sondern in *jeder* Eucharistie? Wie drücken wir diese Hingabe unserer selbst, diese persönliche Teilnahme eines jeden einzelnen am Opfer aus? Wir sprechen Wort für Wort das Gebet des Asarja nach! „*In spiritu humilitatis et in animo contrito suscipiamur Domine a te…*" (Laß uns, Herr, im Geiste der Demut und mit zerknirschtem Herzen bei dir Aufnahme finden.) Es ist der Text Asarjas, der Text Davids! Bei jeder Eucharistiefeier finden wir uns in Gegenwart Asarjas im Feuerofen, in Gegenwart Davids in seiner Sünde, wir sprechen die gleichen Worte.

So treten wir ein in die Reihe jener großen Männer, so durchdringen wir die Tat Christi: heute flehen auch wir zu ihm, uns dieses zerknirschte, dieses demütige und gebrochene Herz, dieses innere Opfer des Herzens zu geben.

Das ist das Erbe, das David uns hinterlassen hat: jenseits unserer Fehler besteht das wahre Opfer darin, daß der Mensch sich Gott ganz anbietet und ihm nichts anderes darbringt als sein Elend und die Hoffnung, durch ihn eine vollkommene Erneuerung zu erlangen: „Ein reines Herz erschaffe mir... Ein Herz voll Demut und Reue wirst du nicht verschmähen." Das sind Worte der Gewißheit: nichts, keine Sünde, auch wenn es ein Mord wäre, kann ein reuiges Herz von Gott trennen.

Das Osterlamm mußte ein fehlerloses und vollkommenes Lamm sein. Nun aber nimmt Gott die Fäulnis des Menschen an, wenn dieser mit einem reuigen und zerknirschten Herzen zu ihm kommt, und vielleicht wird das Herz des Menschen erst dann mit Reue erfüllt, wenn er seine eigene Fäulnis entdeckt hat! Die Heiligen entdeckten diese Fäulnis, ohne viel zu sündigen; wir müssen dazu vielleicht erst sehr tief fallen. Möglicherweise ist es das, was dem einen oder anderen von uns fehlt, nämlich tief genug gefallen zu sein, um ausrufen zu können: „Ein reines Herz erschaffe mir!" Aber wir sollten in dieser Erfahrung doch nicht zu weit gehen!

Durch dieses Gebet im Geist der Demut, das wir bei jeder Eucharistiefeier sprechen und durch das wir versuchen, nachdem wir Brot und Wein dargebracht haben, unsere Teilnahme, unseren Eintritt in das Opfer kundzutun, sind wir mitten in die tragischste Aktualität geworfen. Wenn wir, und sei es auch nur von ferne, die Abtreibung, den sprunghaften Anstieg der Weltbevölkerung, die Konzentrationslager, das schreckliche Elend des Hungers, des Durstes betrachten, dann wird unser Gewissen wachgerüttelt. Was ist zu tun? Verurteilen? (Das ist schnell gesagt; die Frau verurteilen, die ihr Kind abtreiben läßt?) Entschuldigen? (Auch das ist leicht!) Aber keine der beiden Lösungen ist befriedigend. Es gibt keine makelfreie Entscheidung. Durch den einen oder anderen Winkelzug beschmutzen wir doch unsere Hände, oder wir dürften, wie Péguy sagt, keine Hände haben. Und das geringere Übel ist noch lange nicht das Gute.

Klassenkampf, Subversionen, Aufstände, Folter, Geiselnahmen, Todesstrafe, diese ganze Kette der Gewalt, all dies bedrängt uns von allen Seiten, ob wir daran teilhaben oder nicht. Auch wir kennen das ausweglose Dilemma Davids und Asarjas.

Den Tod in der Seele, können wir zugleich das Vollkommenheitsgesetz Christi bejahen – sind wir uns denn unserer tieferen Motivation sicher, wenn wir uns entrüsten? –, und gleichermaßen den Tod in der Seele, schweigen wir vor Situationen des Elends, da wir wissen, daß wir Gefahr laufen, von solchen wirklichen tragischen Fakten zu einer allgemeinen Pauschalverurteilung zu gelangen. Ob wir entschuldigen oder verurteilen, wir bleiben doch Sünder. Ein Arzt hat einmal gesagt: „Unsere menschliche Bedingtheit besteht darin, heiter diesen Angriff und diese beständige Neuanpassung anzunehmen. Es ist unser konfliktbeladenes Geschick, das niemals abgeschlossen ist, wenn wir es klarsichtig, ohne Mitleid oder Abscheu, beladen mit unserem Elend annehmen."

In diesem Augenblick gewinnt das „Gegrüßet seist du Maria" seine volle Größe. Nach dem Gruß des Engels, dann den Worten der Elisabeth („du bist gebenedeit unter den Frauen") folgt wie das Donnern der großen Wasser das Gebet der gesamten Menschheit: „Heilige Maria, Mutter Gottes, bitte für uns Sünder."

Bitten wir nun die Mutter Christi um diese Bewußtwerdung unserer Sünde: nicht um den Gewissensbiß, sondern um die Buße und das innere Opfer. „Das Gute wollen, dazu bin ich bereit, aber nicht, es auszuführen. Ich tue nämlich nicht das Gute, das ich will, vielmehr was ich nicht will, das Böse, tue ich. Wer wird mich von dem Leib dieses Todes befreien, Dank sei Gott durch Jesus Christus, unseren Herrn" (Röm 7, 18–19 und 24–25).

*Literatur*

*Swetlana Allilujewa*, Das erste Jahr (Verlag Molden, Wien / München 1969).
*A. Gelin*, Les Pauvres que Dieu aime (Éditions du Cerf, Paris).
*A. Maillot – A. Lelièvre*, Les Psaumes, traduction nouvelle et commentaire, 3 Bde (Éditions Labor et Fides, Genf).
*G. E. Closen*, Wege in die Heilige Schrift (Verlag Pustet, Regensburg 1955).
*P. Drijvers*, Über die Psalmen (Verlag Herder, Freiburg i. Br. ²1962).

# 5

## Die Anawim
## Das Gebet der Kleinen und Armen

Nach Abraham, dem Mann des Glaubens, der nur auf das Wort Gottes hin auszieht, nach Mose, dem Mann der Fürbitte, der ein Volk um sich versammelt, nach dem Gebet des Büßers David wenden wir uns nun der großen Schar der Kleinen und Armen zu, den Anonymen, den Ranglosen, jenen, die sich damit zufriedengeben, nur das Lebensnotwendige zu leisten, ohne große Taten zu setzen, jenen, die im Psalm sprechen: „Jahwe, nicht sinnet Hoffart mein Herz... Nach großen Dingen jage ich nicht, nach Dingen, die mir zu hoch" (Ps 131, 1). Sie sind die Demütigen der Erde, die Stillen, die Stillen des Glaubens, deren Gebet nicht in unseren „spirituellen" Büchern verzeichnet ist und durch die doch der Glaube durch Jahrhunderte hindurch weitergetragen wird.

Den Historikern nach zu schließen, scheinen etwa hundert oder zweihundert Jahre nach Luthers Tod viele Pastoren der Wirklichkeit Jesu Christi nicht mehr sehr sicher gewesen zu sein: war er wirklich Gott? Ihre Studien führten sie zum Zweifel. Aber neben ihnen gab es die Menge derer, die den Herrn schlicht und einfach liebten, die beim Sonntagsgottesdienst die Lieder und

Choräle Bachs sangen, die unbefangen ihre Bibel lasen, und durch sie hat sich der Glaube an Jesus Christus aufrechterhalten. Sie sind die „Übergangenen", wie wir heute sagen würden, jene, die von den subtilen und gelehrten Disputen, die über ihren Kopf hinweggehen, verwirrt sind. Das soll allerdings nicht heißen, daß die Gelehrten aus der Kategorie der Kleinen und Armen, der Demütigen ausgeschlossen seien. Keiner wird zurückgewiesen, auch nicht die Gelehrten, vorausgesetzt, daß sie auch als Gelehrte noch belehrbar, gelehrig und *aufnahmebereit* bleiben.

Versuchen wir nun, dieses stille Gebet der Kleinen und Armen, der breiten Menge zu entdecken, die auch dann, wenn sie nicht weiß, daß sie betet, im Gebete lebt.

Arm sein, was bedeutet das? Es heißt, von einem anderen abhängig sein. Arm, krank sein heißt, vom Arzt, von der Krankenschwester im Krankenhaus, von der Sozialversicherung und vielem anderen abhängig sein. Frieren: jemand muß einem Kleider geben, man ist hilfsbedürftig. Arm sein bedeutet, von einem anderen abhängen und also von einem anderen empfangen – in mehr oder weniger starkem Maß, immer aber ist Armut Abhängigkeit.

Wenn aber arm sein bedeutet, daß man von einem anderen empfängt und abhängig ist, dann ist es einleuchtend, daß man sich nicht selbst arm machen kann: sich selbst arm machen zu wollen ist absolut widersprüchlich. Man kann nicht zugleich „etwas selbst machen" und „vom anderen empfangen": entweder mache ich etwas selbst oder ich empfange es. Wenn arm sein von einem anderen empfangen und abhängen bedeutet, dann kann ich mich wirklich nicht durch mich selbst arm machen. Die Armut, das heißt die Armut im Geiste, ist immer „empfangen". Gewiß kann ich mich entblößen, kann mein Gewand ausziehen und meinen Besitz den anderen geben. Aber wir müssen tiefer gehen. Die Armut empfängt man durch Schauen und Hören. Das bedeutet nicht Nichtstun, sondern daß man schaut und zuhört.

Schauen und Hören sind gerade zwei Haltungen, die den Menschen aus sich herausgehen lassen: wenn ich schaue, gehe ich aus mir heraus; wenn ich horche, gehe ich aus mir heraus; die Dinge bieten sich meinem Blick und meinem Ohr an und diese nehmen sie auf, und da bin nun nicht mehr ich selbst, der ich mich in mir selbst einschließe. Aber wen oder was sollen wir hören und betrachten? Jesus, der sich selbst als „bescheiden und demütig von Herzen" (Mt 11, 29) bezeichnet. Bedeutsam ist hier die Stelle, an der Jesus dies sagt: unmittelbar nach der so innigen Danksagung Jesu an den Vater, der „sich den Unmündigen offenbart" und „sich den Weisen und Klugen verbirgt" (Mt 11, 25). Die Sanftmut ist die Folge und das Kennzeichen der inneren Bescheidenheit: Jesus ist sanftmütig und demütig von Herzen, weil er bescheiden ist. Er, das Wort, ist genau das Gegenteil des „Geh, mache mir Platz".

Um arm zu sein, muß man auf die – wenn man so sagen darf – göttlichen Eigenheiten, die Verhaltensweisen Gottes achten. Gerade das ist es, was der Arme und Demütige in der Bibel sucht, findet und empfängt. Wenn Jesus sagt: „Lernet von mir", so bedeutet das, daß wir auf ihn horchen und ihn nachahmen sollen. Er, der bescheiden und demütig von Herzen ist, wird auch uns bescheiden und demütig von Herzen machen. Wir haben gesehen, daß Gott alles verzeiht: David ist Ehebrecher und Mörder, der Zöllner des Gleichnisses ist ein Verräter und Ausbeuter. Gott ist nicht „wählerisch", er nimmt das ganze Paket an, auch wenn nicht alles darin ganz frisch ist. Eines jedoch kann Gott nicht dulden, nämlich daß man sich selbst für wichtig hält, daß man sich für mehr hält, als man ist. Das macht gerade die Größe der Südländer aus, daß sie die Dinge zwar oft tragisch nehmen – das ist ein literarisches Genre –, sich selbst aber nicht ernst nehmen, und gerade darum liebt sie Gott. Aber sich selbst wichtig, allzu wichtig zu nehmen ist töricht, und Gott sieht es mit Mißfallen. Dann, so sagt uns die Bibel, „gerät er in Zorn" oder er sendet, wie im Gleichnis von den bösen Winzern (Mt 21, 33), seinen Sohn.

Psalm 95, der jeden Morgen in Kirche und Synagoge gesungen wird, diese große Aufforderung zu einer demütig betenden Haltung, erinnert uns täglich daran: „Kommt, fallet nieder und betet ihn an! Beuget die Knie vor Jahwe, der uns schuf! Denn er ist unser

Gott ... O daß ihr heute seine Stimme doch höret: ‚Macht eure Herzen nicht hart.'" Wenn wir diese Haltung nicht haben, wird der Herr von Abscheu und Zorn erfüllt: „Ich habe gesagt: ‚Sie sind ein Volk mit irrendem Herzen ... nimmer sollen sie eingehen in meine Ruhe!'" Man vergleiche dazu auch jenen Abschnitt des Deuteronomiums, in dem der Herr uns belehrt, „daß unser Herz nicht hochmütig werde" (8, 11–17).

Wie verhält sich nun Gott? Welche Methode wendet er an, um uns arm, arm von Herzen zu machen? Gott wirkt auf zwei Ebenen zugleich. Er wirkt zum einen durch die kleine Anzahl und von dieser kleinen Anzahl läßt er wiederum nur einen „Rest" bestehen. Zum anderen geht er aus von der Grundlage der kleinen Möglichkeiten, der Armseligkeit eines jeden einzelnen. Die Lehre vom „kleinen Rest" ist ein Gesetz, eine göttliche Konstante, eine zentrale Botschaft, die sich durch die ganze Heilige Schrift hindurchzieht. Dieses Gesetz hat zwei Seiten. Die eine ist katastrophal: nur ein kleiner Rest Israels wird übrigbleiben, eine winzige Knospe, ein Schößling; die andere der beiden Seiten aber ist verheißungsvoll: ein Rest wird entkommen. Immer ist es dies eine, worauf Gott besteht: die katastrophale Bedeutung – die augenscheinlich katastrophale Tatsache, daß nur wenige übrigbleiben – ist zwar vorrangig, aber sie steht nie allein. So finden wir bei Jesaja diesen außerordentlichen Satz: „Denn wäre auch dein Volk, o Israel, wie der Sand am Meer, nur ein Rest davon wird sich bekehren. Die Vertilgung ist beschlossen, und das gerechte Gericht kommt wie eine Flut" (Is 10, 22). Zugleich aber gibt Gott dem Sohn des Jesaja einen symbolischen Namen, einen Namen der Hoffnung: „ein Rest kehrt um" (7, 3).

Nur „ein paar Knochen oder ein Ohrläppchen" sind dem Löwen entgangen, das ist nicht viel, alles andere hat er verschlungen, aber es bleibt immerhin dieses Ohrläppchen: und gerade damit wird Gott große Dinge tun! (Am 3, 12 und 5, 3.) Das gleiche gilt auch für die beiden Oliven auf dem höchsten Gipfel des Baumes: vom gesamten Olivenbaum bleiben nur zwei unscheinbare kleine Oliven übrig! Und doch wird von ihnen ausgehend alles neu be-

ginnen (Is 17,6). Es bleibt der Wurzelstamm des Baumes, der zu
neun Zehntel beschnitten wurde (Is 6,13), aber – und das ist der
Aspekt der Hoffnung – es bleibt immerhin etwas. Der kleine Rest
wird neue Wurzeln treiben und neue Früchte tragen; dieser kleine
Rest wird selbst stark wie ein Löwe werden: das ist das hinge-
schlachtete Lamm, von dem die Apokalypse spricht.

Das ist das Erste, was Gott uns immer erahnen und verstehen
läßt. Stets ist es der Jüngere, der dem Älteren vorgezogen wird:
Abel dem Kain, Isaak dem Ismael, Jakob dem Esau, Rachel der
Lea, Joseph und David allen ihren Brüdern. Der Rechtlose, der
Letzte, den sein Vater auf der Weide beließ, er ist es, den Gott
auserwählt, um das ganze Volk zu erretten. Das ist das große
Gesetz, welches Paulus, der an der Schrift geschulte Mann feststellt: „Was die Welt für töricht hält, hat Gott auserwählt, um
die Weisen zu beschämen; was die Welt für schwach hält, hat Gott
auserwählt, um das Starke zu beschämen, und was in der Welt
ohne Adel dasteht und nichts gilt, was nichts ist, das hat Gott
auserwählt, um das, was etwas ist, zunichte zu machen, damit
kein Fleisch sich rühme vor Gott" (1 Kor 1,27–29).

Israel weiß genau, daß es auserwählt wurde. Daher warnt Mose:
„Nicht weil ihr alle Völker an Zahl überträfet, neigte sich Jahwe
euch zu und erwählte euch – denn ihr seid das kleinste von allen
Völkern –, sondern weil Jahwe euch liebte" (Dt 7,6–8). Dies ist
die göttliche Konstante, das „Wirken Gideons". Gideon hat zu
viele Soldaten, um den Kampf im Namen Jahwes zu führen, und
so muß Gott eine Reihe von Systemen ersinnen, um einen großen
Teil der Soldaten zu entfernen. Schließlich bleibt kaum noch eine
Handvoll Männer übrig und mit diesen wird Gideon in den Kampf
ziehen, denn nun sind keine Illusionen mehr möglich; Gott ist
es, der errettet, und niemand anderer. Jahwe sagt zu Gideon: „Das
Volk, das mit dir ist, ist zu zahlreich (!), als daß ich Midian in seine
Hand geben könnte; Israel würde sich gegen mich rühmen und
sagen: ‚Meine eigene Hand hat mich befreit'" (Ri 7,2). Damit sind
wir eingetreten in das erste Gesetz, das der kleinen Zahl, des
*kleinen* Rests, damit Gottes Kraft allein sich offenbare.

Aber auch das zweite Gesetz, das des kleinen und *armen* Rests, ist hier bereits angesprochen. In Psalm 119 sagt uns Gott, warum er uns arm macht. Hier finden wir drei sehr erhellende Verse: „Bevor mich Trübsal getroffen, wandelte ich in der Irre; nun aber folge ich deinem Wahrspruch"; „Wohl mir, daß Trübsal mich traf, auf daß ich deine Ordnungen lerne"; „Ich erkannte, Jahwe, deine Beschlüsse sind recht, zu Recht auch hast du mich niedergebeugt" (Ps 119, 67.71.75). So sollen wir beten. Wenn wir durch Gott arm geworden sind, dann ist der Augenblick gekommen, da alles möglich wird. „Zu Recht hast du mich niedergebeugt." Diese drei Verse sind der Höhepunkt der Armut im Geiste, und diese ist das Rückgrat des gesamten Alten und Neuen Testaments.

Im Lateinischen bezeichnete man diese Wirklichkeiten („arm", „demütig", „sanftmütig") mit dem Wort *mansuetus, mansuetudo*: Sanftmut, das vom Verb *mansuesco* kommt. Dies bedeutet wörtlich: „sich gewöhnen an die Hand" eines anderen, wie das Pferd sich an die Hand des Reiters gewöhnt, daher der Ausdruck „vertraut werden". Der Arme ist derjenige, der in der Hand Gottes ist, den Gott zähmen konnte, der nicht mehr Angst hat, der nicht mehr zu entkommen versucht, der in der Hand Gottes bleibt.

Das Band zwischen dem Volk Gottes und den Kleinen, den Armen wird uns in der Bibel durch einen Propheten übermittelt. Durch wen? Durch Jesaja, Jeremia, Ezechiel? Durch jene, die wir als die „großen" Propheten bezeichnen? Natürlich sprechen auch sie davon, aber diese Botschaft ist in erster Linie die Botschaft eines „kleinen" Propheten, eines Propheten, der noch kleiner ist als Amos, Hosea oder Joel. Es ist Zefanja, ein ganz kleiner Prophet, nicht weil er weniger groß wäre als die anderen, sondern weil er weniger geschrieben hat als diese. Zefanja also hat um 640 v. Chr. zum ersten Mal das Volk der Zukunft, das messianische Volk, das Volk Gottes – das Volk, das wir sein wollen – mit einem Volk der Armen gleichgesetzt: „An jenem Tage brauchst du dich nicht mehr zu schämen all deiner Taten, womit du dich gegen mich vergangen hast, denn dann werde ich fortschaffen aus deiner Mitte

deine stolzen Prahler (das will Gott tun, damit das Volk wieder
zu dem seinen wird), und nicht mehr wirst du übermütig sein auf
meinem heiligen Berge (auf meinem heiligen Berg umher-
stolzieren). Ich werde übriglassen in deiner Mitte ein Volk
demütig und gering und bergen wird es sich im Namen Jahwes.
Israels Rest" (Zef 3, 11–13).

Hier wird zum ersten Mal dieser Gedanke des Restes Israels
mit dem Gedanken an ein kleines, armes und demütiges Volk verknüpft. Weil Israel von Assyrien beherrscht wird, weil es gedemütigt ist, eröffnet sich die Möglichkeit eines neuen Volkes. Worauf
Gott wartet, ehe er handelt, seine Macht ausübt und sein Volk
rettet („sie werden weiden und sich lagern, und niemand wird sie
stören" (3, 13), ist ein demütiges Volk mit nur geringen Mitteln,
nicht zwangsläufig Arme ohne Geld, sondern ein demütiges Volk,
dessen Möglichkeiten beschränkt sind.

Dieses arme Volk wird in mehreren Etappen zu jenem „kleinen
Rest" nach der Vorstellung Jahwes.

*Erste Etappe:* Es ist die Demut, die allein die Propheten schafft,
jene, die im Namen Gottes reden können, und es ist auch die
Demut, die allein die Armen, die „Anawim" macht. Wir müssen
dieses Wort beibehalten, weil es nicht übersetzbar ist. Mose ist,
wie wir wissen, „der sehr Bescheidene", der, in dem die Bescheidenheit absolut ist. Die anderen Propheten sind nicht so bescheiden wie Mose, der „der demütigste Mensch war, den die Erde
je getragen" (Dt 34, 10), und so wird sich ihre Persönlichkeit auch
nicht zur Gänze vollenden. Die Bescheidenheit ist die Bereitschaft
zur Selbstannahme, durch die der Mensch zu seiner vollen Entfaltung gelangt, und der Mensch, dessen Persönlichkeit sich solcherart erfüllt, erreicht den höchsten Grad der Prophetie.
Zugleich wandeln diese Demut und Bescheidenheit den Armen
in einen Mann Gottes um. Ohne diese Eigenschaften bleiben wir
lediglich Arme. Die Bibel verwendet für „den Armen" zahlreiche
Worte: der Elende, der Magere, der Schwache, der ungesättigte
Bettler, der gedemütigte Mensch – all dies sind hebräische Worte,
die „den Armen" kennzeichnen, den leidenden Menschen, den

Gebeugten, den Erniedrigten. Aber wenn nicht die Demut hinzu-
kommt, die eben die „Anawim" ausmacht, dann ist alles ver-
geblich, wie Paulus im Zusammenhang mit der Nächstenliebe
sagt.

Dies erklärte auch der große Jesaja: „So spricht der Hohe und
Erhabene: ‚Ich throne in der Höhe, im Heiligtum. Dennoch bin
ich bei den Zerknirschten und Demütigen. Die Erde ist mein
Schemel, doch senke ich meine Augen auf den Armen, auf das
zerknirschte Herz" (Is 57, 15).

Augustinus wählt gerade diesen Jesajatext für seinen Kommentar zur ersten Seligkeit der Bergpredigt: „Wer sind die Armen
im Geiste? Die Demütigen, die ihre Sünden bekennen, die sich
weder ihrer Verdienste noch ihrer Gerechtigkeit rühmen. Wer
sind die Armen im Geiste? Jene, die Gott loben, wenn sie Gutes
tun, sich selbst aber anklagen, wenn sie Böses tun." Und dann
zitiert er Jesaja (66, 2): „Auf wem ruht mein Geist, wenn nicht
auf dem Demütigen, dem Friedfertigen, dem, der bei meinem
Wort erzittert."

Mit einem Wort, von diesen Anawim, die in der Bibel so oft
genannt werden, könnte man sagen, daß sie nur ihre Bedürftigkeit
im Übermaß haben. Ihr einziger Reichtum besteht darin, keinen
zu besitzen, Menschen zu sein, die das Leid geprüft und reif gemacht hat und die daraus die wahre Demut und die Hingabe an
Gott gelernt haben. Inmitten der Prüfung sind sie sich der Nähe
Gottes gewiß. Der erste Abschnitt ist also die Demut, die den
Armen umwandelt in einen Mann Gottes, einen „Frommen", wie
die Heilige Schrift sagt.

*Zweite Etappe:* Die Demut bildet aus diesen Armen, diesen
Anawim, den mystischen Kern des Volkes. Sie sind jener kleine,
rettende Rest, sie sind die Hefe im Teig, und sie stehen gleichsam
wider ihren Willen – sie streben nicht danach – gegen eine Anzahl
von Menschen. Sie, die mit ihren eigenen Angelegenheiten schon
genug zu ringen haben, weil sie eingetreten sind in den Weg
Gottes, sie müssen sich auch noch gegen Menschen wehren, die
nicht hören wollen, gegen die Lauen, die sagen: „Nur nicht über-

85

treiben!", gegen jene, die nach der Macht, dem Geld, der Kultur, der „Politik vor allem" schielen.

Das Drama dieser Begegnung zeichnet sich sehr deutlich in einem Psalm ab: „Doch nicht immer ist vergessen der Arme (Anawim), der Elenden Hoffen wird nicht auf ewig enttäuscht." Diesen Letzteren aber stehen die Überheblichen gegenüber: „Warum stehst du so ferne, Jahwe? Warum verbirgst du dich in Zeiten der Not? Der Gottlose prahlt, indes sich ängstigt der Arme, gefangen in der List, die jener ersonnen." Der Überhebliche also, der Verdammte, der sagt: „Es gibt keinen Gott", existiert. Er kennt nur diesen einen Gedanken. Seine Wege haben allezeit Erfolg; das Urteil Gottes ist zu hoch oben und geht über ihn hinweg, er spottet aller seiner Gegner. Er spricht in seinem Herzen: „Ich werde nie wanken"; er, der nicht im Unglück ist, er redet Fluch (Ps 9, 10).

Nun wird der Arme in den Netzen des Verdammten und seiner Überheblichkeit gefangen, und da der Verworfene Gott nicht töten kann, tötet er den Armen.

So führt dieses Erstens (die Demut, die den Armen macht) und dieses Zweitens (die mehr oder minder spöttische oder feindliche Umgebung) die Anawim dazu, sich zu verbünden. Geschieht es, um sich gegenseitig zu trösten? Das ist nicht von Bedeutung! Aus diesem Grunde lieben die Anawim ihresgleichen, haben ein Gemeinschaftsempfinden, und es ist, wie A. Gelin sagt, der Mühe wert, dieses Gemeinschaftsempfinden genauer zu betrachten: die Anawim lieben die Vereinigung: „Preisen will ich Jahwe vom Grund meines Herzens im Rate der Frommen und in großer Gemeinde" (Ps 111). Daher gilt für sie „wie gut und süß ist es, unter Brüdern vereint zu sein". Die Armen schließen sich gern in organisierten oder losen Gruppen zusammen, und so sehen wir auch, daß in den armen Ländern brüderliches Leben, Gesellschaftsleben und lange Unterhaltungen viel stärker vorhanden sind als in unseren reichen Ländern; man schaue nur nach Brasilien, nach Afrika oder die ganze Dritte Welt. „Wie gut und süß ist es, unter Brüdern vereint zu sein, es ist gleich dem wohlrie-

chenden Öl, das seinen Duft verbreitet, jenem Öl der Freude ..."
Nach Auffassung des Augustinus haben die Worte dieses Psalms
die Klöster ins Leben gerufen.

Jesus war von Anawim umgeben, von einem ganzen Völkchen
von Armen. Sie werden für ihn zum Anlaß, dem Vater Dank zu
sagen: „Vater, ich danke dir, daß du dich diesen Kleinen geoffenbart hast." Und sie werden uns lehren zu beten. Wir brauchen
nicht nach einer Methode zu suchen, sondern müssen nur die
Bibel lesen; wir brauchen nur auf Zacharias und Elisabeth, Simeon
und Anna, Johannes den Täufer, die Hirten, die Samariterin und
alle jene zu schauen, die auf die Tröstung Israels warten: ihre
Armut befähigt sie, die Gabe Gottes zu empfangen – die sie fast
unbewußt erwarten: „Wenn du die Gabe Gottes kenntest." Sie
alle sind mehr oder weniger Benachteiligte, Gedemütigte. Elisabeth und Zacharias sind in den Augen Gottes gerecht, ja sogar un-
tadelig, und doch ist es für eine Frau eine große Demütigung, für
den Mann eine große Armut, wenn sie keine Kinder, keine Nachkommenschaft haben: sie ist unfruchtbar, und er ist schon in vor-
geschrittenem Alter. Simeon und Anna, zwei gute alte Leute, aber
sie ist Witwe und einsam. Die Hirten: die Demütigen, die den
Worten der Engel Glauben schenken. Die Samariterin: eine große
Sünderin, und dennoch erwartete sie dunkel jenen Messias, der
kommen sollte und der uns alles lehren wird.

Sie alle lehren uns zu beten. Sie alle sind, wenn ich so sagen
darf, aus dem Alten Testament zusammengesponnen und zusam-
mengestückelt – aber sie lassen das Alte Testament neu erblühen.
Für sie bedeutet beten nicht, Neues zu ersinnen, sondern das
Gegebene wieder zu verjüngen. Lesen wir einmal das Benedictus
(Lk 1, 67–79) aufmerksam durch, so finden wir hierin alles: die
Psalmen, die Propheten – bei den Bezugnahmen finden wir fünf
oder sechs verschiedene Propheten, die Genesis, den Leviticus,
die Numeri usw. All dies taucht in diesem Gebet wieder auf; die
Tradition kommt mit ihren eigenen Worten zum Ausdruck: Gott
besucht sein Volk, die Macht Gottes, die Macht des Heiles, das
Haus Davids, der Bund, der Schwur, der alte Abraham, alles ist

in diesem Gebet enthalten und daneben auch das Empfinden des Erbarmens, die messianische Zeit, die aufgehende Sonne, die Finsternis, der Schatten des Todes, all dies erfüllt sich in Zacharias, in einem lebensvollen Gesang, in einem Lied voller Jugend, denn dies geschieht heute, im Jetzt, und es quillt gleichsam neu hervor. Wenn wir das Benedictus sprechen, so können auch wir dieses Gebet ganz neu auferstehen lassen, aber wir müssen wenigstens von Zeit zu Zeit innehalten, um es zu bewundern: dann werden wir gewissermaßen danach hungern, diesen alten Freund wiederzufinden. Und wir sprechen gerne die Worte: „Gepriesen sei der Herr, der Gott Israels; denn er hat sein Volk heimgesucht und ihm Erlösung bereitet." Das ist richtig, aber wir müssen auch wirklich „eintreten" in diesen Geist. Dann brauchen wir kein anderes Gebet, weil dieses sich im Heute Gottes verwirklicht.

Hinter der Samariterin (Jo 4, 1–42) steht ein langer Zug von Erbarmungswürdigen, von Randfiguren: ihr Gebet entspringt der Armut. Wir hören oft, man müsse „im Leben" stehen; nun, diese Leute, sie stehen im Leben! Und ihr Gebet entspringt dem Leben: „Herr, gib mir dieses Wasser, damit ich keinen Durst mehr bekomme und nicht mehr hierherzukommen brauche, um zu schöpfen." Wir in Europa wissen nicht mehr, was es bedeutet, das Wasser von der Quelle zu holen, den Krug auf dem Kopf, aber viele Frauen in der Welt wissen es auch heute noch.

Oder betrachten wir den unreinen Aussätzigen. Aber das würde hier zu weit führen, wir können nicht auf alles eingehen. Wir brauchen nur das Evangelium zu öffnen, um die Schreie dieser Menschen zu vernehmen, die Gebete dieser Armen, dieser Unbekannten, von denen wir nichts kennen, als nur ihren Anruf. So etwa der unreine Aussätzige, der auf sein Angesicht niederfällt und ruft: „Herr, wenn du willst, kannst du mich rein machen!" (Lk 5, 12.) Ein anderer Unreiner, der römische Hauptmann, erlebt durch den Tod seines Kindes das größte Elend, das einen reifen Mann treffen kann (Jo 4, 46–53): „Herr, komm herab, bevor mein Kind stirbt."

Und jenes Wort, das bis ans Ende der Zeiten in der Liturgie gesprochen werden wird: „Herr, ich bin nicht würdig, daß du ein-gehst unter mein Dach, aber sprich nur ein Wort." Das ist das Gebet der Demütigen, das aus ihrem eigenen Leben hervorgeht (Lk 7,6 und Mt 8,8).

Es gibt auch das Gebet der Berufung: „Herr, wo wohnst du?" (Jo 1,38.) So können wir zu beten beginnen: „Herr, wo wohnst du?" Du bist in meinem Herzen, du bist in meinen Brüdern, du bist da. Und alle diese aufkeimenden Berufungen, alle diese Gebete, die in der Unruhe des Aufbruchs, als Jesus seine Wanderung durch das Land der Heiden ankündigt, aufsteigen: „Herr, ich will dir folgen, wohin du auch gehst! – Die Füchse haben Höhlen und die Vögel des Himmels Nester …" (Lk 9,57 58; Mt 8,19).

„Erlaube mir, zuerst hinzugehen und meinen Vater zu be-graben." – „Folge mir, und laß die Toten ihre Toten begraben" (Mt 8,21–22). Auf jedes dieser Gebete kennen wir die Antwort Jesu. Und das ist auch die Antwort auf unser eigenes Gebet.

Oder auch die Rufe, die Tränen im Sturm: „Herr rette uns, wir gehen zugrunde" (Mt 8,25); „Meister, liegt dir nichts daran, daß wir zugrunde gehen?" (Mk 4,38–40.) Beachten wir den Unter-schied in der Formulierung bei Markus und Matthäus, in dem sich ein Stimmungsunterschied ausdrückt. Geht alles gut, und sind wir wirklich mit allem zufrieden, dann sagen wir: „Herr, rette uns, wir gehen zugrunde." Aber wenn wir unzufrieden, nervös sind, dann rufen wir: „Woran denkst du denn? Ist dir denn nicht klar, was geschieht? Macht es dir nichts aus, daß wir untergehen?" Jesus lehrt uns die wahre Haltung: „Was seid ihr so furchtsam! Warum habt ihr keinen Glauben?" (Mk 4,38–40.) Das schafft uns die Situation des Gebetes: dann können wir sagen: „Wer ist dieser Mensch, dem die Winde und das Meer gehorchen?" (Lk 8,25; Mk 4,41; Mt 8,27.)

Auch die Errettung des Petrus gibt uns ein Beispiel für das Gebet. Es ist das Gebet des Missionars, das Symbol der Mission: „Herr, wenn du es bist, so heiße mich zu dir auf das Wasser kommen"; der Mensch engagiert sich, er tut den ersten Schritt (Mt 14,28–33). Später aber kommt Wind auf, es wird unruhig, nichts ist beständig, das Leben ist nicht so, wie man es sich vorgestellt hat, usw. „Herr, rette mich", das ist nun das Gebet des Armen, der Aufschrei dessen, der seine Sicherheit verloren hat. Die Antwort aber lautet: „Du Kleingläubiger, warum hast du gezweifelt? – Wahrhaftig, du bist Gottes Sohn!" Das ist das Gebet der Armen, der Demütigen, zu denen auch wir gehören werden.

In Petrus läßt die Erinnerung an diesen ersten Anruf ein weiteres missionarisches Gebet aufsteigen: „Meister, die ganze Nacht haben wir uns abgemüht und nichts gefangen. Doch auf dein Wort will ich die Netze auswerfen." Als er dann den außerordentlichen Fischfang sieht, ruft Petrus aus: „Herr, geh weg von mir, denn ich bin ein sündiger Mensch." – „Fürchte dich nicht; von nun an wirst du Menschen fangen" (Lk 5, 4–11).

Daneben lesen wir aber auch alle jene Rufe um Erbarmen, jene Aufschreie des Elends („Erbarme dich meiner, Herr, Sohn Davids") der Kanaaniterin mit ihren Hündlein (Mt 15, 22). „Herr, hab Erbarmen mit meinem Sohn", so ruft der Vater des fallsüchtigen Knaben (Lk 9; Mk 9; Mt 17). Wir hören die Hilferufe des völlig Isolierten: „Herr, ich habe keinen Menschen, um mich in den Teich bringen zu lassen (Jo 5, 7) oder der Blinden am Weg: „Herr, Sohn Davids, hab Erbarmen mit uns... Was wollt ihr, daß ich euch tun soll? – Daß unsere Augen sich öffnen (...), daß ich wieder sehen kann – Geh, dein Glaube hat dir Heilung gebracht" (Lk 18; Mk 10; Mt 20). Wir lesen die Bitte der Apostel: „Mehre uns den Glauben" (Lk 17, 5), die Bitte der Aussätzigen, die alle riefen: „Jesus, Herr, erbarme dich unser", von denen aber nur einer, nur ein einziger von zehn, zurückkam, um Gott mit lauter Stimme zu preisen (Lk 17, 12–19); wir erfahren von dem Blindgeborenen, der seine Bitte nicht einmal formulierte und dessen Anruf Jesus doch vernommen, dessen Armut er gesehen hat: „Glaubst du an den Menschensohn? – Und wer ist es, Herr, damit ich an ihn glaube? – Du hast ihn gesehen. Der mit dir redet, der ist es. – Ich glaube, Herr." Und er fällt vor ihm nieder.

Das ist das Gebet der Menge, der Unbekannten, jener, denen Christus vielleicht nur ein einziges Mal begegnet ist, als er am

Weg an ihnen vorüberging. Was aber gilt nun für die großen Bindungen an Christus, für die Kraft des Gebetes jener, die ihn bereits besser kennen? Martha: „Herr, der, den du liebst, ist krank; wenn du hier gewesen wärest, wäre mein Bruder nicht gestorben" (Jo 11,21). Auch dies sind Gebete, Gebete aus dem Leben, „... aber auch jetzt weiß ich, daß dir Gott alles gewähren wird, um was du ihn bittest".

Wenn wir die Worte sprechen: „Herr, komm mir zu Hilfe, o Gott, eile mir zu helfen", so müssen wir wie Martha sagen: „Ja, Herr, ich habe den Glauben, daß du der Messias bist, der Sohn Gottes, der in die Welt kommen soll." Und Maria nimmt gedämpfter die Worte Marthas wieder auf: „Herr, wärest du hier gewesen, dann wäre mein Bruder nicht gestorben!"

Daneben stehen jene, die die große Rede vom Brot des Lebens gehört haben: „Herr, gib uns immer dieses Brot." Wir verfügen also über das Rüstzeug für unser Gebet. „Was sollen wir tun, um die Werke Gottes zu wirken? – Das ist das Werk Gottes, daß ihr glaubt." „Herr, du hast Worte ewigen Lebens. Und wir haben geglaubt und erkannt, daß du der Heilige Gottes bist" (Jo 6, 26–71). „Herr, lehre uns beten" (Lk 11, 1); „Herr, zeige uns den Vater, und es genügt uns" (Jo 14, 8); „Herr, du weißt alles, du weißt, daß ich dich liebe" (Jo 21, 17).

Zu diesen Anawim gehört auch Maria, die Königin der Demütigen: denn in ihr können sich diese beiden Worte verbinden. Alle Anawim des Alten Testaments sind in gewisser Weise in einer Person vereinigt: „Gottvater hat in der Genesis alle Wasser vereinigt und ihnen den Namen Meer gegeben; er hat alle seine Gnaden vereinigt und ihnen den Namen Maria gegeben", so drückt es Grignion de Montfort treffend aus. In Maria vernehmen wir das Gebet, das Bemühen und gleichsam den Atem aller Anawim, aller Armen und Demütigen der Welt.

Auch hier bricht die Tradition der Vergangenheit in einen neuen Frühling aus: Maria ist der End- und Scheitelpunkt aller jener, die mit ihrer ganzen Aufnahmebereitschaft gewartet und gelauscht haben: Ein jeder einzelne dieser Anawim, die dem neuen und wahren Israel angehören, war Wegbereiter und Verkündiger Mariens. Maria lebte mit Jesus in Nazareth: „Kann denn aus Nazareth etwas Gutes kommen?" (Jo 1, 46.) Es ist immer wieder das gleiche: ein Ort ohne Vergangenheit, ohne Größe, und gerade dieser zieht den Blick Gottes auf sich. Bei Bérulle finden wir den Satz: „Warum läßt der Verkündigungsengel das triumphierende Rom, das weise Athen, das herrliche Babylon und sogar das heilige Jerusalem zur Seite liegen und geht in diesen kleinen, unbekannten und verachteten Flecken?" Hierin liegt etwas Geheimnisvolles. Aber der Grund liegt wohl darin, daß er hier eine Stille, eine Leere, einen Anruf, eine Frau findet, die bescheiden vor Gott und den Menschen ist und die den Gruß des Engels zunächst gar nicht versteht. Der Engel will die Jungfrau erhöhen, sie aber erniedrigt sich, und Bérulle sagt: „Gott verbirgt sie vor den Sterblichen durch das Geheimnis ihrer Jungfräulichkeit, noch mehr aber verbirgt er sie vor sich selbst durch das Übermaß ihrer Demut."

So müssen wir also mit dem höchsten Gebet der Anawim schließen, jenem Gebet, das alle anderen in sich enthält: dem Magnifikat Mariens, dem einzigen Schlüssel zu jedem Gebet. Es ist ein radikaler Verzicht, nach dem jedoch alles möglich wird, und in diesen fünf zweiteiligen Strophen ist alles gesagt. Zunächst die Freude des demütigen Herzens, das vor der göttlichen Größe erbebt. Maria erbebt, wie jene, von denen die Psalmen sagen, daß sie „vor Gott erbeben": „Denn er hat niedergeschaut auf die Niedrigkeit seiner Magd." Das Wort, das sie verwendet: „Niedrigkeit" ist das Wort der Anawim. Jesus, der von Maria so viel empfangen hat, wird diese Strophe des Magnifikat wiederaufnehmen: „Ich preise dich, Vater, Herr des Himmels und der Erde, daß du dieses vor Weisen und Klugen verborgen, Unmündigen aber geoffenbart hast" (Mt 11, 25 und Lk 10, 21). Sie frohlockt, eine Magd zu sein, sie, die Mutter des Knechtes, denn es ist der Knecht, den sie zur Welt bringen wird: „Hoch preiset meine Seele den Herrn und mein Geist frohlockt in Gott, meinem Heilande. Denn er hat niedergeschaut auf die Niedrigkeit seiner Magd."

Maria greift die Prophetie Elisabeths wieder auf, denn sie sind beide Prophetinnen: „Du bist gebenedeit unter den Frauen, woher kommt mir dies, daß die Mutter meines Herrn zu mir kommt? Selig bist du ..." (Lk 1, 42–45).

Maria nimmt dies wieder auf, aber sie weitet es auf den Allmächtigen aus: „Denn siehe, von nun an werden mich seligpreisen alle Geschlechter. Denn Großes hat an mir getan der Mächtige."

Das Große, die Wunder Gottes! Dieses hier aber ist noch größer als der Durchzug durch das Rote Meer, größer noch als der Exodus und das Manna, als der Bund in der Wüste. Alles kulminiert nun in diesem dritten Vers: „Heilig ist sein Name." Jesus wird sagen: „Geheiligt werde dein Name" (Lk 11, 2 und Mt 6, 9). Dieser göttliche Name, der Abraham und Mose geoffenbart wurde, bleibt der Gipfel, von dem aus Maria die ganze Menschheit überblicken kann.

Nun beginnt der zweite Teil, der Gesang der Inkarnation. Angesichts der drei Größen, der drei Anmaßungen des Menschen, die alles verderben (Hochmut, Macht und Reichtum) warnt uns Maria vor dem Hochmut: „Er zerstreut die Hochmütigen", vor der Macht: „Gewaltige hat er vom Thron gestürzt", und vor dem Reichtum: „Reiche hat er leer ausgehen lassen."

Angesichts dieser Scheingrößen, die Gott stürzt, greift Maria auf die Sprache der Anawim zurück: „Seine Barmherzigkeit währet von Geschlecht zu Geschlecht denen, die ihn fürchten." Diese Furcht ist ganz erfüllt von Liebe und der Gewißheit, gehört zu werden: „Sehet, ein Armer rief, und Jahwe hat gehört" (Ps 34, 7). Der letzte Vers bringt nun die allgemeine Erfüllung des Heils in Israel: „Angenommen hat er sich Israels, seines Knechtes."

Das ist das neue Israel: „Jauchzet ihr Himmel, denn Jahwe hat gehandelt! Frohlockt ihr Tiefen der Erde! Denn Jahwe hat sein Volk getröstet, und er hat sich seiner Armen erbarmt" (Is 44, 23). Dies verwirklicht sich nun: „Angenommen hat er sich Israels, seines Knechtes, eingedenk seiner Barmherzigkeit, wie er gesprochen hat zu unseren Vätern, Abraham und seinen Nachkommen in Ewigkeit."

Die Anawim sind der kleine Rest, aber dieser kleine Rest rettet die ganze Welt.

Und wenn Mariens Sohn kommt und seine Jünger um sich versammelt, so wird er, der Anawim schlechthin, der noch demütiger ist als Maria unter den Anawim, Jesus, der Arme schlechthin, er wird zu ihnen sagen: ,,Selig die Anawim, selig die Armen!"

*Literatur*

E. *Jacob*, Théologie de l'Ancien Testament (Éditions Delachaux et Niestlé, Paris).

J. *Goldstain*, Le monde des psaumes (Éditions de la Source, Paris).

A. *Gelin*, Les pauvres que Dieu aime (Éditions du Cerf, Paris), Reihe ,,Foi vivante".

# 6

## Jesus
## Der große Beter

Betrachten wir nun Jesus, den großen Beter; nichts ist einfacher, als auf ihn zu schauen, und nichts ist unergründlicher als dies, was wir an ihm sehen. Das Einfache, das sind die bündigen Sätze im Evangelium, die jeder kennt, und die Haltungen, die jeder begreifen kann: Jesus betet, er hebt die Hände, er blickt zum Himmel. Aber es ist auch nichts unergründlicher, denn diese Worte und Gesten lassen etwas spüren von einer Liebe, von einem Licht und von einer Fülle grenzenlosen Schenkens jenseits all unseres Fassungsvermögens. Daher finden wir erst dann wirklich einen Zugang zum Beten Jesu, wenn wir selbst beten und uns dabei vom Herrn nach seinem Bild formen lassen. Um tiefer einzudringen in das Beten des Gottessohnes, des Menschensohnes, wollen wir die großen „Stunden" im Leben Jesu betrachten.

Man kann sagen, daß in den Augenblicken, in denen Jesus sich an seinen Vater wendet, zwei große Realitäten, die er ganz konkret erlebt, erkennen lassen, wie „real" sein Menschsein ist: seine Angst und sein Beten.

Zunächst seine Angst und seine Trauer: diese Angst, seine Bestürzung, ist das Geheimnisvollste an Jesus, eine Angst, von der er selbst auch spricht: „Mit einer Taufe aber muß ich getauft werden, und wie ängstigt es mich, bis sie vollendet ist" (Lk 12, 50); Johannes, der Lieblingsjünger, gibt uns durch sein ganzes Evangelium hindurch davon zu spüren. Wenn wir akzeptieren, daß Jesus der Sohn Gottes und damit Gott selbst ist, dann ist es viel geheimnisvoller für uns zu sehen, wie er geknechtet wird und leidet, als wenn wir ihn verklärt sehen. Verklärung ist sozusagen sein „Normalzustand". Wenn wir nun aber sehen, wie er über Jerusalem weint, das seine Botschaft nicht begriffen hat (Lk 19, 41), wie er „im Geiste ergrimmt" vor dem Schmerz von Martha und Maria, wie er weint und dann „wiederum in seinem Innern ergrimmt" am Grabe des Lazarus (Jo 11, 33–38), oder wenn wir ihn selbst sagen hören: „Jetzt ist meine Seele erschüttert, und was soll ich sagen: Vater rette mich aus dieser Stunde?" (Jo 12, 27), wenn er den Verrat des Einen von den Zwölfen ankündigt (Lk 22, 21) oder wenn er „beginnt zu trauern und zu zagen" (Mt 26, 37) und wenn wir schließlich hören, wie er im Augenblick seines Todes laut aufschreit (Mk 15, 37), dann ist all das für unser Herz wahrhaftig ein Mysterium.

Das Außerordentliche, so sagt Henri de Lubac, liegt nicht darin, daß Jesus Gott ist oder daß Gott Gott ist, sondern darin, daß Gott Mensch geworden ist, in allem den Menschen gleich, die Sünde ausgenommen. Und wenn Pilatus sagt: „Da ist der Mensch" (Jo 19, 5), dann ist dies voll und ganz die Wahrheit. Die Realität des Menschseins Jesu schlägt so in seiner Angst durch.

Sie schlägt aber ebenso in seinem Gebet durch, das mindestens so erstaunlich ist wie seine Angst. Gandhi hat das Gebet sehr schön definiert: „Das Gebet ist das tägliche Eingeständnis unserer Schwäche." Jesus gibt uns etwas von seiner täglichen Erfahrung dieser Schwäche zu verstehen – einer frei gewählten Schwäche zwar, wie Paulus den Philippern schreibt (Phil 2, 6), aber dennoch einer ganz realen und durchlebten Schwäche – das ganze Evangelium ist ja durchdrungen von seinem Gebet. Diese Kontinuität im Beten Jesu müssen wir uns einmal vor Augen führen.

Lukas zeigt uns, wie diese Angst und dieses Beten in der Seele

Jesu zutiefst miteinander verflochten sind, wenn er in der Szene am Ölberg dreimal erwähnt, daß Jesus betete, daß „er noch inständiger betete, als er in Angst geriet", und er seinen Vater anflehte, er möge diesen Kelch an ihm vorübergehen lassen: „doch nicht mein, sondern dein Wille geschehe" (Lk 22, 39–45).

Dieser letzte Satz läßt uns einen Blick tun in das Beten Jesu, das sein ganzes Leben erfüllt, und läßt uns die Grundhaltung dieses Betens erkennen, die an anderer Stelle mit den Worten ausgedrückt ist: „Meine Speise ist es, den Willen dessen zu tun, der mich gesandt hat" (Jo 4, 34). Welche Form sein Gebet auch immer annimmt, hier hat es seine Grundlage, seinen Sinn: indem Jesus seinen Auftrag erfüllt, das Werk des Vaters vollbringt und sich selbst offenbart, vollendet er das mit Abraham begonnene Werk: die unerschöpfliche Offenbarung des Vaters.

Dieses Wort: „Meine Speise ist es, den Willen dessen zu tun, der mich gesandt hat", sagt Jesus zu seinen Jüngern unmittelbar nach der Begegnung mit der Frau aus Samaria am Jakobsbrunnen. Er hatte eben diese Speise zu sich genommen, die die Apostel nicht kennen, noch nicht kennen ... Indem er sich dieser Frau aus Samaria offenbart, bringt er die Offenbarung zu ihrer Vollendung: „Der mit dir redet: ich bin es, der Messias" (Jo 4, 26). Speise und Sättigung Jesu ist es, zu offenbaren, was das Geschenk Gottes ist, und damit den Vater zu verherrlichen und die Menschheit mit ihm zu versöhnen. Wenn er betet, geht es immer darum, „dieses Werk zu Ende zu führen", das der Vater ihm aufgegeben hat.

All die „Augenblicke" des Betens im Leben Jesu muß man im Licht der Aussage sehen: „Meine Speise ist es, den Willen dessen zu tun, der mich gesandt hat, und sein Werk zu Ende zu führen."

Seinen ersten Ausspruch mit zwölf Jahren im Tempel – „Wußtet ihr nicht, daß ich in dem sein muß, was meines Vaters ist?" (Lk 2, 49) – hat Jesus bezeichnenderweise in dem Haus seines Vaters gesagt, das ein Haus des Gebetes ist; er ist ganz mit Gott befaßt. Man sollte sich hüten, diesem Wort seine Schärfe zu nehmen: „Ich muß in dem sein, was meines Vaters ist", denn es hat denselben Ursprung wie später die entscheidende Aussage: „Ich und der Vater sind eins" (Jo 10, 30). Es handelt sich um ein und dieselbe Wirklichkeit, die sich hier, in einem Kind von zwölf Jahren, bereits ankündigt. Und wie tief ist dieses Wort in der aktuellen Situation verankert: „Dein Vater und ich suchen dich", sagt Maria. Jesus hört das Wort Vater, das sich hier auf Josef bezieht, und blendet sogleich seinen Vater ein: „Dein Vater und ich suchen dich" – Mein Vater! Bei ihm, in seinem Haus muß ich doch gerade sein und mich mit ihm befassen! – Zu diesem Vater führt er uns hin, hebt er uns hinauf auf dem Weg über die innige Vertrautheit mit seiner eigenen Person. Das ganze Leben Jesu offenbart die Tiefe dieses geheimnisvollen Ausspruchs. Schon von diesem Augenblick an besteht seine Speise „in dem, was seines Vaters ist".

3/ Hier zeigt sich ein weiterer Aspekt im Gebet Jesu. Vor seinem „öffentlichen" Beten war Jesus ein einfacher gläubiger Jude. Dreißig Jahre lang hat Jesus wie ein jüdisches Kind, wie ein jüdischer Mann gebetet, das heißt also unablässig. Das Buch von Robert Aron, *Ainsi priait Jésus enfant* (So betete Jesus in seiner Kindheit), vermittelt uns einen Zugang zu dieser verborgenen Seite des Gebetes Jesu. Damals bestand das Gebet vor allem darin, das Wort Gottes in der Schrift ständig zu wiederholen, es gleichsam zu kauen. Das zeigen auch die Antworten, die Jesus dem Satan in der Wüste erteilt, als er sich dort zum Beten aufhält. Dieses Wort Gottes hat sein Herz gespeist – es tut gut, daran zu denken, daß auch er mit denselben Worten des Alten Testaments gebetet hat wie wir, ehe er uns beten lehrte.

Nach jenem ersten Ausspruch: zwanzig Jahre Schweigen. Jesus war „ungefähr dreißig Jahre alt", so heißt es im Evangelium, als er sein erstes messianisches Zeichen setzte, und dieses Zeichen ist vom Gebet begleitet, eingeschlossen in ein Gebet: „Sobald er aus dem Wasser heraufstieg" (Mk 1, 10), „während er betete", heißt es deutlicher bei Lukas (Lk 3, 21), öffnete sich der Himmel, und er sah den Geist wie eine Taube auf sich herabschweben. Wir sehen auch hier wieder: „er betete". Es ist der große Augenblick,

das Ende des verborgenen und seßhaften Lebens und des menschlichen Handwerks, der Beginn des großen Geschehens, mit dem
das ganze Alte Testament zu seiner Erfüllung kommt: „als die
Zeit vollendet war".

Wir müssen uns klar machen, daß Jesus beim Empfang dieser
Wassertaufe wußte, sie würde sich in der Taufe des Blutes vollenden, und diese erste Handlung in seinem öffentlichen Leben
würde den ganzen Weg seiner Passion für ihn nach sich ziehen.
Dieses Gebet Jesu beim Heraufsteigen aus dem Jordan wird beleuchtet durch den Dialog, der ihm vorausgegangen war: Johannes
der Täufer weigert sich, Jesus zu taufen, denn er weiß oder ahnt,
mit wem er es da zu tun hat; und Jesus sagt ihm: „Laß es jetzt
zu; denn so geziemt es sich für uns, alle Gerechtigkeit zu erfüllen"
(Mt 3, 15). Achten wir einmal auf die Worte: „Laß es zu", „es geziemt sich für uns". Die ganze Ordnung, wie Gott sie festgelegt
hat, müssen Johannes und Jesus selbst sorgfältig erfüllen. Von
jetzt an steht das Gebet Jesu unter dem Vorzeichen völliger Übereinstimmung mit dem Willen seines Vaters.

Das ist schnell hingesagt. Wenn wir aber einmal bedenken, daß
es ein Mensch ist – Mensch und Gott allerdings –, daß es somit
unsere Menschheit ist, die mit ihm eine so reine und totale und
bereitwillige Übereinstimmung zustande bringt mit dem, was der
Vater will, dann sehen wir die Tragweite dieser Haltung Jesu.
Während er betet, während er dieses Gebet der Übereinstimmung
spricht, während dieser Taufe, in der er „alle Gerechtigkeit" erfüllen will, „tun die Himmel sich auf". „Er hat die trennende
Scheidewand niedergerissen, in seinem Fleische die Feindschaft
vernichtet, und durch ihn haben wir den Zugang zum Vater"
(Eph 2, 14.18). In diesem Augenblick reißt der Himmel auf, wird
eine Bresche geschlagen, doch sie verlangt nach dem Kreuz: erst
durch das Kreuz wird sie besiegelt. Wenn man so sagen darf, reicht
diese Bresche bis hin zur heiligsten Dreifaltigkeit. Von diesem
Augenblick an dringen wir ein in das Mysterium Gottes, des
Gottes, der Dreifaltigkeit ist. „Als auch Jesus sich taufen ließ und
betete, öffnete sich der Himmel, und der Heilige Geist schwebte

in leiblicher Gestalt wie eine Taube herab auf ihn, und eine Stimme erging vom Himmel: ‚Du bist mein geliebter Sohn, an dir habe ich Wohlgefallen'" (Lk 3, 21 f).

Unser ganzes Studium der Philosophie oder der Theologie, gleich auf welcher Stufe wir dabei angelangt sind, hat nur das eine Ziel, daß wir hellhöriger werden für solche Worte, für solche Ereignisse, und es ist keine Zeitverschwendung und Haarspalterei, wenn wir versuchen, die Länge, die Breite, die Höhe und die Tiefe dieser Texte besser auszukosten. Unsere Mühe wird belohnt: wir entdecken die Tiefe scheinbar ganz simpler Sätze: der Himmel öffnet sich, die Dreifaltigkeit scheint auf. Jesus trägt die lebendige Gottheit in sich, die ihn durchdringt und erleuchtet, und weil er wahrer Mensch ist, uns gleich „vor Gott und den Menschen" (Lk 2, 52), ist diese Taufe zugleich gewissermaßen ein neues Wachstum einer Wirklichkeit, die in ihm schon da ist.

Jesus erfährt diesen ersten großen Augenblick des Gebetes bei seinem ersten öffentlichen Auftreten. Jedesmal wenn er von jetzt an etwas Entscheidendes zu vollbringen hat, zieht er sich zuvor auf einen Berg zurück, um diese Entscheidung vor den Vater zu bringen und seinen Willen mit dem des Vaters zu vereinen; denn das Gebet Jesu besteht ganz und gar darin, sich bis zur völligen Übereinstimmung dem Willen des Vaters anzugleichen.

So betet Jesus vor der Auswahl der Zwölf und vor der Verkündigung der Seligpreisungen – das betont vor allem Lukas, der besonders gern vom Beten Jesu spricht: „Und es begab sich in jenen Tagen, daß er auf den Berg ging, um zu beten, und er verbrachte die ganze Nacht im Gebete zu Gott. Und als es Tag geworden war, rief er seine Jünger herbei und erwählte aus ihnen zwölf" (Lk 6, 12 f). Er stieg dann mit ihnen hinab und blieb auf einem ebenen Platz stehen, und hier nun verkündete er die Seligpreisungen. Das *Vaterunser* hat ebenfalls einen solchen Ursprung. Lukas, der stets bemüht ist, Jesus als den Lehrer des Gebets zu zeigen, berichtet: „Es begab sich, als er eines Tages an einem Orte betete, sagte einer seiner Jünger, als er geendet hatte, zu ihm: ‚Herr, lehre uns beten ...'" (Lk 11, 1). Von der Ankündigung seines Aufbruchs zur Mission nach Galiläa berichtet Markus ebenso: „In der Frühe, als es noch Nacht war, erhob er sich, ging weg und begab sich an einen einsamen Ort. Dort betete er" (Mk 1, 35).

Wenn Jesus sich in diesen Augenblicken des Gebets den Willen des Vaters zu eigen macht, darf man auch nicht vergessen, daß „er selbst wußte, was im Menschen war" (Jo 2, 25): wenn er eine Nacht im Gebet verbringt, bevor er seine Apostel auswählt, weiß er bereits, was im Herzen eines jeden von ihnen ist. Er sieht die Rivalitäten zwischen ihnen und wie träge ihr Herz zum Glauben ist (Lk 24, 25). Die Nächte des Gebets in der Einsamkeit, in der Wüste oder zurückgezogen auf dem Berg waren keine Nächte der Verzückung. Wenn er vor den großen Entscheidungen ganze Nächte so verbrachte, waren es – wie in Getsemani – zugleich Nächte der Angst vor einer Erlösung der Welt, die ihn ans Kreuz bringen sollte.

In der Nacht vor der Wahl der Apostel sieht Jesus einen Petrus, den Satan im Sieb schütteln kann wie den Weizen (Lk 22, 31). Petrus wird ein neuer Hiob sein, aber von anderen Geschwüren als Hiob befallen, nämlich vom Geschwür der Ängstlichkeit. Für ihn betet Jesus: „Ich aber habe gebetet für dich, daß dein Glaube nicht wanke" (Lk 22, 32). Jesus betet für Jakobus und Johannes; er weiß, daß er sie am nächsten Morgen zu sich rufen wird, und so betet er für diese beiden „Donnersöhne" (Mk 3, 17). Johannes ist nicht immer so gewesen, wie wir ihn uns vorstellen: das mag für manche ein Trost sein. Johannes war in seiner Jugend wie eine Distel – Disteln stechen bekanntlich, wenn sie noch jung sind, und werden ganz mild, weiß und sanft, wenn sie alt sind. Dieser Johannes ruft das Feuer vom Himmel herunter auf die Stadt, die ihre Tore Jesus nicht öffnen will. Und er bittet gemeinsam mit seinem Bruder Jakobus: „Gewähre uns, daß wir einer zu deiner Rechten und einer zu deiner Linken sitzen dürfen in deiner Herrlichkeit" (Mk 10, 37).

Jesus sieht das alles, wenn er betet, noch bevor diese Männer selbst ihre Wahl getroffen haben; er weiß wohl, was er durch sie und mit ihnen wird leiden müssen. Die Liste könnte man leicht fortsetzen: da streiten diese Apostel sich darum, wer von ihnen der Größte ist (Mk 9, 33); da hat ein Thomas alle Mühe, die Wahrheit zu akzeptieren (Jo 20, 24 f); da begreift ein Philippus nicht, daß jeder, der Jesus sieht, auch den Vater sieht (Jo 14, 8 f). Und da ist schließlich Judas. Judas steht für uns alle, wenn auch gewiß in unterschiedlichem Maße und zu verschiedenen Augenblicken.

Diese Nacht des Gebetes vor der Wahl seiner Apostel ist für Jesus wirklich eine Nacht des Kampfes. Nikolaus von der Flüe sagte: „Zum Gebet zieht man manchmal, wie man in einen Krieg zieht." Und Paulus fordert: „Streitet mit mir durch eure Fürsprache für mich bei Gott" (Röm 15, 30). So beinhaltet auch das Gebet Jesu diesen Kampf. Sein äußeres Handeln ist zwar ganz von innerer Ruhe bestimmt, aber diese innere Ruhe ist selbst ein Kampf; das innere Geschehen des Gebets bereitet jenes große Geschehen vor, durch das der Menschensohn erhöht wird wie die eherne Schlange (Jo 3, 14). Im Gebet Jesu gehören die liebende, gleichsam magnetische Ausrichtung auf den Vater und der menschliche Kampf untrennbar zusammen.

Dieses Gebet Christi ist begleitet von sehr menschlichen Gesten: er steigt auf den Berg; er seufzt, als er einen Tauben heilt (Mk 7, 34); er nimmt die Brote, die Fische, hebt die Augen zum Himmel und spricht den Segen (Lk 9; Mk 6; Mt 14).

Jesus hat niemals das Bittgebet verurteilt oder auch nur abgewertet. Ich frage mich, ob es überhaupt sinnvoll ist, bei Jesus das Bittgebet zu unterscheiden von dem, was wir Anbetung nennen. „Ihr müßt allezeit beten und nicht müde werden", sagt er. In jedem wahren Gebet, ob es nun Bitte oder Anbetung ist, öffnet sich der Mensch für Gott und nimmt ihn auf. Entscheidend sind nicht die verschiedenen Gebetskategorien – Hilferuf, Fürsprache oder Anbetung. Nicht zwischen ihnen liegt eine Wertrangfolge, sondern im Herzen des Menschen. Jesus bittet um wunderbare Heilungen und dann auch wieder um ganz bescheidene, sehr konkrete Dinge – aber immer in der gleichen Haltung, und immer ist es auch Anbetung.

Was Jesus auch tut, die Achse seines Lebens ist immer seine

Unterwerfung als Sohn unter den Vater aus Liebe. Jesus hat alles darangesetzt, selbst das zu leben, was er seinen Jüngern sagt: „Ihr sollt nicht sagen: Herr! Herr! sondern den Willen meines Vaters im Himmel tun." Und sein Jubelruf, in dem Jesus „im Heiligen Geiste" seinen Vater preist, hat seinen Ursprung im „Wohlgefallen" des Vaters (Lk 10, 21).

Ein weiterer großer Augenblick des Gebetes Jesu ist die Verklärung. Auch hier wieder bietet uns Lukas einen stärker nach innen ausgerichteten Bericht als Markus und Matthäus. Auch hier betet Jesus. Im Lukasevangelium wird das an zwei Stellen erwähnt: „Etwa acht Tage nach diesen Worten nahm er Petrus, Jakobus und Johannes mit sich und stieg auf den Berg, um zu *beten*. Und während er *betete*, veränderte sich das Aussehen seines Angesichtes, und sein Gewand wurde strahlend weiß" (Lk 9, 28–36). Für Lukas ist die Verklärung, wie die Apostel sie schauen, die überwältigende Vision der Herrlichkeit Jesu. Diese Verklärung kommt nicht von außen, sondern ist Frucht des Einsseins Jesu mit seinem Vater.

Johannes erwähnt die Verklärung gar nicht, aber bei ihm gibt es dafür eine Stelle, die nach Ansicht der Exegeten als Äquivalent der Verklärung gilt, insofern es auch hier um die Vorbereitung der Passion geht: wie die Verklärung die drei Apostel darauf vorbereitet, den Schock der Passion zu ertragen, so gibt es bei Johannes die Stelle, wo Jesus seine Umwelt daraufhin vorbereitet. Einige Griechen sind zum Fest nach Jerusalem hinaufgezogen und kommen zu Philippus mit der Bitte: „Herr, wir möchten gerne Jesus sehen." Philippus sagt das dem Andreas weiter, Andreas und Philippus gehen gemeinsam zu Jesus und sagen es ihm. Jesus antwortet ihnen: „Die Stunde ist gekommen, daß der Menschensohn verherrlicht werde. Wahrlich, wahrlich, ich sage euch: wenn das Weizenkorn nicht in die Erde fällt und stirbt, bleibt es allein. Wenn es aber stirbt, bringt es viele Frucht… Jetzt ist meine Seele erschüttert, und was soll ich sagen: Vater, rette mich aus dieser Stunde? Aber deshalb bin ich in diese Stunde gekommen. Vater, verherrliche deinen Namen." Da kam eine Stimme vom Himmel:

„Ich habe verherrlicht und werde wieder verherrlichen" (Jo 12, 20–28). Auch hier geschieht die Verherrlichung Jesu durch den Vater mitten im Gebet: „Vater, rette mich aus dieser Stunde, Vater, verherrliche deinen Namen."

Und da gibt es noch den ganz kurzen Satz, als Jesus vor dem Grab des Lazarus steht. Er führt uns das Gebet Jesu geradewegs vor Augen: „Vater, ich danke dir, daß du mich erhört hast. Ich wußte ja, daß du mich allezeit erhörst" (Jo 11, 41 f). Jesus will immer nur dies eine: „Meine Speise ist es, diesen Willen zu tun"; das Gebet Jesu ist die ganz demütige Bereitschaft seines ganzen Seins, das sich der Liebe und dem Willen des Vaters mit einem Maße an Einwilligung unterwirft, das wir niemals genügend zum Ausdruck bringen können. Es ist ein ganz menschliches Sein, das dies durchlebt, und somit kann auch unser Menschsein in die gleiche Spur treten. Dieser eine kurze Satz („Vater, ich danke dir, daß du mich erhört hast, ich wußte ja, daß du mich allezeit erhörst") ist für uns eine Einführung in das Geschehen von Getsemani, von Golgota; auch da stehen wir wieder vor diesem Mysterium. „Ihn, der von Sünde nichts wußte, hat Gott für uns zur Sünde gemacht, damit wir in ihm Gottesgerechtigkeit würden" (2 Kor 5, 21). Oder: „Er ward für uns zum Fluche" (Gal 3, 13). Nach Joachim Jeremias ist diese Stelle ein Schriftzitat (Dt 21, 23), das Paulus nicht in seiner ursprünglichen Fassung zu übernehmen wagte, und so übersetzte er „zum Fluche *für uns.*"

Von diesem Augenblick an – sicherlich auch vorher schon, aber jetzt ist der Augenblick, in dem alles sich zusammendrängt und viel dichter wird – ist Jesus von der Erfahrung der Sünde, des Leidens in der Welt, der schmerzlichen Ungerechtigkeit ergriffen; all das strömt im Innersten seines Herzens zusammen.

Ich muß immer noch an eine Begebenheit denken, die sich an einem Morgen im Bus von Marseille nach Saint-Maximin abgespielt hat. Es war noch früh, und wir waren nur zu viert oder fünf im Bus. Darunter war ein kleines Kind, ich weiß nicht wie alt, vielleicht drei oder vier Jahre, ein reizendes und feines Kind, so eine Art „Mozart als Kind" wie bei Saint-Exupéry, lieb, zutraulich und offen. Ich weiß nicht, was seine Mutter an dem Tag hatte, jedenfalls war sie gründlich schlechter Laune; sicher war das nicht tragisch – aber es war dermaßen traurig mit anzusehen, wie der kleine Kerl zutraulich und offen Kontakt suchte zu seiner Mama und sie ihn immer nur anschnauzte! Man spürte förmlich, wie der Kleine nahe am Weinen war. Dieses kleine Leiden eines ganz kleinen Kindes trägt Christus ebenso, wie er die großen Leiden der für ihre Sache gefolterten oder ermordeten Menschen trägt. Jesus wird zum Verfluchten nicht wegen eines persönlichen Verschuldens, sondern weil er aus Liebe stellvertretend dazu bereit ist: er wurde zum Verfluchten, Gott hat ihn „zum Fluch gemacht für uns". „Ihn, der von Sünde nichts wußte, hat Gott für uns zur Sünde gemacht, damit wir in ihm Gottesgerechtigkeit würden."

In diesem Licht müssen wir die Texte von Getsemani lesen und verstehen (Lk 22; Mk 14; Mt 26): „Er begann zu trauern und zu zagen. Da sprach er zu ihnen: ,Meine Seele ist betrübt bis in den Tod. Bleibet hier und wachet mit mir' ", und er warf sich auf sein Angesicht nieder – ein körperlicher Ausdruck, der mit seiner inneren Seelenverfassung einhergeht – und betete: „Mein Vater, wenn es möglich ist, so gehe dieser Kelch an mir vorüber. Doch nicht wie ich will, sondern wie du willst." „Unsere Krankheiten hat er getragen, unsere Schmerzen hat er auf sich geladen... unserer Sünden wegen ward er zu Tode getroffen" (Is 53, 4.8).

Der Hebräerbrief liefert uns den Schlüssel zum Gebet Jesu mitten in dieser Verlassenheit: „So hat er, obwohl er Sohn war, an dem, was er litt, den Gehorsam gelernt." „Er hat in den Tagen seines Fleisches Bitten und Flehrufe (genau das ist das Gebet Christi in diesem Augenblick) mit lautem Geschrei und unter Tränen an den gerichtet, der ihn vom Tode erretten konnte, und ist erhört worden um seiner Frömmigkeit willen" (Hebr 5, 7 f), um seiner Frömmigkeit, seiner Ehrfurcht und seiner Zuneigung zum Vater willen. Das so oft abgewertete Wort Frömmigkeit bekommt hier seinen ganzen Sinn.

Es gibt ein Gebet Christi mit einer ganz außerordentlichen Eigenschaft: dieses Gebet besteht für immer auf der Erde fort. An einem Tag ist das Gebet Christi zum Sakrament geworden: in der Eucharistie. Sie ist nicht nur Gegenwart Christi in unserer Mitte bis ans Ende der Welt, sie ist auch Gebet Christi.

Es ist kein Zufall, wenn Jesus zurückgreift auf das Gebet und das Gedächtnismahl des Alten Testaments, den Auszug aus Ägypten und das Paschalamm (Ex 13): Jesus pflanzt sein eigenes Gebet, sein letztes Gebet, das zu einem Zeichen wird, auf das Grundgebet und auf die Zeichen des Alten Bundes. Aus dem alten Stamm des Ölbaums sprießt der neue Ölbaum hervor. Jesus pflanzt sein Gebet in den alten Grund ein, aber darum ist es kein erstarrtes, sondern ein lebendiges Beten! Außer Worten können vielleicht auch Bilder uns hier weiterhelfen: mir scheint, dieses Gebet Jesu, das Abendmahl, hat wie ein ungeheurer Schock gewirkt und hat Wellen ausgelöst, die jeden Tag, mit jeder Eucharistie wieder hochschlagen im menschlichen Ozean, und alle die Wellen rühren von diesem einmaligen Schock her.

„Während des Mahles aber nahm Jesus Brot, sprach das Segensgebet (sang das Hallel, den großen Lobpreis Gottes), brach es und gab es seinen Jüngern mit den Worten: ‚Nehmt, esset, das ist mein Leib.'" Er gibt sich für uns hin, aber er tut dies mit einem Zeichen, das nicht aufhört, einem Zeichen, das wir immer wieder erneuern, mit einer Eucharistie, die wir betrachten können. „Und er nahm einen Kelch, sprach das Dankgebet und gab ihn ihnen mit den Worten: ‚Trinket alle daraus. Denn das ist mein Blut des Bundes, das für viele vergossen wird zur Vergebung der Sünden'" (Mt 26; Mk 14; Lk 22).

Die Stoßwelle hat sich vom ersten Abendmahl bis zu uns ausgebreitet, und jeder Augenblick der Menschheit wird von dieser unermeßlichen und niemals kraftlos werdenden Woge der Eucharistie nach oben getragen: heute feiert Christus sie durch sein Werkzeug, durch den sichtbaren Priester, aber er ist es selbst, der hier feiert. Und die Welle, die vom ersten Tag bis zu uns gelangt ist, wird uns weiter tragen bis zu jenem Tag: „Ich sage euch aber:

Von nun an werde ich nicht mehr von dieser Frucht des Wein-
stockes trinken bis zu jenem Tage, da ich sie neu mit euch trinken
werde im Reiche meines Vaters" (Mt 26, 29). Dieses Gebet, das
zum Zeichen wird, zum Sakrament, können wir uns aneignen,
und es führt uns hinein in das Gebet Christi. Wir können mit ihm
opfern, wenn wir es mit ihm dem Vater darbringen – was für ein
Gedanke!

Und schließlich dringen wir ein in die letzte Tiefe Christi, in
sein letztes großes Gebet: ,,Dieses redete Jesus. Dann erhob er
seine Augen zum Himmel und sprach: ,Vater, die Stunde ist gekommen. Verherrliche deinen Sohn!'" Dieses siebzehnte Kapitel
im Johannesevangelium muß man in der Stille lesen, denn darin
haben wir die getreuste Wiedergabe der ewigen Bindungen zwischen dem Vater und dem Sohn. Diese Strophen (im Rhythmus
der ständig wiederkehrenden Worte Vater, heiliger Vater, Vater,
gerechter Vater), dieses große Gebet Jesu ist die Verherrlichung
des Vaters, die Verherrlichung Jahwes. Im Alten Testament war
die Herrlichkeit Jahwes sein Glanz, der blendete, die Gegenwart
der ausstrahlenden Heiligkeit Gottes, die Macht, die in seiner
Schöpfung (,,Die Himmel rühmen die Herrlichkeit Gottes" [Ps
19, 2]) und in der Geschichte Israels hervorbrach: ,,Preiset den
Herrn, denn er ist gut" (Ps 106, 1).

,,Vater, die Stunde ist gekommen. Verherrliche deinen Sohn,
damit der Sohn dich verherrliche, so wie du ihm Macht gegeben
hast über alles Fleisch, damit er allen, die du ihm gegeben hast,
ewiges Leben gebe... Jetzt verherrliche du mich, Vater, bei dir
selbst mit der Herrlichkeit, die ich, ehe die Welt war, bei dir
hatte!"

Mit Christus entdecken wir, daß Gott die Dinge zu seiner Herrlichkeit alle für uns getan hat. Denn diese Herrlichkeit Gottes
muß sich auf unserem Gesicht widerspiegeln, damit wir durch
eine Umgestaltung nach der andern schließlich zu dieser Herrlichkeit Gottes gelangen (2 Kor 3, 18). Die Herrlichkeit, die Christus seinem Vater geben will, wird für ihn, den Menschen, darin
bestehen, daß er in den Tod geht, vollkommen rein und gehorsam,

in absoluter Einwilligung, während ihn alle seine Freunde im Stich lassen. „Vater (das nun ist die Verherrlichung, um die Christus bittet), die Stunde ist gekommen. Verherrliche deinen Sohn, damit der Sohn dich verherrliche ... Ich habe das Werk vollendet, das zu vollbringen du mir aufgetragen hast ... Meine Speise ist es, deinen Willen zu tun." Nun ist es vollbracht.

Das vollendete Werk, das hier Gegenstand seines Gebetes ist, ist die Offenbarung des Vaters, seines Namens, die Speise Jesu: „Das aber ist das ewige Leben, daß sie dich, den allein wahren Gott, erkennen und den du gesandt hast ... Ich habe deinen Namen den Menschen geoffenbart, die du mir aus der Welt gegeben hast ... Dein waren sie ... Jetzt wissen sie, daß alles, was du mir gegeben hast, von dir kommt." Indem er sich als Sohn zeigt, gibt Jesus den Vater zu erkennen.

Nun also, auch das gehört noch zur Vollendung seines Werkes, gibt Jesus seine Jünger dem Vater zurück, denn hier gilt ebenfalls, daß die Herrlichkeit des Vaters und die Jünger ein und dasselbe sind. Dafür nennt Jesus mehrere Gründe. Zunächst: sie gehören zu dir, wie sie auch mir gehören. Dein waren sie schon, bevor du mir sie gabst: „Ich bitte für sie. Nicht für die Welt bitte ich, sondern für die, die du mir gegeben hast. Denn dein sind sie, und alles Meinige gehört dir und das Deinige mir, und ich bin in ihnen verherrlicht."

Im Augenblick, in dem Jesus seine Jünger verläßt, übergibt er sie so seinem Vater. Sie sind seine Herrlichkeit: „Ich bin in ihnen verherrlicht", sagt er.

Wenn Jesus sie nun verläßt, muß der Vater sie bewahren; sie werden nicht mehr diese sichtbare Gegenwart seines Sohnes bei sich haben: „Heiliger Vater, bewahre sie in deinem Namen, die du mir gegeben hast ... Ich bin nicht mehr in der Welt; aber sie sind in der Welt, damit sie eins seien wie wir. Solange ich bei ihnen war, habe ich sie in deinem Namen bewahrt, die du mir gegeben hast ... außer dem Sohn des Verderbens. Jetzt aber komme ich zu dir und rede dieses in der Welt, damit sie meine Freude in Fülle in sich haben. Ich habe ihnen dein Wort gegeben,

und die Welt hat sie gehaßt (und gerade deshalb muß der Vater
sie bewahren), weil sie nicht von der Welt sind, wie ich nicht
von der Welt bin. Ich bitte nicht, du mögest sie wegnehmen von
der Welt, sondern du mögest sie bewahren vor dem Bösen."

Von jetzt an werden die Jünger ausgesandt und lösen Jesus ab:
sie treten seine Nachfolge an und „füllen an ihrem Fleische aus,
was an den Drangsalen Christi noch fehlt, zugunsten seines
Leibes, das ist die Kirche" (Kol 1,24). „Heilige sie in der Wahrheit... Wie du mich in die Welt gesandt hast, so habe auch ich
sie in die Welt gesandt (sie sind es, die nun weitermachen). Und
für sie heilige ich mich... Ich bitte aber nicht allein für diese, sondern auch für die, die durch ihr Wort an mich glauben werden."
Diese letzten Worte zeigen uns, daß jeder von uns Gegenstand
dieses Gebetes ist.

Und nun der Ausklang des Abschiedsgebets Jesu: die Einheit
in der Liebe. Nach der Offenbarung des Vaters vor den Jüngern,
nach der Übergabe der Jünger an den Vater, damit er sie bewahre,
kommt nun der Höhepunkt: „Daß alle eins seien, wie du, Vater,
in mir und ich in dir; daß sie in uns eins seien, damit die Welt
glaube, daß du mich gesandt hast... Ich in ihnen und du in mir,
so mögen sie zur vollendeten Einheit gelangen, damit die Welt
erkenne, daß du mich gesandt und sie geliebt hast, wie du mich
geliebt hast."

Jesus ist gestorben, um Einheit zu verwirklichen, wir sollten
uns daher nicht wundern, wenn die Einheit unter den Menschen
so schwierig zu erreichen ist. Wir fragen uns oft: „Lohnt das überhaupt den ganzen Aufwand?" Darauf gibt es nur die eine Antwort:
„Daß alle eins seien!" Das aber kostete Jesus das Leben. Und
dann folgt im Abschiedsgebet Jesu das erstaunliche Wort – sein
ganzes Leben lang hat er nichts anderes gesucht, als sich den
Willen des Vaters zu eigen zu machen, und nun sagt er auf einmal:
*ich will!* „Vater, *ich will*, daß, wo ich bin, auch die bei mir seien,
die du mir gegeben hast, damit sie meine Herrlichkeit schauen,
die du mir gegeben hast, weil du mich geliebt hast vor Grundle-
gung der Welt." Das Gebet Jesu schlägt um in ein „ich will": „Ich

habe ihnen deinen Namen kundgetan und werde ihn weiterhin kundtun, damit die Liebe, mit der du mich geliebt hast, in ihnen sei und ich in ihnen." Das ist die Einheit in der Liebe, die totale Gemeinschaft.

*Literatur*

Die Literatur zum Thema dieses Kapitels ist unübersehbar. Ich weise dankbar auf einige ältere Bücher hin, die mich bei meinen ersten Schritten führten, von den Männern, die die biblische Forschung erneuert haben:
L. de Grandmaison, La personne de Jésus et ses témoins (Beauchesne, Paris).
M.-J. Lagrange, Das Evangelium von Jesus Christus (Verlag Kerle, Heidelberg 1949).
K. Adam, Christus unser Bruder (Regensburg ⁹1960).
R. Guardini, Der Herr, 2 Bde (Werkbund-Verlag, Würzburg ¹³1964).
R. Bernard, Das Mysterium Jesu, 3 Bde (Verlag Herder, Freiburg i. Br. 1959/61).
Zu diesen älteren Werken möchte ich noch besonders hinzufügen:
J. Guillet, Jésus devant sa vie et sa mort (Éditions Aubier Montaigne, Paris); ders., So spricht der Herr (J. Pfeiffer Verlag, München [o. J.]).
Sowie die vielen Arbeiten von J. Jeremias;
R. Aron, Ainsi priait Jésus enfant (Éditions Grasset, Paris).

# 7

## Die wahre Seligkeit
## Das Wort hören, bewahren und leben

Frische Luft oder besser gesagt, ein gewaltiger Windstoß weht heute durch die Kirchen aller Konfessionen: ein Antrieb zum Gebet. Und was man vor zehn Jahren weder ahnte noch voraussehen konnte, als man das Gebet (ging es eigentlich um das wirkliche Beten oder eher um Gebetsübungen?) gerade dort in Frage stellte, wo es eigentlich hätte blühen sollen, in Priesterseminaren und Noviziaten: Heute bilden sich spontan Gebetsgruppen, geistliche Erneuerungsbewegungen und charismatische Versammlungen; das Gebet führt Menschen aller Altersstufen und Herkunft zueinander und Trennwände fallen. Vor allem aber – und hier liegt der tiefste Sinn dieser „Erneuerung" – betet man mit den Worten der Bibel und nicht mit eigenen Worten.

Jesus hat uns einige knappe und präzise, aber unausschöpfbare Hinweise über den Gebrauch des Wortes in unserem menschlichen Leben gegeben, und sie sind für uns um so kostbarer, als sie nicht Gegenstand eines Traktats sind, sondern sich mitten aus den Lebensumständen des Herrn und seiner vertrauten Umwelt ergeben. Also müssen diese Hinweise, die aus dem Leben heraus entstanden sind, auch unser Gebet zum Leben hinführen.

Wir sollten uns wieder einmal jene Worte Jesu anhören, die die

Jerusalemer Bibel neben den Seligpreisungen der Bergpredigt überschreibt als „Die wahre Seligkeit": „Es geschah aber, als er so sprach, da erhob eine Frau aus dem Volk die Stimme und sagte zu ihm: ‚Selig der Leib, der dich getragen, und die Brüste, an denen du gesogen hast!' Er aber sprach (und das ist die wahre Seligkeit): ‚Vielmehr selig, die das Wort Gottes hören und befolgen'" (Lk 11,28). *Hören und befolgen.*

Kurz vor dieser Episode lesen wir ebenfalls bei Lukas: „Es kamen aber seine Mutter und seine Brüder zu ihm, und sie konnten wegen der Volksmenge nicht zu ihm gelangen. Da wurde ihm berichtet: ‚Deine Mutter und deine Brüder stehen draußen und wollen dich sehen.' Er aber antwortete und sprach zu ihnen: ‚Meine Mutter und meine Brüder sind die, welche das Wort Gottes hören und tun'" (Lk 8,21). Wir hatten eben *hören und befolgen* festgehalten, nun heißt es: *hören und tun.*

Diese Worte sind ein Nachklang zu dem, was wir bereits in der Geburtsstunde hören: „Maria aber bewahrte alle diese Worte und erwog sie in ihrem Herzen", berichtet Lukas (Lk 2,19) – *bewahren und erwägen* – und kurz darauf fährt er fort: „Und er ging mit ihnen hinab und kam nach Nazaret und war ihnen untertan. Seine Mutter bewahrte sorgfältig alle diese Worte in ihrem Herzen." *Sorgfältig bewahren.*

Hören, befolgen, tun, bewahren, erwägen, sorgfältig bewahren – es ist keineswegs belanglos, daß diese Gebetshaltungen allesamt im Bezug auf Maria genannt werden und sich um ihre Person bewegen, die sowohl Mutter des Herrn als auch Vorbild und Mutter des Christen, des Jüngers, der Kirche ist. Sie selbst ist die Vollendung der „wahren Seligkeit", sie, die sagen konnte: „Mir geschehe nach deinem Wort."

Nun ist es an uns, aufmerksam auf diese Haltungen zu achten, die alle drei für das Beten fundamental sind und vor allem untrennbar zueinander gehören – die Gefahr liegt gerade darin, daß man sie auseinanderreißt. Sie erhalten ihren Gehalt erst, wenn alle drei wie in einer Art Fächer vereinigt sind – in einer Art Dreifaltigkeit: hören, bewahren, tun. Jede dieser Haltungen ist ein-

fach. Keine verlangt eine scharfe Intelligenz. Es bedarf auch keiner
wissenschaftlichen Methoden, um jedes dieser Worte – hören, bewahren, verwirklichen – zu begreifen, aber es ist schwierig, sie
nicht voneinander zu trennen oder das eine zugunsten des andern
kurzzuschließen. Es geht immer um ein Gleichgewicht: „Was
Gott verbunden hat, das soll der Mensch nicht trennen." Die Qualität unseres Lebens wird davon abhängen, ob in uns eine Einheit
dieser drei Realitäten zustande kommt. Wir können sie im dürf-
tigen Mittelmaß oder auch im Überschwang erleben.

Hören ist hier im aktiven, intensiven Sinn als Hörenwollen,
Zuhören, Hinhören zu verstehen. Jesus sagt, wenn jemand kommt
und uns den Mantel nimmt, dann sollen wir ihm auch den Rock
nicht verweigern; ebenso müssen wir unserem Bruder aufmerksam „ein Ohr leihen", ihm Gehör schenken. Das ist mit dem
„Hören" des Wortes gemeint.

Eine bedeutsame und sehr schöne Wahrheit im Glauben des
Alten und Neuen Testaments besteht darin, daß das Gehör den
Vorrang hat vor dem Sehen. Für den Christen kommt das Ohr,
das Hören, vor dem Sehen. Für die Griechen zur Zeit Jesu und
für diejenigen, die später eine wissendere, subtilere, tieferschür-
fende und intelligentere Religion wollten als die Religion dieser
armseligen und oft genug als Sklaven lebenden Christen, für diese
Griechen und für die Anhänger der „Gnosis", der orientalischen
Weisheit, selbst für diejenigen, die sich als Mystiker bezeich-
neten, hatte das Sehen, die Vision, den Vorrang. Sie wollten das
Mysterium Gottes mit den Augen ihres Leibes und ihres Verstandes *sehen*.

Demgegenüber ist für die Bibel, wenn man auch beides natürlich nicht in einen Gegensatz bringen darf, das Gehör wesentlich,
das Vernehmen. Die Verbindung des Menschen mit Gott beruht
zunächst auf dem Hören, auf dem Ohr: „Der Glaube kommt aus
dem Hören", sagt Paulus (Röm 10, 17).

Warum erhält das Hören diesen Vorrang? Weil Gott – und dabei
brauchen wir nur an die Ironie in den Psalmen zu denken – nicht
so ist wie jene stummen Götzen („sie haben einen Mund und

können nicht reden"). Unser Gott hat gesprochen: „So spricht Jahwe." Das Hören auf Gott wird somit das Wesentliche. Gott ist selbst das schöpferische Wort der Genesis. Gott sprach, und die Dinge wurden. „Er sprach", das ist das allererste Wort, das uns von Gott berichtet. „Lebendig ist ja das Wort und wirksam", sagt Paulus (Hebr 4, 12). Es ist dieses Wort, „das nicht leer zu Gott zurückkommt, ohne vollbracht zu haben, was er wollte", wie es bei Jesaja in jenem großartigen und bekannten Text heißt (Is 55, 10f): „Gleichwie Regen und Schnee vom Himmel fallen und dorthin nicht zurückkehren, ohne die Erde zu tränken ..., so daß sie Samen den Säenden und Brot den Essenden gibt ..., so kommt mein Wort nicht leer zu mir zurück, spricht Jahwe, ohne vollbracht zu haben, was ich wollte."

Wenn Johannes sein Evangelium mit der großen, herrlichen Einleitung seines Prologs beginnt: „Im Anfang war das Wort", dann will er uns zeigen, daß nun erfüllt ist, was in der Genesis und bei Jesaja gesagt ist, durch das lebendige Wort, Jesus Christus.

Wir haben mit Gott wirklich eine Beziehung von Mund zu Ohr. Jeremia und Amos sagen unablässig: „Höret, spricht Jahwe." Der Weise im Buch der Sprüche sagt: „Höre, mein Sohn", und der fromme Israelit wiederholt jeden Tag: „Höre, Israel! Jahwe, unser Gott, ist der Einzige" (Dt 6, 4). Als Jesus seine Predigt über die Gleichnisse beginnt, sagt er: „So höret also ihr!" Und am Ende des Gleichnisses vom Sämann fügt er hinzu: „Wer Ohren hat, der höre!" Immer wieder hören. Später sagt der Apostel Jakobus: „Jedermann sei schnell bereit zum Hören." Es ist dies das Leitmotiv der ganzen Bibel.

Was heißt aber eigentlich hören? Erstens still werden. Zweitens bereit sein. Drittens das Herz öffnen. Wenn wir hier auch drei Schritte aufzeigen, handelt es sich dennoch um ein und dieselbe Antwort auf Gottes Anklopfen. Es ist die Antwort im Hohenlied: „Mein Geliebter, sieh da, er kommt, springend über die Berge", und er klopft an die Tür. Es ist die Antwort auf die Stelle in der Offenbarung des Johannes (Offb 3, 20): „Ich stehe vor der Tür und klopfe an. Wenn jemand meine Stimme hört und die Tür auf-

macht, so werde ich bei ihm einkehren und Mahl mit ihm halten."
Und es ist auch die Antwort auf das Gleichnis von den zehn Jungfrauen: „Hört, der Bräutigam steht vor der Tür und klopft an."
Hören ist die Antwort auf Gottes Handeln – er klopft an; hören
heißt die Tür öffnen, bereit sein, die Tür zu öffnen.

Nehmen wir uns jeden dieser Aspekte nochmals vor, und zwar
zunächst einmal das Stillwerden. Es mag wie eine Binsenweisheit
klingen, daß Hören und Schweigen zusammengehören. Wir
müssen es uns aber immer wieder sagen: die Stille ist unser Bei-
trag, mit dem wir es Gott möglich machen, zu uns zu kommen; es
ist, wie wenn eine aufgewühlte See sich besänftigt und glättet;
die Stille entspricht einem physischen Bedürfnis des Menschen.
Brauchen die Muskeln zum Leben Bewegung und Übung, so
braucht der Geist zum Leben Stille. Nicht Untätigkeit, sondern
innere Stille. Das ist alles andere als eine starre, zwanghafte, ein-
exerzierte Stille, vielmehr ist es eine Sprache, die zur Liebe bereit-
macht. Das Schweigen Jesu, sichtbarer Ausdruck des ewigen
Wortes. Mit zwei Zeilen zeigt uns Johannes vom Kreuz die ganze
Weite der Stille: „Der Vater spricht ein Wort, es ist das Wort, sein
Sohn. Er sagt es in einer ewigen Stille, und in der Stille vernimmt
die Seele dieses Wort."

Zweitens: bereit sein, verfügbar sein. Das bedeutet fast das
gleiche, führt aber dennoch etwas weiter. Gottes Wort kann nur
in diejenigen eindringen, die leer und mittellos sind. Ein Reicher
ist schwerlich disponibel. Er hat zu viele Sorgen, zu viel zu tun:
er muß einen Wagen kaufen, die Telefonleitung ist gestört, ein
neuer Rasenmäher muß her, Börsenkurse fallen, der Goldpreis
steigt. Deshalb ist es für einen Reichen schwerer, in das Reich
Gottes hineinzukommen, als für ein Kamel, durch das Nadelöhr
zu gelangen. Er hat zu viele Dinge, sein Herz, sein Geist, all seine
Sinne sind überlastet.

Das Wort findet Zugang zu Menschen, die weder von ihren
Fähigkeiten noch aber auch von ihren Unfähigkeiten beschwert
sind. Es ist zwar schon hinderlich genug, wenn man von seinen
Fähigkeiten überlastet ist, aber es ist immerhin noch ein wenig

tröstlich! Wenn man aber von seinen Unfähigkeiten belastet ist, wird es trostlos: „Ich tauge zu gar nichts", „daraus wird ja doch nichts" usw. Wenn man leer ist, belasten einen die Unfähigkeiten ebensowenig wie die Fähigkeiten. Das Wort nehmen diejenigen auf, die warten und danach rufen. Warum haben die Athener Paulus nach Hause geschickt, als er vor ihnen predigte? Athen war doch gerade der Ort in der Welt, der sich dem Denken am weitesten geöffnet hatte – die Philosophie blühte, und es gab Schulen der Weisheit, großartige Bibliotheken: es gab eine vornehme Kultur der Intelligenz, und man soll die Intelligenz nicht abwerten. In Athen gab es auch in weit höherem Maße als etwa in Korinth eine ethische Kultur: man liebte die Ordnung, das Schöne und die Harmonie, es gab keine Intoleranz, man war offen. Schließlich war es auch nicht ein dogmatisches Detail wie die Auferstehung, was die Athener Gelehrten abhielt – da hatten sie schon ganz anderes gehört. A.-J. Festugière schreibt: „Einer Entgegennahme standen im Grunde ihre eigenen Seelen im Wege. Sie hörten zwar tatsächlich zu, aber sie taten es als Sammler und Liebhaber, sicher auch mit einer gewissen Neugier, aber nicht als Menschen der Sehnsucht." In der Bibel taucht der Ausdruck „Mensch der Sehnsucht" häufig auf. In ihren Augen mochte Paulus wohl noch eine Weisheit mehr zu den übrigen zufügen als Diskussionsstoff, aber weiter nichts. Sie waren nicht verfügbar.

Anders bei den Leuten in Korinth ... Das griechische Verb „korinthisieren" hieß damals so viel wie – und das ist wohl schon ein sehr sprechendes Beispiel – „dem leichten Gewerbe nachgehen". Die Hafenarbeiter und Prostituierten von Korinth waren weit unkultivierter, derber und sicher auch sittlich verwahrloster als die Leute von Athen, aber sie waren unbefangener, neuer. Sie waren aufnahmebereite Menschen; niemand von ihnen war versucht zu sagen: „Alter Hut; kennen wir alles schon längst." Sie dachten nicht immer gleich daran, Vergleiche zu finden oder herumzukritisieren. Hören heißt nicht bloß leer, sondern auch empfänglich sein.

Schließlich: das Herz auftun. Das ist einfach die Konsequenz aus den beiden vorangehenden Haltungen, wenn Gottes Gnade sie erfaßt. Ich kann wohl zuhören, kann vielleicht auch versuchen, leer zu werden, aber es ist Gott, der mein Herz öffnet. Dazu müssen wir einmal zwei Verse aus der Apostelgeschichte lesen, die in bedeutungsvoller Weise von der Bekehrung der Lydia in Philippi in Mazedonien berichten:

„Am Sabbat gingen wir zum Stadttor hinaus an den Fluß, wo wir ein Bethaus vermuteten. Wir setzten uns dann nieder und sprachen zu den Frauen, die sich eingefunden hatten. Eine gottesfürchtige Frau namens Lydia, eine Purpurhändlerin aus der Stadt Thyatira, hörte zu. Ihr schloß der Herr das Herz auf, daß sie genau auf die Worte des Paulus aufmerkte" (Apg 16, 13 f).

Hier ist alles gesagt: das Hören („sie hörte zu, war ganz Ohr"), das Ergebnis des Hörens („ihr schloß der Herr das Herz auf") und die Notwendigkeit eines Verkünders („die Worte des Paulus"). Bereits Mose hatte gesagt: „Jahwe gab uns ein Herz, ihn zu erkennen" (Dt 29, 3).

Die zweite Grundhaltung lautet: das Wort behalten, aufbewahren, betrachten.

Mit Lydia, die „ganz Ohr" war, verstehen wir, daß das „Hören" unmittelbar zum „Bewahren", zum Betrachten hinführt. Paul Claudel, der Dichter der großen Intuitionen, dieses wahre „Erdbeben", sagte einmal: „viele Weise haben uns gesagt, um zu verstehen, genüge es vielleicht schon, hinzuhören. Und wie wahr das ist! Nun aber horchen wir nicht nur mit unserem Hörorgan noch auch nur mit unserem gespannt aufmerksamen Verstand: vielmehr hören wir mit unserem ganzen Sein *das* Sein existieren."

„Das Wort bewahren" meint genau den Vorgang, in dem nicht irgendwelche Wörter in uns eingesät werden, sondern das Leben des einen Wortes Gottes. Das meint auch das Gleichnis vom Sämann, das vielleicht weniger ein Gleichnis von der Beschaffenheit des Erdreiches – von uns selbst nämlich –, also vom guten oder steinigen Grund ist, als vielmehr ein Gleichnis von der Dauer, Beständigkeit. Es geht weniger um die Aufnahmefähigkeit als um die Fähigkeit, das Saatgut zu bewahren. Die Vögel des Himmels und die Fußtritte der Vorübergehenden vernichten das eben ausgesäte Korn: die Stelle mit wenig Erde, wo die Saat zwar rasch aufgeht, aber dann mangels Feuchtigkeit ebenso rasch wieder eingeht, das ist der „Mensch des Augenblicks", wie Jesus selbst ihn bezeichnet (Mt 13,21). Auf dem von Dornengestrüpp überwachsenen Boden keimt das Wort, faßt Wurzel und entwickelt sich auch, aber es „wird im Wachstum erstickt" und „bringt seine Frucht nicht zur Reife" (Lk 8,14). Über diese immer beständigeren Weisen, das Wort zu empfangen und ihm Wachstum zu bereiten, kommen wir schließlich zum guten Erdreich: „Das sind die, welche das Wort, das sie gehört haben, in einem edlen und guten Herzen bewahren und Frucht bringen in Beharrlichkeit" (Lk 8,15). Hier war unbeschränkt Zeit gegeben zum Reifen. Und Markus fügt – als einziger – hier das Gleichnis an von der selbst wachsenden Saat, die keimt, ohne daß man den Finger krümmt, und die „bei Nacht und bei Tage" sich entwickelt. Jesus zählt die verschiedenen Phasen des Wachstums auf: der Same keimt, wächst empor, wird zum Halm, dann zur Ähre und endlich zum vollen Korn in der Ähre.

Wenn wir dieses Wort gehört haben, müssen wir es demnach in uns dauerhaft werden lassen – das bedeutet nicht, es wie im Kühlschrank steril aufzuheben, sondern es wachsen lassen in den aufeinanderfolgenden Phasen unseres Lebens. Die Kühltruhe ist immer dann im Spiel, wenn Papier und Bücher sich zwischen das Wort und uns schieben, wie in dem Gebet von Josef Reding zur Synode der Deutschen Bistümer zum Ausdruck kommt:

herr,
sie haben stapelweise
papier zwischen dich und mich geschoben
ich habe angst dich bald nicht mehr zu sehen
ob bald ein funke deines geistes das papier hinwegbrennt
und dich über dem haufen aus gekrümmten grau
wieder sichtbar macht?

Woran denken wir eigentlich bei dem Wort „betrachten"? Daß man die Augen zumacht, die Stirn mehr oder weniger in Falten legt und dann mit aller Kraft versucht, irgend etwas aus seinem Hirn herauszuholen? Im Hebräischen bedeutete das Verb für „meditieren" eher so etwas wie „murmeln, brummen, bekanntgeben, sprechen, und von daher schließlich meditieren und träumen", sagt André Chouraqui. Es meint den Zustand einer gänzlichen kontemplativen Aufnahmebereitschaft, in der der Mensch immer wieder die Thora, das ewige Wort des Ewigen, vor sich selbst hinmurmelt, mit leiser Stimme aufsagt. Das Wort ist nicht dazu da, um wie ein kostbares Gemälde hinter einer dicken kugelsicheren Glasscheibe in einem Museum aufbewahrt zu werden; es ist eher wie wenn ein Bauer mit der Hand in den Haufen von Getreide hineingreift und die Körner durch die Finger rieseln läßt, um sie zu bewundern, um sie so in Besitz zu nehmen.

Man könnte hier gleich eine ganze Reihe von Psalmen anführen, die uns das lehren. Der erste Psalm, gewissermaßen Vorwort zum gesamten Psalter, gibt uns dazu den Schlüssel:

„Selig der Mann, der nicht folgt dem Rate der Bösen,
Der nicht auf dem Wege der Sünder geht,
Noch sitzet in der Runde der Spötter;
Der aber Freude hat am Gesetze des Herrn
Und sinnet darüber[1] bei Tag und bei Nacht."

„Auf meinem Lager denke ich dein,
in den Nachtwachen geht mein Sinnen zu dir.
Meine Seele hanget dir an,
Es hält mich fest deine Rechte."[2]

Oder:

„Ich sinne nach über all deine Werke,
Und deine Taten erwäge ich."[3]

---

[1] Über das Wort nämlich.    [2] Ps 63,7.9.    [3] Ps 77,13.

Dieses Murmeln und Nachsinnen des Meditierens wird in Augenblicken der Not laut bis zum Schrei:

„Mit lauter Stimme rief ich zum Herrn,
Und er hat mich erhört von seinem heiligen Berge."[4]

Es gibt Augenblicke des Nachsinnens und es gibt Augenblicke, um Hilfe zu schreien:

„Vernimm meine Worte, o Herr,
Habe acht auf mein Seufzen!
Merke auf mein lautes Gebet,
Du mein König und Gott."[5]

Das Bedeutsamste am Bewahren im Gebet ist das „Gedenken", die Memoria, dieses Wort Jesu, das in jeder Eucharistie wiederholt wird: „Zum Gedächtnis". Das heißt nicht etwas auswendig dahersagen oder sich an etwas Vergangenes erinnern, sondern heißt: das Ereignis fortdauern lassen, es heute neu sich ereignen lassen, das Wort aktualisieren, ihm wieder Leben geben. Was der Psalmist früher einmal gesprochen hat, nimmt in mir wieder Leben an, wenn ich sein Wort leise vor mich hinsage, und ich lasse so das Ereignis, das es bezeichnet, neu und lebendig erstehen. „Tut dies zu meinem Gedächtnis" – dieses Tun ist ein „Denkmal", das vor Gott und den Menschen etwas oder jemanden gegenwärtig werden läßt. Das „Gedenken" drängt uns somit zum Handeln.

In seinem Buch „La Vie quotidienne des Hébreux" (= Das Alltagsleben der Hebräer) erklärt uns André Chouraqui, was für ein großer Unterschied besteht zwischen dem Begriff von Dauer, den wir in unserer abendländischen Kultur haben, und dem der Hebräer. Wir müssen uns in ihre Vorstellungswelt zurückversetzen, um von ihnen etwas Wichtiges über das Gebet zu lernen. Für einen Hebräer und für den Menschen der Bibel ist das Tempus des Geschehens – also Vergangenheit, Gegenwart, Zukunft –, das für uns ganz wesentlich ist, „von nur zweitrangiger Bedeutung und übrigens niemals explizit". Wichtig ist, daß ein (vergangenes)

[4] Ps 3,5.     [5] Ps 5,2f.

Ereignis neu existiert im Augenblick, in dem es durch das Wort zum Ausdruck kommt. „Der hebräische Satz malt Situationen, und jedes seiner Wörter entwirft ein Bild. Er läuft ab wie ein Film, und jeder Buchstabe des Textes, jeder Akzent, jedes Atemholen und jede Pause – sind konstitutive Elemente." Wir hingegen situieren die Ereignisse in ihrem Bezug zu uns selbst; daraus ergibt sich für uns die Bedeutung von Vergangenheit, Gegenwart und Zukunft. Vor einem Kriegerdenkmal erinnere ich mich an das Opfer der Helden von *früher*. Der Semit aber tritt hier und jetzt in dieses Ereignis ein – wie auch Paulus. Er begibt sich auf die Rennbahn, strengt sein ganzes Sein mit allen Kräften an. Er bleibt nicht nur Zuschauer, und das macht sein Beten lebendig und wirkungsvoll. Anstelle von intellektuellen Spekulationen im Stil: „Damals vor dreitausend Jahren beim Auszug aus Ägypten hat sich folgendes ereignet ...", erlebt der Hebräer selbst diesen Exodus, er findet sich selbst heute mitten in diesem Auszug. Und wenn er den Sinn eines Ereignisses (das für uns vergangen oder auch gegenwärtig ist) nicht versteht, dann weiß er, daß er an einer Stelle auf seinem Weg (aber eben noch nicht jetzt) einmal verstehen wird, was ihm jetzt noch unverständlich ist. Darin steckt der Sinn des Satzes bei Lukas: „Maria aber bewahrte alle diese Worte und erwog sie in ihrem Herzen" (Lk 2, 19).

In der Genesis steht ein ganz ähnlicher Satz: „Die Brüder Josefs wurden eifersüchtig auf ihn; sein Vater aber merkte sich die Sache (Josefs Traum nämlich)" (Gn 37, 11); und bei Daniel heißt es im Anschluß an seine Vision: „Mich, Daniel, schreckten meine Gedanken so sehr, daß sich mein Angesicht verfärbte; die Worte aber behielt ich fest in meinem Sinn" (Dn 7, 27). dieses Wort deutet an, daß der Treuhänder, derjenige, dem die Offenbarung anvertraut ist, sie bewahrt für die Zukunft. Er versteht den Sinn des aktuellen Augenblickes nicht, aber er weiß, daß an einem bestimmten Punkt im weiteren Verlauf dieser Augenblick seine Erklärung finden wird. Er selbst lebt in der Gegenwart. So will Lukas andeuten, wie Maria über Dinge nachdenkt, deren Sinn ihr erst in der österlichen Offenbarung klar wird. In diesem Augenblick erst findet alles, was sie zuvor betrachtet und in ihrem Herzen lebendig aufbewahrt hat, seine Erklärung.

Wir sind hier weit entfernt vom intellektuellen Rekonstruieren. Betrachten heißt, daß wir uns selbst unter die Menge der Leute um Jesus mischen, die immer mehr oder weniger ein Wunder um ihn erwartet. Die Verurteilung Jesu betrachten heißt selbst an der Gerichtssitzung vor Pilatus teilnehmen, und zwar nicht als Zuschauer, sondern als Zeuge oder sogar als Richter, der für die Verurteilung Jesu verantwortlich ist. Es bedeutet, daß wir uns zu jenem ,,Heer von Zeugen" gesellen, die es in der Bibel in Fülle gibt. Und das einzige Mittel herauszufinden, ob diese Zeugen recht haben, besteht darin, daß wir uns selbst dem Wirken der Bibel aussetzen. Viele Dinge bleiben uns darin unverständlich; es gelingt uns nicht, alles zu assimilieren, aber wir treffen auf eine Person, die uns eine Entscheidung abverlangt: Jesus! Ihn sehen wir vom Gesichtspunkt der Evangelisten und Apostel aus.

Wenn nun das ,,Hören" und das ,,Bewahren" des Wortes bedeuten, daß wir diese Ereignisse selbst erleben und uns von ihnen umwandeln lassen, dann sind sie bereits auch ein ,,Befolgen". Wir begreifen hier, warum und wie sehr jene ,,Betrachtenden", von denen in der Bibel die Rede ist, jene Gottsucher, aktive Menschen sind. Mit ihnen ist man völlig engagiert in die Probleme und Kämpfe dieser Welt. Diese Probleme und Kämpfe müssen jedoch zuerst im Grunde des Herzens durchstanden werden, ehe man sie auf dem Schauplatz des alltäglichen Kampfes austrägt. Wenn wir das ganze Jahr über hören, meditieren und immer wieder vor uns hin sagen: ,,Wenn einer mir nachfolgen will, so nehme er täglich *sein* Kreuz auf sich und folge mir nach", und wenn wir die beiden Worte: ,,sein Kreuz" (*mein* Kreuz, mein ganz persönliches) und ,,täglich folge er mir nach", immer wieder vor uns hingesagt und meditiert haben, dann können sie die eigene Situation erhellen. Sie sind dann nicht mehr bloß vages Gerede, sondern Worte aus meinem Leben, die mir in Fleisch und Blut übergegangen sind, wenn ich vor mir selbst wahrhaftig bin; ich spüre sie wie ein vitales Bedürfnis und verlange nach ihnen mit meinem ganzen Sein, wenn ich ihnen untreu geworden bin. Damit verstehen wir auch die Bedeutung des zweischneidigen Schwertes im Hebräerbrief: „Denn voll Leben ist Gottes Wort und voll Kraft und schärfer als jedes zweischneidige Schwert." Mit doppelter Schneide „dringt es nach vorn, um durchzuschneiden, was sich in den Weg stellt, oder wendet es sich nach rückwärts, um allen Widerstand zu besiegen" (P. Claudel). Das genau sind die beiden Schneiden. Das Wort dringt durch bis zur Scheidung von Seele und Geist. Es sieht alle Gesinnungen und Gedanken des Herzens. Hier ist ganz deutlich, daß es nicht um ein bloßes Anhören geht. Vielmehr ist das Wort in uns aufgegangen wie im Gleichnis. „Und es gibt nichts Geschaffenes, das vor ihm verborgen wäre, vielmehr liegt alles bloß und enthüllt da vor seinen Augen" (Hebr 4, 13). Das griechische Wort sagt noch deutlicher: „besiegt und an der Gurgel gefaßt", wie wenn ein Ringkämpfer den andern am Halse gepackt und ihn ganz in seine Gewalt gebracht hat.

An dieser Stelle sollten wir uns Madeleine Delbrêl zuwenden, die keine Ordensschwester oder Theologin war noch ein Diplom in den Geisteswissenschaften besaß. Als Sozialarbeiterin steckt sie mitten in den tausend Tätigkeiten und Sorgen dieses Berufs. Sie lebt als Christin „ein gewöhnliches Leben mit gewöhnlichen Beschäftigungen". Woher aber erhält sie die Gnade, die ihr Leben in Gebet umwandelt? Und woher hat sie den Blick für eine Welt, in der sie mitten drin steht, durch den sie zum Führer für viele Menschen wird? Einmal schrieb sie – für sich selbst – folgende Sätze auf. Sie bedürfen keines Kommentars, so hat eine Frau von heute das Evangelium, das „Buch des Herrn", wie sie es nennt, gehört, bewahrt und gelebt:

„Das Evangelium ist das Buch vom Leben des Herrn. Es ist dazu da, das Buch unseres Lebens zu werden.
Es ist nicht dazu da, um verstanden zu werden, sondern daß wir uns ihm nähern als einer Schwelle zum Geheimnis.
Es ist nicht dazu da, damit wir es lesen, sondern damit wir es in uns aufnehmen.

Jedes seiner Worte ist Geist und Leben. Lebendig und frei warten diese Worte nur auf den Heißhunger unserer Seele, um ganz mit ihr zu verschmelzen. Sie sind voller Leben und wirken selbst wie die Hefe bei der ersten Gärung, die unseren alten Teig zersetzt, um ihn mit einer neuen Lebensweise zu durchsäuern. Die Worte in Büchern von Menschen muß man verstehen und abwägen.

Die Worte im Evangelium muß man erleiden und ertragen. Wir nehmen die Worte der Bücher assimilierend in uns auf. Die Worte des Evangeliums kneten, verändern und assimilieren umgekehrt gewissermaßen uns.

Wenn Jesus uns sagt: ‚Fordere nicht, was du geliehen hast‘ oder ‚Ja, ja, nein, nein. Was darüber hinausgeht, ist vom Bösen‘, dann wird von uns nichts weiter verlangt, als daß wir gehorchen … und dabei helfen uns keine langen Diskussionen.

Dagegen wird es uns helfen, wenn wir das Wort, dem wir gehorchen wollen, in uns tragen und ‚bewahren‘ in der Wärme unseres Glaubens und unseres Hoffens. Dann entsteht zwischen ihm und unserem Willen eine Art Lebensabkommen.

Wenn wir unser Evangelium in den Händen halten, sollten wir daran denken, daß in ihm das Wort wohnt, das in uns Fleisch werden will, das von uns Besitz ergreifen will, damit sein Herz unserem Herzen aufgepflanzt und sein Geist an unseren Geist angeschlossen werde und wir sein Leben so an einem anderen Ort, zu einer anderen Zeit, in einer anderen Gesellschaft neu anfangen. Wenn wir das Evangelium derart vertiefen, verzichten wir auf unser eigenes Leben und empfangen dafür eine Zielbestimmung, deren alleinige Gestalt Christus ist.‘‘

## Literatur

*A.-J. Festugière,* Le sage et le saint (Librairie Plon, Paris) Reihe „Foi vivante‘‘.
*A. Chouraqui,* La vie quotidienne des Hébreux (Librairie Hachette, Paris).
*M. Debrêl,* Gebet in einem weltlichen Leben (Johannes-Verlag, Einsiedeln 1974).
*J. Reding,* Synodales Stoßgebet, in: Caritas in Nordrhein-Westfalen Nr. 2/73 (März–April) S. 97; Copyright by Josef Reding, Dortmund.

# 8

## Paulus
## Leben, das ist Christus

Es gibt zahlreiche Zugänge zum Denken und Beten des Paulus. Ich möchte zwei Sätze herausgreifen. Den ersten Satz hat Jesus gesprochen, und er hat zur Bekehrung des Paulus geführt. Paulus ist nach Damaskus unterwegs, um dort alle Anhänger des Herrn aufzuspüren, gefangenzunehmen und „in Ketten" nach Jerusalem zu führen. Er hört eine Stimme, die zu ihm sagt: „Saulus, Saulus, warum verfolgst du mich?"; er fragt zurück: „Wer bist du, Herr?" Darauf folgt die Antwort, die sein ganzes Leben verändert: „Ich bin Jesus, den du verfolgst" (Apg 9, 5). Diese wenigen aber eindeutigen Worte Jesu bleiben für immer ins Herz des Paulus eingeprägt.

Der zweite Satz stammt von Paulus selbst: „Ein Wehe träfe mich, wenn ich das Evangelium nicht predigte" (1 Kor 9, 16). Das Wort „Wehe", das er hier gebraucht, ist das gleiche, das die Zuschauermenge ausrief, wenn ein Gladiator kurz vor seiner Niederlage stand: „Vae victis!" (Wehe den Besiegten!) „Ein Wehe träfe mich": wenn ich das Evangelium nicht verkünde, trifft mich ein Unglück, und Paulus erläutert dies folgendermaßen: „Wenn ich nämlich das Evangelium verkünde, so ist das für mich noch kein

Grund zum Ruhm; denn das ist mir als Zwang auferlegt. Ein Wehe träfe mich, wenn ich das Evangelium nicht predigte!" Er gebraucht im übrigen hier genau das Wort für „Zwang", das in der griechischen Tragödie das Schicksalshafte, Unvermeidliche bezeichnet, die *ananke*. Sie ist Notwendigkeit, ich kann gar nicht anders, sonst trifft mich nämlich das Wehe!

Diese beiden Sätze bereiten das Gebet des Paulus vor und geben ihm seinen Inhalt. Der Satz bei der Bekehrung ist der Ursprung der beiden grundlegenden Gedanken bei Paulus: der erste ist der Gedanke der Universalität des Leibes Christi: „Da gibt es nicht mehr Juden und Griechen, Sklaven und Freie, Mann und Weib; denn ihr seid alle einer in Christus Jesus" (Gal 3, 28). Das Reich, der Leib Christi, umfaßt also die gesamte Menschheit und gestaltet alle sozialen und menschlichen Kategorien neu.

Der zweite große Gedanke bei Paulus lautet: Das Heil kommt durch den Glauben an Jesus Christus und nicht durch das Gesetz. Das muß man sich immer vor Augen halten, will man die Grundlage für das apostolische und evangelische Gebet dieses Mannes richtig erfassen. Dieser Gedanke vom Heil durch den Glauben an Christus und nicht durch das Gesetz kehrt in all seinen Briefen wieder: „Um Jesu Christi meines Herrn willen habe ich alles preisgegeben und halte es für Kehricht, um Christus zu gewinnen und in ihm erfunden zu werden, nicht im Besitz meiner eigenen Gerechtigkeit, wie sie aus dem Gesetz (d. h. aus der Gesetzesbefolgung) stammt, sondern jener Gerechtigkeit, die aus dem Glauben an Christus kommt, der Gerechtigkeit aus Gott auf Grund des Glaubens. Ihn will ich erkennen und die Kraft seiner Auferstehung und die Leidensgemeinschaft mit ihm" (Phil 3, 8–10). Das Heil durch den Glauben an Jesus Christus und nicht durch das Gesetz bedeutet bei Paulus auch einen Vorrang des Inneren vor dem Äußeren. Schon Jesus hatte es gesagt: „Nichts, was von außen in den Menschen kommt, kann ihn unrein machen, sondern das, was aus dem Menschen herauskommt, das ist es, was den Menschen unrein macht." Entscheidend ist nicht, was in den Menschen hineingelangt, sondern was aus seinem Herzen kommt (Mt 15, 15–20; Mk 7, 15–22). Der Geist hat vor dem Buchstaben den Vorrang: der Geist macht lebendig, der Buchstabe tötet. Es ist der Vorrang des Lebens aus der Gnade vor der äußerlichen Gesetzeserfüllung. Das alles führt uns hinein in das Innere des Gebetes mit seinem Vorrang des reinen Herzens vor den gesetzlichen Reinheitsvorschriften, dem Vorrang des Glaubens vor den Werken. Paulus verachtet jedoch nichts; bei allem Vorrang wird nichts abgeschafft. Er bleibt „ein Hebräer von Hebräern", dem Gesetz nach ein Pharisäer (Phil 3, 5), aber alles, das Heilige wie das Profane, alles wird zum Feld der inneren Heiligung durch den Geist: „Möget ihr also essen oder trinken oder sonst etwas tun: tut alles zur Ehre Gottes" (1 Kor 10, 31).

Infolge dieser beiden Gedanken, weil also die Grundlage seines Lebens als Apostel die freie Wahl, der Anruf, die Berufung ist, die von Gott kommt, und weil die Stütze, die Sicherheit des Paulus als Apostel darin besteht, daß er „Apostel ist durch die Gnade Gottes" und nicht durch die Werke, kann der Hebel, mit dem er die Welt in Bewegung setzt, für ihn nur das Gebet sein. Für Paulus ist das Gebet keine abzuleistende Übung oder einfachhin eine Gottesbegegnung – ich sage „einfachhin", als ob das je eine einfache Sache wäre –, sondern es ist die genaue Fortführung seiner Entdeckung Jesu Christi auf dem Weg nach Damaskus: es ist apostolisches Gebet.

Worin bestehen die hervorstechendsten Merkmale des Gebetes bei Paulus? Das erste, das Paulus selbst vorlebt und allen andern mit Nachdruck in Erinnerung ruft, folgt aus dem Wort von Jesus, das bei Lukas überliefert ist: „Er erzählte ihnen aber auch ein Gleichnis, um ihnen zu sagen, daß sie allezeit beten und nicht müde werden sollten", und zwar das Gleichnis von der unbequemen Witwe und dem ungerechten Richter (Lk 18, 1). Zwei Fußnoten in der Jerusalemer Bibel verweisen hier auf den engen Zusammenhang zwischen Lukas und Paulus; danach ist die Sprache bei Lukas hier („Er erzählte ihnen ein Gleichnis, um ihnen zu sagen, daß sie allezeit beten sollten") durchaus paulinisch.

Allezeit beten und nicht müde werden: in diesen wenigen Worten ist die ganze Lehre Christi enthalten. Jesus hat uns keine Abhandlung über das Beten hinterlassen, sondern er sagt uns: „Bleibet im Gebet." Die ersten Christen haben diese Lehre Jesu noch in Erinnerung: „Sie verharrten einmütig im Gebet." Das erste, was Paulus uns daher ins Gedächtnis ruft – und uns im übrigen auch vorlebt, denn auch er schreibt keine Abhandlung über das Beten –, ist dieses: „Betet ohne Unterlaß." Hier ist genau die Beständigkeit des Gebetes gemeint, von der Jesus gesprochen hat. Wir sollten nicht müde werden, uns immer wieder die Sätze zu Bewußtsein zu führen, in denen Paulus ständig wiederholt, daß wir beten sollen, ohne müde und mutlos zu werden. Das Wort, das unablässig in seinen Briefen wiederkehrt, ist eben dieses Wort „unablässig". „Betet ohne Unterlaß", „betet jederzeit", „verharrt Tag und Nacht im Gebet".

Einige Schrifttexte mögen dies noch verdeutlichen: im Römerbrief (Röm 1, 9–10) heißt es: „Gott ist mein Zeuge, wie ich unablässig euer gedenke, indem ich immerdar in meinen Gebeten flehe ..." Paulus ist noch nicht von kirchenamtlichem Stil oder frommer Bürokratie beeinflußt. Wenn er trotzdem schreibt: „wie ich unablässig euer gedenke, indem ich immerdar in meinen Gebeten flehe ...", dann muß es auch wahr sein und ist nicht bloß Übertreibung, selbst wenn man an sein südländisches Temperament denkt.

„Brüder", schreibt er an einer anderen Stelle wiederum an die Römer, „der Wunsch meines Herzens und mein Gebet zu Gott gilt ihrem Heil" (Röm 10, 1). Dieses Gebet ist wirklich ein „Herzenswunsch", es ist unaufhörlich, weil es aus dem Herzen kommt – hier schlägt sein eigenes Herz ständig mit.

Inmitten der Kontinuität, im unaufhörlichen Beten, gibt es zwei Dinge bei Paulus, die stets miteinander verflochten sind und unauflöslich zusammengehören: Fürbitte und Lobpreis. Für Paulus sind Bitte und Lob zwei Wirklichkeiten, die letztlich eins sind in dem, was er selbst „das von Danksagung durchdrungene Gebet" nennt. Hören wir, wie er zu den Philippern redet: „Ich danke meinem Gott, sooft ich an euch denke (,ich danke', das ist hier Lobpreis und Freude), und bete allezeit in jedem meiner Gebete mit Freude für euch alle" (Phil 1, 3 f). Hier wird sichtbar, wie die apostolische Bitte des Paulus immer mit dem Beten verknüpft ist.

Er sagt es ihnen noch deutlicher: „Laßt in jeder Lage eure Anliegen durch Bitten und Flehen mit Danksagung vor Gott kund werden" (Phil 4, 6). Gerade dies bringt uns Freude. Wenn wir nur Gebete der Bitte und Fürbitte sprächen, wären wir am Ende verkrampfte, krankhafte Menschen mit finsteren Mienen. Das Gebet, die Bitte, die Fürsprache, die Paulus uns hingegen ständig vorlebt, geschieht zugleich in der Freude. Darin liegt das Geheimnis bei Paulus, in der Mischung aus Hilferuf und Freude, auch wenn er dabei leidet: „Wir danken allezeit dem Gott und Vater unseres Herrn Jesus Christus in unserm Gebet für euch" (Kol 1, 3). Wichtig ist, daß Paulus nicht nur betet, sondern Gott dann auch dankt wie der eine von den zehn geheilten Aussätzigen, der zurückkam und Gott für seine Heilung dankte. Wenn Paulus betet, dann dankt und lobt er in einem.

Was Jesus sagte: „Vater, ich danke dir, daß du mich erhört hast. Ich wußte ja, daß du mich allezeit erhörst" (Jo 11, 41 f), wiederholt auch Paulus, und auch wir können immer wieder so sprechen. Und noch einmal: „Wir danken Gott allezeit für euch alle, sooft wir bei unseren Gebeten euer gedenken" (1 Thess 1, 2). Immer ist sein Herz voll Freude und Lob.

Man kann sagen, daß die Danksagung bei Paulus die übrigen Elemente des Gebetes in sich aufnimmt: sie finden sich eingeschlossen, eingehüllt in der lobenden Danksagung. Auf Grund dessen, was wir ein für allemal in Jesus Christus empfangen haben („Wenn du die Gabe Gottes kennen würdest", Jo 4, 10), besitzen wir eine unerschöpfliche Quelle des Lobes und Danks. Von jetzt an kann man nicht mehr beten, ohne von dieser Gabe auszugehen.

So ist es auch ganz bezeichnend, wie für Paulus die Sammlung für die Gemeinde von Jerusalem – eigentlich eine ganz materielle

Angelegenheit, bei der es darum geht, Geld aufzutreiben, um der Kirche zu helfen – selbst wiederum zur Quelle der Danksagung wird: „Eure Güte bewirkt dann durch uns Danksagung gegen Gott" (2 Kor 9, 11).

Bitte und Lob sind also immer eng ineinander verflochten und bilden bei Paulus ein einziges Gebet.

Hören wir noch, was er den Thessalonichern sagt: „Welchen Dank könnten wir euretwegen Gott sagen für all die Freude, die wir an euch haben vor unserem Gott? Tag und Nacht (immer wieder diese Unablässigkeit im Beten!) bitten wir inständig darum, euch wiedersehen und vollenden zu dürfen, was eurem Glauben noch fehlt" (1 Thess 3, 9 f). Paulus verachtet das Bittgebet keineswegs: er möchte ja diese vertrauten Gesichter wiedersehen, er verlangt danach, zu seinen geliebten Thessalonichern zurückzukehren. Und dazu – dies darf nicht übersehen werden – bittet er durchaus auch für sich selbst; er zögert nicht, auch in eigener Sache zu beten, wegen des geheimnisvollen Stachels in seinem Fleisch, der „ihm eingepflanzt" ist: „Dreimal habe ich den Herrn angefleht, daß er von mir ablassen möchte." Dieses Gebet für sich selbst wird aber nicht erhört, denn der Herr antwortet: „Es genügt dir meine Gnade." Paulus ist oft erhört worden, hier jedoch offenbar nicht: „Es genügt dir meine Gnade; denn die Kraft wird in der Schwachheit vollendet" (2 Kor 12, 8 f). Diese Ablehnung ist hart für ihn, doch wenn die Kraft Gottes sich so offenbart, dann jubelt Paulus trotz allem: „Darum habe ich Wohlgefallen an Schwachheiten..., denn wenn ich schwach bin, dann bin ich stark" (2 Kor 12, 10).

Sein Dankgebet bringt ihn dahin, um alles zu bitten, was für das Heil aller notwendig ist, ob es nun um die Sammlung geht oder darum, die Geliebten wiederzusehen. Dieses Gebet findet Ausdruck im „Gedenken". Das ist ein weiteres Merkmal im Gebet des Paulus: er „gedenkt". Dieses „Gedenken" war im jüdischen Kult seiner Zeit ein wesentlicher religiöser Akt, es bedeutete die Verlebendigung eines vergangenen Ereignisses, das wieder neue Aktualität erhält. Davon ist Paulus so tief geprägt, daß er unwillkürlich seiner Brüder „gedenkt" und so in sich das Andenken an sie aktualisiert: „Dank sage ich Gott (das tut er immer, das ist mit seinem ganzen Beten innerlich verflochten), dem ich von meinen Vorfahren her mit reinem Gewissen diene (auch hier spricht er von seinen Vorfahren), wenn ich deiner im Gebet gedenke, ohne Unterlaß, Tag und Nacht (ohne Unterlaß!)", schreibt er dem Timotheus (2 Tim 1, 3).

Er gedenkt gern der Personen, und sie werden so lebendig in ihm. Selbst in dem kurzen Handzettel an Philemon heißt es: „Ich danke meinem Gott allezeit, wenn ich deiner gedenke in meinen Gebeten." Das also ist mit der Beständigkeit im Beten bei Paulus gemeint.

Ein anderes Merkmal im Gebet des Paulus liegt darin, daß es apostolisches Gebet ist, Gebet im engen Bezug zu dem Geheimnis, das er in diesem Christus und in diesem Evangelium entdeckt hat und das er weiterverkünden will. Gebet und apostolisches Wirken sind für Paulus ein und dasselbe. Von dieser Tatsache her wird jedoch das Gebet bei ihm zur Auseinandersetzung, zum Kampf. So gesehen, liegen beten und singen, bei dem man froh der eigenen Stimme lauscht, weit auseinander – auch wenn der Gesang sicherlich eine besondere Form ist, Gott zu loben, wie uns der Psalmist zeigt; für Paulus jedoch ist Beten vor allem Kampf, weil es apostolisches Beten ist: „Brüder, streitet mit mir durch eure Fürsprache für mich bei Gott" (Röm 15, 30).

Er ermuntert die Kolosser und erinnert sie daran, daß er nicht allein steht und daß auch andere Brüder dies begriffen haben: „Epaphras ringt dauernd in seinen Gebeten um euch" (Kol 4, 12).

Bei diesem Kampf geht es um alle. Im selben Brief nimmt Paulus Bezug auf seinen eigenen apostolischen Kampf: „Ich will euch wissen lassen, welchen Kampf ich habe für euch und die zu Laodizea und alle, die mich nicht persönlich kennen" (Kol 2, 1). Das ganze apostolische Leben ist ein Kampf, aber das Gebet ist dabei die Kraftquelle und gleichsam die Angriffsspitze im apostolischen Gefecht.

Wenn das apostolische Gebet Gefecht und Kampf ist, dann deshalb, weil es zugleich eine Geburt ist. Durch die Predigt, durch die Verkündigung der Frohen Botschaft wird der Leib Christi geboren: „Denn in Christus habe ich euch gezeugt durch das Evangelium" (1 Kor 4, 15); oder an anderer Stelle schreibt er an die Galater: „Meine Kinder, um die ich abermals Wehen leide, bis Christus in euch Gestalt gewinnt!" (Gal 4, 19.)

Wir finden im Thessalonicherbrief auch jenen eindrucksvollen Text, in dem Paulus sich zugleich mit einem Vater und mit einer Mutter vergleicht: „Denn niemals sind wir mit Schmeicheleien umgegangen, Gott ist Zeuge, im Gegenteil, wir sind ganz klein geworden, haben uns ganz klein gemacht in eurer Mitte" (eben weil er sich klein macht, kann er Vater und Mutter sein). „Wie wenn eine Mutter ihre Kindlein hegt (in der Art, wie Paulus Christus in den Christen zur Geburt verhilft liegt etwas Mütterliches), wollten wir, in Liebe zu euch hingezogen, euch nicht nur das Evangelium Gottes schenken, sondern auch unser eigenes Leben, denn ihr wart uns lieb geworden. Gewiß erinnert ihr euch, Brüder, an unsere Mühe und Plage: Tag und Nacht arbeiteten wir (wie eine Mutter, die nie zur Ruhe kommt und die nachts wie am Tage aufstehen muß), um nur keinem von euch zur Last zu fallen." Zugleich ist Paulus wie ein Vater: „Wie ihr ja auch wißt, haben wir jeden einzelnen von euch, gleichwie ein Vater seine Kinder (wenn die Mutter Zärtlichkeit bedeutet, dann ist er als Vater doch durchaus Vater), ermahnt (ermutigt, vergewissert, vielleicht auch manchmal zusammengestaucht), ermuntert und beschworen, ihr möchtet Gottes würdig wandeln, der euch zu seinem Reich und seiner Herrlichkeit berufen hat" (1 Thess 2, 12).

In solch einem Kontext steht bei Paulus das Beten, als Kampf und als Gebären: „Mithin wirkt in uns der Tod, in euch jedoch das Leben", sagt er ein andermal (2 Kor 4, 12). Johannes sagt genau dasselbe: „Wenn einer seinen Bruder eine Sünde begehen sieht, so soll er Fürbitte einlegen, und er wird ihm Leben geben" (1 Jo 5, 16). Auch Johannes hat die Erfahrung gemacht, daß das Leben des Bruders aus dem Gebet entsteht.

Das dritte Merkmal im Beten des Paulus können wir nicht

unter ein eigenes Thema stellen, denn hier geht es um ein Paradox. Er schreibt nämlich den Römern: „Ich habe große Trauer und unaufhörlichen Schmerz in meinem Herzen. Ich selbst wünschte, verflucht zu sein zum Besten meiner Brüder." Er steht mitten im Kampf, und es ist ein Kampf, in dem er zu leiden hat. Gleichzeitig aber, und darin liegt das Paradoxe, kann dieser Mann, der unablässig Schmerzen erleidet – genauso unablässig wie er betet –, schreiben: „Ich bin übervoll von Freude bei all unserer Drangsal" (2 Kor 7, 4). Dieses Wort habe ich einmal aus dem Munde Papst Pauls VI. gehört, und es war hier wie der neu erlebte Paulus. Wir fanden uns miteinander im Gespräch. Der Papst sprach von der Trauer, die für ihn die Leiden der Kirche bedeuten. Ihn kümmere weniger die Nachricht, ob er nun Arthrose habe oder nicht, als die Schmerzen, das Elend der Kirche. „Dennoch", sagte er, „gibt es in der Kirche großartige Dinge." Und dabei leuchtete sein Gesicht auf: „Ja, auch ich bin übervoll von Freude bei aller Drangsal, wenn ich all das Großartige sehe."

Das Paradoxe bei Paulus liegt gerade in diesem Nebeneinander von Leiden und Freude. „Nun freue ich mich an den Leiden, die ich für euch erdulde, und was an den Drangsalen Christi noch fehlt, will ich an meinem Fleisch ausfüllen zugunsten seines Leibes, das ist die Kirche... Dafür mühe ich mich auch ab und ringe darum vermöge seiner Kraft (der Kraft Christi), die machtvoll in mir wirkt" (Kol 1, 24.29). Das ist die Erfüllung dessen, was der Herr sagte, „daß sie allezeit beten und nicht müde werden sollten". Hierin liegt das Leitmotiv aller Paulusbriefe, sei es an die Korinther, die Galater, die Thessalonicher oder die Epheser: „Brüder, werdet nicht müde, das Gute zu tun (und sagt nicht: So, jetzt haben wir die Nase voll!)". Verlieren wir darum den Mut nicht zu diesem Dienst, den wir auf geheimnisvolle Weise empfangen haben (2 Kor 4, 1). Oder: „Wir wollen also nicht müde werden, Gutes zu tun" (Gal 6, 9 und 2 Thess 3, 13). Den Ephesern schreibt er: „So bitte ich denn: Verzaget nicht ob meiner Bedrängnisse, die ich erdulde" (Eph 3, 13).

Wir begegnen hier einem der hervorstechendsten Merkmale des

Alten Testaments, das mit einer Vokabel ausgedrückt wird, die gewöhnlich Gott vorbehalten bleibt, dann aber auch die Tugend des betenden Menschen aussagt, die *chesed*. Im Alten Testament ist *chesed* die Zuneigung eines Menschen zu einem andern, eine Bindung, die zugleich gegenseitiges Helfen und tatkräftige, treue Hingabe beinhaltet. Daher bedeutet *chesed* von Gott her den Bund, die Frucht der Treue und barmherzigen Liebe Gottes zu seinem Erstgeborenen Israel. Vom Menschen her ist sie aber eine zugleich zärtliche und ängstliche Nähe, ängstlich wie jemand, der nichts tun will, was der geliebten Person mißfallen könnte. Das genau ist die Gebetsstimmung für Paulus.

Der *chassid*, der Mensch also, der in dieser Atmosphäre und Haltung des Betens lebt, besitzt diese Bindung an Gott, die zugleich aus Zärtlichkeit und Respekt besteht. Für ihn gehen die Worte „Zuneigung", „Hingabe", „Kult" ineinander über. Dieses Grundgefühl zärtlicher Bindung an Gott ist es, das alle Pflichten des christlichen Lebens hineinverklärt in das Licht der Liebe Gottes zu uns.

Das meint diese Größe auf seiten des Menschen. Und Christus ist das Bild, die vollkommene Ikone dieser *chesed* auf seiten Gottes und ihrer vollen Entfaltung im Menschen. Wie läßt sich dieser Ausdruck am besten wiedergeben? Ich fürchte, daß unser Wort, das wir dafür gewöhnlich verwenden, uns aus diesen Höhen weit herunterholt. Man muß dieses Wort daher einmal in seinem vollen Sinn verstehen!

Paulus verwendet hier ein besonderes Wort, griechisch *eusebia*, das man mangels eines besseren Ausdrucks oft mit „Geheimnis der Frömmigkeit" übersetzt hat. „Frömmigkeit" bedeutet hier freilich etwas ganz anderes als das Bild von der braven Nonne, die fromm ihre Kerzen ansteckt und Kniebeugen macht. Das Wort „Frömmigkeit" ist in unserem Sprachgebrauch abgenutzt („sie ist ja so ein liebes, frommes Kind..."), und es sagt uns nicht mehr viel. Wir müssen ihm seine eigentliche Dimension wiedergeben. Für Paulus ist Frömmigkeit die Grundstimmung des Gebetes, selbstverständlich gemeinsam mit der Liebe. Besonders in den

Pastoralbriefen spricht Paulus davon; dafür gibt es zahlreiche Textbeispiele: „Für den Glauben der Auserwählten Gottes und für die Erkenntnis der Wahrheit, wie sie der Frömmigkeit entspricht" (Tit 1, 1) oder im Brief an Timotheus: „damit wir ein stilles und ruhiges Leben führen können, in aller Frömmigkeit und Heiligkeit" (1 Tim 2, 2).

Es geht dabei nicht um „Frömmigkeitsübungen", sondern um ein Klima. Paulus bittet den Timotheus: „Übe dich in der Frömmigkeit" (1 Tim 4, 7) – das gehöre mit zum wichtigsten, was er zu tun habe. Nochmals: wir müssen aus diesem Wort Frömmigkeit alles ausklammern, was in uns den Gedanken an irgend etwas Schmachtendes, Süßliches aufkommen läßt: „Die Frömmigkeit", sagt Paulus, „ihr gilt die Verheißung des gegenwärtigen und des zukünftigen Lebens. Sie ist zu allem dienlich ... wenn du dies tust, wirst du dich selbst retten und auch deine Hörer" (1 Tim 4, 8.16). Daran wird deutlich, daß man dies alles wieder in das Klima der *chesed* einbringen muß. Im Alten Testament ist der fromm, der an den einen Gott glaubt und sich allein auf ihn verläßt.

C. Spicq kennzeichnet das Klima der „Frömmigkeit" folgendermaßen: Der Mensch glaubt an den heiligen, allmächtigen, liebenden Gott, er verehrt ihn, „fürchtet" ihn, liebt ihn, unterwirft sich ihm total, bringt den Willen mit seinem Willen in Einklang und befolgt seine Gebote, allerdings nicht aus Angst, sondern mit der Absicht, ihn zu ehren. Das ganze sittliche Leben und das ganze menschliche Leben wird zum Kult, zum Gottesdienst. Und der Höhepunkt ist für Paulus Christus als „das Geheimnis der Frömmigkeit", wie er sagt.

Diese Frömmigkeit entspringt neu auch in unserem Leben und unserem Handeln. Für Paulus hat sie zwei Konsequenzen. Einmal befreit sie den Menschen von der Profitsucht, löst sie ihn von irdischen Dingen, von der Verlockung des Gewinns. Darauf geht Paulus in seinen Briefen an Timotheus mehrfach ein: „So lehre und predige ... die Lehre, die der Frömmigkeit entspricht ... Freilich, eine reiche Quelle des Gewinns ist die Frömmigkeit, wenn sie mit Genügsamkeit verbunden ist ... Haben wir Nahrung und

Kleidung, so wollen wir uns daran genügen lassen. Jene, die danach trachten, reich zu werden, geraten in Versuchung und Fallstricke" (1 Tim 6, 3–10).

Diese Frömmigkeit ist auch zugleich das Klima und der Boden, in denen das Gebet Wurzel schlagen kann; sie gibt die Kraft, Widersprüche zu überwinden. „Du aber hast dir meine Lehre zur Richtschnur genommen", schreibt Paulus ebenfalls an Timotheus, „und alle, die in Christus Jesus ein frommes Leben führen wollen (das alles ist in diesem Wort mitenthalten), werden Verfolgung leiden" (2 Tim 3, 10.12). Von den übrigen sagt Paulus, sie seien „böse Menschen und Gaukler". Die Frömmigkeit führt den Apostel so in eine Distanz, die befreit, zur Kraft wird und mit den Widersprüchen fertig wird.

Warum soll das ganze apostolische Leben so sehr vom Gebet durchtränkt sein? Dafür gibt es wenigstens fünf Gründe.

Der erste besteht darin, daß nur Christus Wachstum gibt. Paulus hat gepflanzt, sein Mitarbeiter hat die Pflanzung bewässert, aber Paulus und Apollos sind lediglich Mitarbeiter, Gärtner, während Gott allein wachsen läßt (1 Kor 3, 5–11). Sie sind Architekten, aber es gibt nur das eine Fundament Jesus Christus. Wir beten, weil nur Jesus Christus das apostolische Werk wachsen und die Saat aufgehen lassen kann.

Der zweite Grund ist folgender: „Damit euer Glaube nicht auf Menschenweisheit beruhe, sondern auf Gottes Kraft ... Wir verkünden aber Gottes geheimnisvolle, verborgen gehaltene Weisheit" (1 Kor 2, 5–7). Diese Weisheit kann jedoch nur Gott geben, und Paulus ist vor den andern in „Furcht und Zittern" aufgetreten.

Der dritte Grund: „Denn unser Kampf geht nicht gegen Blut und Fleisch", also nicht nur gegen Menschen, die sich für diese oder jene politische Herrschaftsform stark machen. Solche Kämpfe sind lediglich Zeichen, Symptome, sichtbarer Teil dessen, was alles unsichtbar bleibt: „Unser Kampf geht nicht gegen Blut und Fleisch, sondern gegen die bösen Geister" (Eph 6, 12).

Vierter Grund: „Denn wir sind Diener Christi Jesu für die

Heiden." Darin liegt die unwiderstehliche Kraft des Paulus: „Ich habe euch zum Teil etwas kühn geschrieben ... auf Grund der mir von Gott verliehenen Gnade, Diener Christi Jesu für die Heiden zu sein, indem ich priesterlich des Evangeliums Gottes walte, damit die Heiden als Opfergabe wohlgefällig würden, geheiligt im Heiligen Geist" (Röm 15, 15 f).

Schließlich der fünfte und letzte Grund: Weil ein Christ eben so beschaffen ist. Warum betet Paulus? Warum sagt er uns all das, was wir gerade aus seinen Briefen entnommen haben? Weil in jedem Christen – und das weiß Paulus – die Kindschaft Quelle des Gebetes ist: „Als aber die Zeit erfüllt war (hier schreibt Paulus uns sein Credo), entsandte Gott seinen Sohn, geboren aus einer Frau, dem Gesetz unterstellt: er sollte die dem Gesetz Unterworfenen loskaufen, damit wir an Kindes Statt angenommen würden."

Das Gebet ist die Sprache derer, die den Geist der Kindschaft empfangen haben. Sprechen heißt für sie beten: „Weil ihr nun aber tatsächlich Kinder seid, hat Gott den Geist seines Sohnes in unsere Herzen gesandt, der da ruft: Abba, Vater! Also bist du nicht mehr Knecht, sondern Sohn; wenn aber Sohn, dann auch Erbe durch Gott" (Gal 4, 4–7). Wenn ein Christ betet, dann tut er dies für Paulus nicht nur, um das apostolische Werk voranzubringen, sondern weil eben sein Wesen als Kind Gottes sich im Gebet ausdrückt: es ist der Geist, den er empfangen hat, der ihn beten läßt.

Beten wir also mit Paulus und wie er füreinander, beten wir unablässig, beten wir kühn darum, daß unser Mund sich auftut, um das Evangelium zu verkünden.

*Literatur*

J. *Maritain*, La pensée de saint Paul, Ausgewählte Texte (Éditions Corréa).
C. *Spicq*, Der Christ, wie Paulus ihn sieht (Rex-Verlag, Luzern 1966).
*Ders.*, Der Priester, wie Paulus ihn sieht (Rex-Verlag, Luzern 1964).
Artikel „Frömmigkeit", in: Wörterbuch zur biblischen Botschaft, hrsg. von
    X. Léon-Dufour (Freiburg i. Br. ²1967).

# 9

## Beten mit Maria

In der Heiligen Schrift gibt es Stellen, die man nicht ohne eine gewisse Beklommenheit lesen kann. Sie sind so wahr, einfach und großartig, doch zugleich fühlt man sich von ihnen so weit entfernt, wenn man sie liest! Solch ein Text ist beispielsweise das Hohelied der Liebe bei Paulus. Wenn wir dieses 13. Kapitel des ersten Korintherbriefs wieder einmal lesen mit all den alltäglichen Eigenschaften der brüderlichen Liebe, dann werden wir rot vor unserem eigenen Versagen. Ganz ähnlich ergeht es den Heiligen, wenn sie auf Maria blicken. Sie bringen dann zwar eine große Hoffnung und Freude zum Ausdruck, aber ein wenig gedämpft klingt da so etwas wie eine Klage mit. Vielleicht hat keiner dies deutlicher ausgesprochen als der hl. Ludwig-Maria Grignion de Montfort:

> „Hier will ich mich einen Augenblick an dich wenden, lieber Jesus, und mich liebevoll darüber beklagen, daß die meisten Christen, auch die gelehrten oder gar gelehrtesten nicht um die notwendige Verbindung zwischen dir und deiner Mutter wissen."

Darauf ist diese Furcht bei Montfort gerichtet, auf die Unwissenheit über die notwendige Bindung zwischen Jesus und seiner Mutter. Allerdings fügt er kurz darauf hinzu, daß wir auch nie genug über die Bindung zwischen Jesus und uns wissen: „Wenn wir mehr wüßten über die Bindung zwischen Christus und uns, dann würden wir auch diese Bindung zwischen Jesus und seiner Mutter besser sehen."

Heute ist das Beten Marias und das Gebet zu Maria zu einer wirklich aktuellen Frage geworden, denn wie es scheint, gibt es einen Großteil des kirchlichen Personals – im Sinne wie J. Maritain von der „Kirche und ihrem Personal" spricht (das Personal der Kirche sind wir nämlich selber) –, der nicht mehr recht weiß, wie er sich zu Maria verhalten soll. Auf der einen Seite sind in Lourdes immer neue Pilgerscharen zu verzeichnen – ist es Tourismus, oder steckt mehr dahinter? –, und anderseits spürt man allerseits einen gewissen „Minimalismus" Maria gegenüber. Man steckt zurück, man fühlt sich nicht recht wohl bei dem Gedanken von der Unbefleckten Empfängnis, der bleibenden Jungfräulichkeit Marias, ihrer Mutterschaft und ihrer Aufnahme in den Himmel mit Leib und Seele.

All dies verleiht dem apostolischen Schreiben Papst Pauls VI. vom 2. Februar 1974 Aktualität und Nachdruck. Die Überschrift dieses großartigen Textes lautet: „Über die rechte Weise und Förderung der Marienverehrung". Der Papst zögert nicht, energisch über das zu sprechen, was er den „Verschleiß der Ausdrucks- und Frömmigkeitsformen gegenüber der Jungfrau Maria nennt":

„In unserer Zeit hat der Wandel im sozialen Bereich, im Empfinden der Völker, in den Äußerungen der Kunst und Literatur und vor allem im gesellschaftlichen Leben auch auf dem religiösen Gebiet seinen Niederschlag gefunden. Gewisse Andachtsformen, die in noch nicht ferner Zeit geeignet waren, dem religiösen Empfinden der einzelnen sowie ganzer christlicher Gemeinschaften Ausdruck zu geben, scheinen heute unpassend und unangemessen, weil sie dem sozialen und kulturellen Denken der Vergangenheit verpflichtet sind. Darum sucht man von verschiedenen Seiten her nach neuen Formen..."

Der Papst kommt darauf noch einmal zurück:

„Nun aber ist allgemein bekannt, daß die Muttergottesverehrung der Gläubigen verschiedene Ausprägungen gefunden hat je nach Ort und Zeit, dem Empfinden und der kulturellen Überlieferung der Völker. Daraus ergibt sich, daß derartige Formen dem Verschleiß ausgesetzt sind und infolgedessen immer wieder der Erneuerung bedürfen. Mangelhafte Elemente müssen ausgeschieden und durch bleibende Werte ersetzt werden. Dabei sind auch die durch die theologische Forschung erarbeiteten und das kirchliche Lehramt vorgelegten Glaubenswahrheiten zu berücksichtigen. Darum wird es nötig sein, daß ... die Gläubigen eine schöpferische Tätigkeit entfalten und die Frömmigkeitsübungen zu Ehren der Mutter Gottes sorgfältig überprüfen und erneuern."

Der Papst erinnert uns also selbst an den Verschleiß der Ausdrucksformen und an die Notwendigkeit einer echten schöpferischen Tätigkeit. Woher aber kommt eigentlich dieses diffuse Unbehagen im Verhältnis zur Jungfrau Maria? Es sieht so aus, als seien wir drauf und dran, Trennlinien zu ziehen, die dem Wort Jesu widersprechen: „Was Gott verbunden hat, das soll der Mensch nicht trennen." Wir haben nämlich das auseinandergetrennt, was Gott im Bezug auf Maria verbunden hat. Wir haben sie isoliert im ursprünglichen Sinn des Wortes – wie eine Insel – und leisten uns inzwischen Einstellungen, die wir nicht ausreichend durchdacht haben. Wir haben aus Maria eine Realität für sich gemacht: sie ist erhaben, heilig, gütig, verehrungswürdig, hilfsbereit, und, weiß Gott, sie ist dies alles unendlich mehr, als wir es sagen können, aber wir haben Maria aus dem Zusammenhang gerissen: aus dem Zusammenhang mit Christus. Natürlich sehen wir Christus als Kind oder nach seinem Tod in ihren Armen, aber für viele ist Maria theologisch gesprochen nicht weiter mit Christus verbunden. Den Festen, mit denen man sie feierte, und allem, was man von ihr sagte, fehlte eben diese Verbindung. Die hl. Theresia vom Kinde Jesus hatte in diesem Punkt wie auch in vielen anderen eine für ihre Zeit außerordentliche theologische Einsicht, als sie sagte, Maria sei „mehr Mutter als Königin", während die Umwelt der Theresia Maria viel mehr als Königin verehrte und nicht als Mutter und dabei in der Tat die Verbindung mit ihrem Sohn vernachlässigte. Mehr noch, in dieser Frömmigkeit des 19. und des beginnenden 20. Jahrhunderts betrachtete man nicht nur Maria isoliert von Christus, sondern auch Christus selbst wurde vom Vater „getrennt". Christus war der Freund, der Bruder, die Seelenspeise. – Um dies noch einmal zu sagen, das ist alles viel wahrer, als wir es sagen können, aber man sah diesen Christus nicht mehr genug in seiner totalen Hinwendung zum Vater, weil er doch wesentlich das Bild des Vaters war: „Philippus, wer mich sieht, sieht meinen Vater." Wir müssen uns gewiß auch selbst vorhalten, daß wir in jeder Epoche Häretiker sind im etymologischen Sinn des Wortes (Häresie ist die Lehre, die vom vollen Glauben getrennt ist). In jeder Epoche trennen wir, vernachlässigen wir irgendeinen Aspekt des Geheimnisses, und indem wir den einen Teil vom Ganzen lösen, betreiben wir „Häresie"; wir betonen einen richtigen Gedanken, übersehen dabei aber die Verbindung dieser Wirklichkeit zu den übrigen. Wenn wir heute den Heiligen Geist allenthalben ins Spiel bringen – und Gott weiß, wie sehr er überall ist, weit mehr, als es je einer sagen könnte –, müssen wir uns hüten, in die Absurdität zu verfallen, die darin bestünde, vom Vater und vom Sohn denjenigen zu trennen, der „vom Vater und vom Sohne ausgeht", als lebendiges Band, als die Liebe des Vaters und des Sohnes.

Jesus ohne Maria oder Maria ohne Jesus! Mag sein, daß es früher Maria ohne Jesus war, heute jedenfalls besteht für uns die Gefahr, von Jesus zu sprechen und seine Mutter dabei schweigend zu übergehen. Damit kommen wir zu einem verkürzten, entstellten Christus, zu einem Christus, der sehr schnell seine eigentliche Identität zu verlieren droht. Louis Bouyer hat einmal geschrieben:

„Die Geschichte beweist es in der Tat: ein Christentum, das Maria nicht mehr die Ehre geben will, wie die Kirche sie ihr erweist, ist ein verstümmeltes Christentum. Es mag einige Zeit so scheinen, als hätte es wohl das Wesentliche bewahrt, indem es Christus bewahrt hat, aber dieser Anschein erweist sich sehr bald als illusorisch. Hat man erst einmal verworfen, was an seiner Mutter einmalig ist, dann ist auch Christus selbst, den man zu behalten glaubt, nur mehr ein entstellter Christus. Gott und die Menschheit finden in ihm nicht mehr zusammen."

Das ist vielleicht genau das, was heute geschehen könnte. Wir verherrlichen Christus – und das ist gut so –, aber ein Christus ohne Maria verliert, ob wir es nun wollen oder nicht, sehr schnell sein Menschsein.

Das Schreiben Papst Pauls VI. stellt den richtigen Bezug zwischen Christus und Maria in großartiger Weise wieder her. Hier ist alles wieder ausgesagt, was bei Maria trinitarisch ist: Maria ist nicht von der Dreifaltigkeit, vom Vater, von Christus zu trennen. Sie ist zugleich auch das wunderbarste Werk des Heiligen Geistes, und durch den Geist ist sie jenes unzerstörbare Bindeglied der Vereinigung mit der Kirche.

Bei Maria hat alles Bezug zu Christus, und alles ist abhängig von ihm. „Wenn ihr die Mutter verstehen wollt, dann müßt ihr den Sohn verstehen", sagte Grignion de Montfort. Für Christus hat Gott Vater von Ewigkeit her Maria als Mutter auserwählt. „Ich ward vor aller Zeit gebildet, von Anbeginn, vor den Uranfängen der Erde" – diese Stelle aus dem Buch der Sprüche spricht von der Weisheit Gottes, aber wenn die Liturgie sie auf Maria bezieht, so ist dies zutiefst richtig. Die Menschwerdung Christi war schon immer ganz an die Vision, an die Erwartung, die Gegenwart von Maria gebunden. Für Christus hat Gott Maria auserwählt, für ihn hat Gott sie mit den Gaben des Geistes geschmückt. Ein und derselbe Gedanke Gottes hat sowohl das fleischgewordene Wort als auch Maria gewollt. Maria wird so zur „Bleibe des Königs", zum Ruheort des Wortes; „er hat in ihr sein Zelt aufgeschlagen".

Sie ist der Tabernakel. Die Heilige Schrift bezieht diesen Gedanken vom Tabernakel sowohl auf Maria als auch auf Jerusalem, die Heilige Stadt. Und Maria ist die Kirche. Wir werden geboren aus der zweifachen Mutterschaft Mariens und der Kirche, wie es Isaac de l'Étoile längst gesagt hat: „Die eine wie die andere – Maria wie die Kirche – ist Mutter des Leibes Christi, aber keine von ihnen gebiert den ganzen Leib ohne die andere." Maria ist der Begriff, der das Geheimnis Christi vollendet.

Als Heilmittel, um „den Sinn für die Marienverehrung" wiederzufinden, betont Paul VI. die Orientierung an der Schrift. Durch die Bibel finden wir wieder den Weg zu Maria:

„Der Fortschritt der biblischen Studien, vor allem das Beispiel der Überlieferung und ein innerer Antrieb des Heiligen Geistes treiben die Christen von heute an, sich der Bibel immer mehr als des wertvollsten Gebetbuches zu bedienen, um daraus wertvolle Anregungen zu entnehmen."

Durch die Bibel erhält Maria für uns „neue Kraft" und ein neues Profil.

Ich möchte hier ganz einfach auf das Geheimnis Mariens eingehen, so wie ich es selbst sehe. Ich stütze mich dabei auf ein großartiges, im Buchhandel leider vergriffenes Buch des Dominikanerpaters Rogatien Bernard mit dem Titel „Das Geheimnis Mariens".

Wir schaffen uns in Maria keinen Mythos und verehren hier kein Idol – auch wenn es bisweilen zu Übertreibungen kam, wo man Maria von Christus und Christus vom Vater trennte –, sondern wir entdecken in ihr ein wunderbares Geheimnis: in diesem jungen Mädchen wohnt das Wort, der Sohn Gottes, nicht nur im Geiste, sondern körperlich, „*in utero*", wie es bei Thomas von Aquin heißt, der mit Begriffen nicht ängstlich umgeht. Er ist da, in ihrem Schoß. Sie ist die Jungfrau des Advents. Und diese Gegenwart Christi in Maria ist kein unbewußtes Wunder in ihr, sondern der Engel fragt sie vorher, ob sie bereit ist, sich auf diese göttliche Sache einzulassen. Das Magnificat zeigt, in welchem

Maße sie sich des Geheimnisses bewußt ist: „Hochpreist meine Seele den Herrn ... denn er hat niedergeschaut auf die Niedrigkeit seiner Magd, Großes hat er an mir getan." Sie weiß es. Gewiß, sie weiß nicht alles, aber sie hat „bewußt" diese Mutterschaft angenommen. Sie empfängt Christus und trägt ihn in sich im Namen aller und vor allen.

Mit Thomas von Aquin staune ich vor diesem „bewußt", das auf vier Ebenen liegt: zuerst hat Maria Christus bewußt durch den Glauben empfangen, bevor sie ihn in ihrem Fleisch empfing. Das besagt das Wort Elisabeths und die ganze kirchliche Tradition: „Selig, die geglaubt hat." Augustinus sagte:

> „Maria ist glücklicher darüber, den Glauben an Christus zu begreifen, als darüber, Christus dem Fleisch nach zu empfangen. Ihre mütterliche Bindung hätte ihr zu nichts gedient, wäre sie nicht noch glücklicher darüber gewesen, Christus in ihrem Herzen zu tragen, als ihn in ihrem Leib zu tragen."

Maria empfängt diesen Christus mit Bewußtsein, um eine zuverlässige Zeugin sein zu können, um wirklich ein Zeuge zu sein, der weiß, worum es geht. Man kann sich gut vorstellen, daß es im Lukasevangelium Maria selbst war, die ihre konkreten Erinnerungen an die Kindheit Jesu weitergegeben hat, wenn Lukas sie auch in einen biblischen Stil gekleidet hat. Wenn es da heißt, daß Maria all die Dinge in ihrem Herzen bewahrte, dann geht es weniger um sie selbst als um Christus, dessen erster Zeuge sie ist.

Fügen wir weiter hinzu, daß sie sich darüber bewußt ist, damit ihr Gehorsam einen authentischen Ausdruck finden kann. Was Eva durch ihren Ungehorsam zerstört hatte, baut Maria durch ihren freien Gehorsam wieder auf: „Ich bin die Magd des Herrn."

Schließlich ist sie sich dieser Tatsache bewußt, damit sichtbar werden kann, wie eine „Art geistiger Ehe zwischen dem Sohn Gottes und der menschlichen Natur geschlossen wird". Hier geschieht in der Tat eine Vermählung des Wortes mit der menschlichen Natur, zwischen dem Wort und jedem von uns. Thomas von Aquin sagt: „Auf diese Weise wurde die Einwilligung Marias, obwohl sie nur von einer einzigen Person kam, erwartet, als sei es die Antwort der ganzen Menschheit."

Wir sind oft von Abraham fasziniert, aber Maria ist der neue Abraham, sie ist unendlich mehr als Abraham. Abraham ist aufgebrochen, ohne zu wissen, wo er hinging, auf einem Weg, der ihn über alle absehbaren und abgesteckten Wege hinausführte. Wie weit aber lagen erst Wege und Strecke für Maria jenseits aller nur denkbaren Wege: ein Weg, der einfach undenkbar ist, wenn uns der Glaube fehlt. Abraham bricht auf ein Wort hin auf, auf eine Verheißung hin, auf Verben im Futur. Maria geht ebenfalls auf eine Verheißung hin, doch um wieviel unerhörter ist sie: „Heiliger Geist wird über dich kommen." Alles, was wir an Abraham bewundern, finden wir in Maria wieder und noch unendlich viel mehr, denn bei ihr geht es um ein viel größeres Wagnis. Man kann sagen, daß beide einen Glauben und eine Liebe haben, die sie zu sehr in Besitz nehmen, als daß sie noch an sich selbst oder an die Zukunft denken könnten. Maria kümmert sich nicht um sich selbst, und das ist eigentlich der tiefste Sinn ihrer Jungfräulichkeit; sie ist ganz in Besitz genommen von der Liebe und von dem, den sie empfangen soll. Sie ist außerdem ganz dem Glauben ausgeliefert, denn wenn Maria auch in ihrer unbefleckten Empfängnis frei blieb von jeder Schuld, so wurde ihr doch nicht die Unwissenheit erspart; die Dinge enthüllen sich ihr erst nach und nach: „Wie wird dies geschehen?" – „Kind, warum suchen wir dich schon seit drei Tagen?" Sie hat mehr als jeder andere ein Leben des Glaubens gelebt. Sie hat das geistige Wachstum, die Erwartung, die Vorbereitung und die Entfaltung erfahren. Sie hat die Morgenröte, den hellen Mittag und auch die Nacht gekannt, als das Schwert des Schmerzes ihre Seele durchdrang: unter dem Kreuz.

Um zwei ebenso einfache wie großartige Dinge bewegt sich alles Tun bei Maria, und in diesen beiden Dingen steht sie souverän auf unserer Seite vor Gott. Auch hier gilt: wenn Jesus und seine Mutter untrennbar sind, dann ist auch Maria nicht von uns zu trennen: „Für uns Menschen und zu unserem Heil" ist auch sie geschaffen worden. „Sie stellt die reinste Substanz unseres Menschseins Gott zur Verfügung", schreibt R. Bernard. Gerade deshalb wird diese junge Frau von jedem Schatten freigehalten, und sie stellt nun ihr Menschsein als Frau – und durch ihr Menschsein auch unser eigenes Menschsein – Gott zur Verfügung: „Ich bin die Magd des Herrn." „Und sie stellt ferner den Sohn Gottes, der Mensch und ihr Sohn geworden ist, der Menschheit zur Verfügung." In dieser zweifachen Bewegung, in der sie unsere Menschheit durch ihr eigenes Menschsein an Gott verschenkt und in der sie Gott an unsere Menschheit verschenkt, ist sie wirklich die Bundeslade, jedoch wie ein Regenbogen, der Himmel und Erde verbindet. Von diesem Augenblick, von der Verkündigung an ist Maria die ganze Kirche. Somit hat es einen Zeitpunkt gegeben, in dem diese junge Frau die ganze Kirche war. Die ganze Zukunft ist in ihr schon zusammengefaßt. Das ist keine Poesie, das ist Theologie, ja noch mehr: es ist unser Leben.

Wenn wir das Wort Kirche aussprechen, das wir manchmal so abfällig gebrauchen, dann müssen wir auf Maria sehen. In einem bestimmten Augenblick der Offenbarungsgeschichte ist sie wir alle und die ganze Kirche. Die Kirche bleibt von daher auf Dauer erleuchtet, nicht nur in der Vergangenheit, sondern für immer.

Es ist sehr nützlich, hierzu noch ein wenig bei Johannes vom Kreuz nachzulesen; gibt es doch drei Arten von Personen, die in rechter Weise über Maria sprechen: die Dichter (sofern sie wirklich Dichter sind), die Theologen (auch bei ihnen nur die wirklichen) und die Heiligen, denn die Gnade macht sie zugleich zu Dichtern und zu Theologen:

> Da rief er einen Erzengel; sein Name war Gabriel,
> Und er sandte ihn zu einer Jungfrau, mit Namen „Maria",
> Die in ihrer Bereitschaft sich zu dem Geheimnis machte,
> In dessen Schoß die Dreifaltigkeit das Wort mit Fleisch umgab.
> Drei vollbrachten dieses Werk: aber es geschah in einem.
> Und fleischgeworden verblieb das Wort im sanften Schoß
> Mariens ...

Und er, der nur den Vater hatte, hat seither eine Mutter,
Wie anders aber als ein Mensch sie sich ausdenken würde,
Denn allein aus ihrem Innern empfing er sein Fleisch,
Weshalb er „Sohn Gottes" und „Menschensohn" heißen
sollte.

Nach dem Dichter noch die Stimme des heiligen Theologen
Thomas von Aquin:

„Christus nimmt also das Fleisch, das er braucht, von Maria;
von ihr empfängt er die menschliche Natur, die er annehmen
will. Sie hat in sich den aufgenommen, der voll der Gnade und
der Fülle ist, aus der wir leben. Sie hat also, wenn sie ihn nun
zur Welt bringt, die eigentliche Quelle der Gnade auf alle ge-
lenkt."

Von Maria nimmt Gott seine menschliche Gestalt. Sie gibt
Jesus nicht nur die Menschennatur an sich, sondern alles Natür-
liche, alles „Menschliche", das er braucht, um wirklich ein
Mensch (ein Hebräer, Nazarener, Galiläer) zu werden, mit allen
Merkmalen, die die Heilige Schrift nennt, „damit er *in jeder
Beziehung*" die Menschennatur annehme, „die Sünde ausgenommen", wie es bei Paulus heißt (Hebr 4, 15). Jesus erhält alle
Chromosomen von Maria, und nicht nur seine Organzellen, sondern auch seine Gebärden, Haltungen, den Tonfall beim Sprechen,
alles, was ein Kind von seiner Mutter übernimmt und aus ihm
wirklich diesen einen Menschen macht.

Sie bietet ihm überdies – obgleich sie dies selbst von ihm empfangen hat, denn sie ist ja selbst die erste, die hier empfängt –
„alles Übernatürliche, das er bei uns antreffen muß, um sich hier
beheimatet zu fühlen". Sie gibt Gott gleichsam die Einbürgerung,
seinen menschlichen, irdischen Personalausweis, und zugleich
– darin liegt nun die Gottwerdung des Menschen – bietet sie der
Menschheit das Feuer, das er auf die Erde zu werfen gekommen
ist, und sie breitet es aus. Sie hat uns ihm eingegliedert. Damit
ist Maria Vorbild jedes Christen und jedes Missionars. Jeder

Christ, ob verheiratet oder ledig, Ordensmann oder Laie, im fernen Ausland oder im Heimatdorf, hat die Aufgabe, Gott „Mensch werden zu lassen": er ist Christus im einzelnen, das Angesicht Christi für die Menschen um ihn herum – oder wenigstens versucht er es zu sein.

Die gnadenhafte Mutterschaft Marias läßt sich in zwei Sätzen, in den beiden Sätzen von R. Bernard treffend zusammenfassen: „Seit der Verkündigung gehört Maria ganz ihrem Kind; zugleich zeigt sich aber, und zwar auch seit der Verkündigung, daß ihr Kind allen gehört."

Das Kind, das sie trägt, ist für alle da. Sie trägt es zwar, aber es führt seinerseits die Mutter. Bedenken wir einmal, daß Maria die einzige Mutter auf der Welt ist, die von ihrem Sohn ausgesucht worden ist. Niemals sonst hat ein Kind sich seine Mutter ausgesucht! Und Jesus – der Christus und Herr – macht Maria zur ersten und uneinholbaren Christin auf Grund eben dieser Mutterschaft. Sie kann noch weit mehr als Paulus sagen: „Um Christi Jesu willen, meines Herrn, habe ich alles preisgegeben und halte es für Kehricht, um Christus zu gewinnen und in ihm erfunden zu werden, nicht im Besitz meiner eigenen Gerechtigkeit, wie sie aus dem Gesetz stammt, sondern jener Gerechtigkeit, die aus dem Glauben an Christus kommt" (Phil 3, 8 f). Was Paulus hier sagen und leben kann, um wieviel mehr erlebt Maria dies: die Gerechtigkeit, die aus Gott kommt und die sich auf den Glauben stützt. „Ihn will ich erkennen (genau das hat sie erlebt!) und die Kraft seiner Auferstehung und die Leidensgemeinschaft mit ihm, indem ich gleichförmig werde mit seinem Tode, ob ich hingelangen könnte zur Auferstehung der Toten" (Phil 3, 10). Und Maria wird auch als erste von den Toten auferweckt.

Man darf sagen, daß auch sie so sehr die Welt geliebt hat, daß sie ihren einzigen Sohn hingegeben hat, als Lamm Gottes. Und man darf ferner sagen, daß sie „in ihrem Fleisch ausfüllt, was an den Drangsalen Christi noch fehlt, zugunsten seines Leibes, das ist die Kirche". Auf Golgota fließt die Leidensgemeinschaft Mariens, die sich an die Weissagung des Simeon erinnert, mit dem

Leiden Christi zusammen. Ein schönes Wort bei Claudel bringt dies zum Ausdruck: „Unter dem Kreuz ist für sie nicht der Augenblick zu weinen, sondern hier hat sie ihre Lektion im Katechismus zu lernen." Wenn Jesus am Kreuz Maria dem Johannes und dem Johannes Maria anvertraut, dann stiftet er hier nicht erst die geistige Verbindung, die er zwischen seiner Mutter und uns sehen will, sondern er bestätigt feierlich, was sich bereits in der Inkarnation ereignet hat. Maria ist auch unsere Mutter von dem Augenblick an, da sie die Mutter des Immanuel („Gott mit uns") wird.

Sicherlich steht Maria auch weiterhin auf der Seite der Geschaffenen, als erste unter den Erlösten. Franz von Sales sagt: „Jesus ist der Anwalt der Gerechtigkeit" durch sein Blut und seine Gottheit, während Maria gemeinsam mit den Heiligen „Anwalt der Gnade" ist und um des Leidens des Erlösers willen Fürbitte leistet. „Sie betet wie wir kraft ihres Sohnes." So gesehen ist Maria das Modell dessen, was das Wirken der Gnade Gottes im Menschen bedeutet. Darum sind aber Philosophie und Theologie nun nicht überflüssig geworden. Wenn wir uns tagelang einmal bemüht haben, zu lesen, zu beten und die Philosophen und Theologen zu studieren, wenn wir versucht haben, uns durchdringen zu lassen von der Größe Gottes, der größer ist als alles, was wir uns über ihn ausdenken, vorstellen und begreiflich machen können, über den, der alles übersteigt und der unaussprechlich ist, wenn wir vom Sein Gottes geblendet wurden, von der Quelle allen Seins, in der wir unser Leben haben, unsere Bewegung und unser Sein, von dem, der seine Erklärung in sich selbst hat und der die Erklärung aller Dinge ist, wenn wir versucht haben, die Augen unseres Glaubens zu öffnen und unser Herz und unseren Verstand zu erweitern, wenn wir die unerschöpflichen und abgründigen Litaneien von Gott gesprochen haben, kurz wenn wir das alles getan haben und dann die wenigen Worte sprechen: „Heilige Maria, Mutter Gottes" – was ist das für ein Erlebnis! Wenn man die Größe Gottes betrachtet hat und dann sagen kann: „Heilige Maria, Mutter Gottes", Mutter dessen, den wir in seiner Größe betrachtet haben und der weit größer ist als alles, was wir von ihm aussagen können, Mutter Gottes, „dessen, der ist", „dessen, der mit uns ist", der in Maria Mensch geworden ist – welch große Freude! „Den die Erde nicht umfassen kann, der die Himmel und Gestirne geschaffen hat, ist in deinem Schoß Mensch geworden, Maria!"

An dieser Stelle müssen wir die Demut an Maria betrachten, eine bescheidene und diskrete Demut, denn nur ein Mensch mit solcher Demut konnte das absolute Licht in sich aufnehmen, ohne sich dabei zu verbrennen oder ohne es für sich zu behalten. Weil Maria in keiner Weise auf sich selbst bezogen ist, bilden ihre Demut und ihr Beten eine Einheit. Das Gebet ist bei Maria wie ein klarer Spiegel, der vom Licht nichts für sich zurückbehält, sondern alles zurückwirft. Gottes ganzes Licht strahlt in sie, aber sie ist mit den Worten der Lauretanischen Litanei der „Spiegel der Gerechtigkeit". Das ist eine sehr alte Bezeichnung, die heute wieder neue Bildhaftigkeit erhält, wenn man zum Beispiel nur an die Funktion der Spiegel in den großen astronomischen Teleskopen denkt. Daran dachten die Menschen im Mittelalter zwar nicht, wenn sie mit diesem Ausdruck zu Maria beteten, für uns aber ist dieser Begriff „Spiegel der Gerechtigkeit" wieder voller Bedeutsamkeit. Um heute ein Spiegelteleskop von mehreren Tonnen Gewicht herzustellen ist Glas oder sonst ein absolut reines Material erforderlich ohne die kleinste Luftblase oder irgendeinen Makel, der die absolute Reinheit beeinträchtigen würde. Dieser Herstellungsprozeß braucht allein zum Erkalten des Spiegels Monate, und dann dauert es noch Jahre, bis er so gefertigt und geschliffen ist, daß absolut kein Flecken, Fehler oder Riß in der Oberfläche das Licht vernichtet oder verzerrt, das von entferntesten Sternen und Milchstraßen zu uns kommt. Maria war, sie *ist* der fleckenlose Spiegel, ein Spiegel, der nichts verzerrt und der die Strahlen Gottes aufnimmt und nichts für sich selbst behält, sondern alles wiedergibt, alles auf Gott zurückspiegelt. Eine höhere Weise des Betens kann es nicht geben – ein solcher Spiegel ist ganz Gebet.

Die Bescheidenheit und Demut Mariens finden sich auch in der Kirchengeschichte bestätigt, sind jedoch nur schrittweise zu entdecken. In manchen Epochen preist die Kirche Maria und singt ihr Magnificat, baut ihr wundervolle Kathedralen, doch darauf folgen wieder Zeiten der Stille, gleichsam Zeiten des Vergessens, des Heranwachsens, in denen ein Kind die Größe seiner Mutter nicht mehr recht anzuerkennen weiß.

Es gibt ein Konzil von Ephesus, das Maria als *Theotokos*, als Mutter Gottes, ausruft und in der ganzen Christenheit Freude darüber auslöst, und es gibt Augenblicke der Kontroverse, in denen Maria unter dem Kreuz steht. Da sind auch die Übertreibungen von Predigern und Künstlern, eine Theologie der Seufzer und Tränen Mariens, die ihre Größe verschleiern, auch wenn sie damit erhoben werden soll. Als Folge davon kann es heute Reaktionen in entgegengesetzter Richtung geben.

Bernhard von Clairvaux sagt, man könne nie genug über Maria sprechen, und es ist wahr, daß wir nie genug staunen können vor ihrer Gottesmutterschaft. Ein Text aus dem 16. Jahrhundert feiert die Mutter Gottes mit den folgenden Worten:

„Sie, die Herrin über Himmel und Erde, soll aller Güter vergessen, ein solch gering Herz haben, sich nicht schämen, Windeln zu waschen, Johanni ein Bad zu bereiten als eine Magd im Hause. Was für eine Demut! Es wäre billig gewesen, daß man ihr einen güldenen Wagen bestellt und mit viertausend Pferden geleitet und (vor dem Wagen her) gerufen und gesungen hätte: Hier fährt die Frau über alle Weiber, über das ganze Geschlecht! *Aber nicht so*, sie geht zu Fuß einen solch weiten Weg, eine Meile oder zwanzig oder mehr, ist bereits Gottes Mutter. Es sollen billig alle Berge gehüpft und getanzt haben!"

Dieser Text stammt von Martin Luther (Predigt am Tage Mariä Heimsuchung [im Hause] 2. Juli 1532, WA 36, 208). Ein großartiger Text, auch wenn er ein wenig rhetorisch klingen mag. Er kann der Ursprung sein für Ökumene. Es gibt noch andere Theologen wie

Gregor Palamas, der sagte: „Indem sie sich alleine zwischen Gott und die ganze Menschheit stellte, machte sie Gott zum Menschensohn und wandelte die Menschen in Gottessöhne." Man kommt immer wieder darauf zurück. Diese Jungfrau und Mutter steht als einzige an der Grenze zwischen geschaffener und ungeschaffener Natur; wer Gott anerkennt, sieht in ihr eine Wohnung des Unendlichen. „Heilige Maria, Mutter Gottes." Niemand kann zu Gott kommen außer durch sie, denn allein durch ihre Vermittlung ist er zu uns gekommen.

Sie ist die Ursache von Ereignissen, die ihr selbst vorausliegen, der langen Wanderung der Geschichte Israel. Sie ist die Anführerin in all den Ereignissen, die ihr in der langen Geschichte der Kirche nachfolgen. Sie ist die reine Gestalt des Empfangens, und nichts in ihr beansprucht, selbst etwas hinzuzufügen – sie ist nichts weiter als ungeheure Erwartung. Sie ist Unsere Liebe Frau vom Advent, von der Erwartung. Sie ist Jungfrau und will es bleiben, sie erwartet alles von Gott, nichts von ihrer eigenen Fruchtbarkeit. So wird sie zum Gefäß für die Fruchtbarkeit des Heiligen Geistes, um das Wort in seinem menschlichen Fleisch hervorzubringen. Maria ist keine „spezialisierte" Heilige, sie ist die Mutter, und ihre einzige Funktion ist es, Gott und den Menschen zu vereinigen.

Maria ist der extreme Pol des Mysteriums der Inkarnation. Sie konfrontiert uns mit dem „bis zum Ende" des Menschseins Christi. „Da Jesus die Seinen in der Welt liebte, so liebte er sie bis zum Ende."

Dieses „bis zum Ende" wird beim Abendmahl deutlich, aber es ist schon seit dem „mir geschehe" ganz da. Gottes Liebe ist so groß, daß er sich von einer Frau gebären ließ. Das heißt das „bis zum Ende" Christi. Wenn wir Maria isoliert sehen, wenn wir aus ihr eine wenn auch noch so wunderschöne Insel machen, gehen wir in die Irre. Maria ist gleichsam das vorgeschobenste Kap des Kontinentes Menschheit. Sie ist das Kap, der Fels, die Landspitze, die am weitesten hinausragt, die bereits umgeben ist vom Ozean des Göttlichen. Sie ist keine Insel mitten im Meer, sondern gehört zum Kontinent, doch ist sie der Ausläufer am äußersten Ende des Landes, das sich in der Flut des Wassers noch abzeichnet. Das ist Maria. So können wir immer in ihr die lebenspendende Mitte unseres Glaubens finden: wir betrachten Christus in seinem Leib und in seinem Blut, aber dieser Leib und dieses Blut kommen aus Maria. Und wenn er heute im Sakrament der Eucharistie gegenwärtig ist, so deshalb, weil Maria ihm diesen Leib und dieses Blut gegeben hat.

Von daher ist jenes Wort bei Dante unausschöpflich:

Jungfrau Mutter, Tochter deines Sohnes,
Demütig und erhaben über jede Kreatur...

*Literatur*

*Paul VI.*, Apostolisches Schreiben „Marialis cultus" vom 2. Februar 1974 über die Marienverehrung. Von den deutschen Bischöfen approbierte Übersetzung, hrsg. u. übers. von den Liturgischen Instituten Salzburg, Trier und Zürich (Paulinus-Verlag, Trier 1975).

*R. Bernard*, Le mystère de Marie (Éditions Desclée de Brouwer, Paris – Tournai).

*M. J. Nicolas*, Théotokos, le mystère de Marie (Éditions Desclée, Paris).

*L. Bouyer*, Le trône de la sagesse (Éditions du Cerf, Paris).

*R. Laurentin*, Die marianische Frage (Verlag Herder, Freiburg i. Br. 1965).

*H. U. von Balthasar*, Klarstellungen, Herderbücherei 393 (Freiburg i. Br. 1971), S. 65–72: Das marianische Prinzip.

*L.-M. Grignion de Montfort*, Œuvres complètes (Éditions du Seuil, Paris).

*Thomas von Aquin*, Summa theologica, III, q. 30.

*W. Tappolet* (Hrsg.), Das Marienlob der Reformatoren (Katzmann-Verlag, Tübingen 1962).

# 10

## Das Mittelalter betet das Evangelium

Wir haben Paulus nach dem Geheimnis seines Gebetes befragt und müßten auch die ersten Christen danach fragen, die „in der Lehre der Apostel und in der brüderlichen Gemeinschaft, im Brotbrechen und den Gebeten verharrten". Dieser ganz kurze und doch unerschöpfliche Text aus der Apostelgeschichte (2, 42), der die erste Gemeinde in Jerusalem beschreibt, inspirierte das christliche Gebet durch alle Zeitalter hindurch von Generation zu Generation.

Die „Lehre der Apostel" ist das Alte Testament, das seinen Höhepunkt im auferstandenen Jesus erreicht hat: „Mit Gewißheit erkenne also das ganze Haus Israel: Gott hat ihn zum Herrn und Messias gemacht, eben diesen Jesus, den ihr gekreuzigt habt" (Apg 2, 36). Die „brüderliche Gemeinschaft" baut auf dem Fels des Glaubens auf und auf nichts anderem. Die Einmütigkeit der Herzen und die Gütergemeinschaft sind weder bloße Philanthropie noch juridische Regeln, sondern ergeben sich von selbst daraus, daß alle aus dem einen geboren sind, daß alle Söhne ein und desselben Vaters sind und durch das eine kostbare Blut erlöst sind. Als Menschen des Glaubens, als Menschen der Gemeinschaft und „versöhnt mit ihren Brüdern" können diese Gläubigen nun, wie Jesus es gesagt hat, „ihre Gabe zum Altar bringen" (Mt 5, 23). Das „Brotbrechen", die Eucharistie und die „Gebete" der Gemeinde bringen den Glauben an den lebendigen, auferstandenen Christus und die Gemeinschaft der Brüder, aus denen sie entstanden sind, zum Glühen.

Über die Jahrhunderte hinweg versuchen die Christen diese vollkommene und totale Kurzform des Evangeliums neu zu erstellen. Betrachten wir einmal, wie die Menschen im Mittelalter beten. Auch sie haben nichts neu erfunden – das Gebet der Menschen des 12. und 13. Jahrhunderts, aus der Zeit eines Franz von Assisi und Dominikus geht auf Benedikt von Nursia zurück, also in die Zeit um 547 oder noch ein Jahrhundert früher auf Cassian und sicherlich auch auf die griechischen Kirchenväter. Dennoch hat diese Weise des Betens, wenngleich sie mit zwei lateinischen Wörtern bezeichnet wird, die *Lectio divina* oder geistliche Schriftlesung auch heute nichts von ihrer Aktualität verloren. Das betrachtende Lesen der Heiligen Schrift steht weiterhin in der großen und auch heute lebendigen Mönchstradition.

Bei der Brüsseler Weltausstellung 1958 fanden die Besucher etwas Unerwartetes. Hoch über den Ausstellungsständen und aller Verherrlichung der modernen Techniken hing ein riesiges Foto: ein betender Mönch. Es handelte sich dabei nicht einmal um eine Werbung im Pavillon des Vatikans, sondern es fand sich nirgendwo anders als im französischen Ausstellungsstand. Ein ebenfalls in riesigen Buchstaben geschriebener Text gab den Schlüssel zu diesem ungewöhnlichen Foto, einen Gedanken von Pascal: „Alles Unglück der Menschen hat eine Ursache, die darin besteht, daß sie nicht ruhig in einem Zimmer bleiben können." Daran sollte der betende Mönch erinnern. Pascal und dieser Mönch sind so die Erben all der Mönchsgenerationen, die ihrerseits Nachfolger Mariens waren in ihrer Stille und auch der Ruhe des Hauses in Nazaret: „Maria bewahrte alle diese Worte und erwog sie in ihrem Herzen" (vgl. Lk 2, 51).

Um das Geheimnis dieses Betens wieder zu entdecken, das uns in unserem Zimmer bleiben läßt, wollen wir im Brief des Kartäu-

sermönches Guigo von Kastell aus dem 12. Jahrhundert nach-
lesen, den er an seinen „vielgeliebten Bruder Gervais" geschrieben
hat. Dieser Brief beginnt mit den Worten: „Der Herr sei deine
Erquickung" – welch schöne Grußformeln gab es damals!

> „Als ich eines Tages mit meiner Hände Arbeit beschäftigt war
> (der Kartäuser Guigo ist kein Nichtstuer), fing ich an, über die
> Übungen des geistlichen Menschen nachzudenken. Auf einmal
> boten sich meinem Geiste vier geistliche Stufen: Lesung
> (lectio), Betrachtung (meditatio), Zwiegespräch, Gebet (lo-
> cutio), Beschauung (contemplatio)."

In diesem Text sind zwei Arten des Arbeitens in der monasti-
schen Tradition angesprochen: zunächst die körperliche Arbeit
(„als ich mit meiner Hände Arbeit beschäftigt war"). Schon diese
Arbeit beschränkt sich nicht nur auf manuelles Tun, sondern umfaßt auch die Zeiten des Wachens, des Fastens, der Entsagung im
Leben, kurz alles, was unseren Leib in Bewegung bringt. Sodann
gab es die spirituelle Arbeit, deren Bestandteile Guigo in Erinnerung ruft: Lesung, Betrachtung, Gebet, Beschauung. Er nennt sie
die „Mönchsleiter", wobei Mönch hier für eine bestimmte
Gruppe von Ordensleuten steht. Eigentlich hat diese Leiter nur
wenige Sprossen – gerade vier –, aber wenn man sie, so meint
Guigo, in der richtigen Reihenfolge besteigt, kommt man sehr
hoch hinauf. Allerdings handelt es sich bei der „Mönchsleiter"
um eine Leiter für das einfache Fußvolk. In den Klöstern gab es
nämlich drei Gruppen von Mönchen, zunächst die Vorgesetzten,
dann die „Diensttuenden", diejenigen also, die ein für den Bestand
des Klosters wichtiges Amt innehatten wie etwa das des Verwal-
ters und schließlich die einfachen Mönche. Über die ersten beiden
Gruppen sagt uns Guigo nichts. Steigen sie auch auf dieser Leiter
nach oben oder nicht? Oder gibt es für sie eigene Fahrstühle?
Darauf kommt es ihm nicht an. Jedenfalls ist von der Leiter niemand ausgeschlossen, der unten steht und beten möchte.

Die „Leiter" bei Guigo dem Kartäuser ähnelt der Jakobsleiter:
sie steht unten auf der Erde auf, aber ihr oberes Ende reicht in

die Höhen des Himmels. Nun folgt die Beschreibung dieser Stufen im einzelnen.

An erster Stelle steht das sorgfältige Lesen:

„Die Lesung besteht darin, daß man voll Eifer aufmerksam die Schrift kennenlernt."

Unser ganzer Geist setzt sich dann in Bewegung:

„Die Betrachtung (Meditation) ist der Akt eines Geistes voller Erkenntnishunger, der sich unter der Führung seines eigenen Verstandes auf die Suche begibt, um eine verborgene Wahrheit zu entdecken."

Die wahren Güter:

„Das Zwiegespräch oder Gebet ist eine innige Hinwendung des Herzens zu Gott, um vom Bösen befreit zu werden und das Gute zu erlangen."

„Die Beschauung (Kontemplation) ist der Aufschwung der Seele, die von Gott begeistert ist und – jetzt schon – ewige Freuden kostet."

All dies wird bei Guigo natürlich noch bildhaft abgewandelt:

„Die Lesung bringt gewissermaßen feste Nahrung in den Mund, die Meditation zerkleinert und kaut sie, das Gebet erlangt davon den Geschmack und die Kontemplation ist die eigentliche Süße, die bis ins Mark erfreut."

Gehen wir doch einmal unsererseits diese vier Stufen nacheinander durch:

Die *Lesung.* Sie ist für uns heute sicherlich schwieriger als für unseren Kartäusermönch im 12. Jahrhundert. Unsere Welt ist überflutet von Gedrucktem, so daß wir schließlich nur noch mit flüchtigem Blick die Zeilen überfliegen. Wieviel Papier kommt in unsere Hände! Das eine nimmt man in die Hand, wirft einen raschen Blick darauf, das andere läßt man liegen und denkt sich: „Das lese ich morgen." Doch nach ein paar Wochen liegt an derselben Stelle schon ein Stapel, der schließlich im Papierkorb landet. Dagegen war in der Zeit des Guigo jedes Manuskript ein unschätzbarer Reichtum, und die Lektüre nahm damals geradezu Züge einer Liturgie an. Um zur *Lectio divina,* zur geistlichen

Schriftlesung, einen Zugang zu bekommen, müssen wir wieder zu dieser Liturgie finden: das Wort zu lesen. Das heilige Buch in die Hände nehmen ist bereits eine Art Eucharistie. Das haben auch unsere Freunde aus Brasilien erlebt, Männer und Frauen, die noch Analphabeten waren und vor allem erst einmal lesen lernen wollten, um das Wort Gottes mit eigenen Augen betrachten zu können und es nicht mehr nur aus dem Munde der andern zu hören. So ist bereits das Lesen der Bibel etwas Wichtiges, das sich nicht so einfach nebenbei erledigen läßt. Das Wort Gottes lesen ist bereits in sich ein Gottesdienst. Die Mönche, die früher noch keine Taschenausgaben der Bibel kannten, lasen aus dem Buch, das auf einem Pult lag, und die Lektüre war Eintritt in die Sammlung, in die Stille.

In einem kostbaren Büchlein mit dem Titel „*L'Évangile au désert* – Das Evangelium in der Wüste", das eine ganze Reihe von Texten enthält von den ersten Mönchen bis hin zu Bernhard von Clairvaux, berichtet uns der Syrer Jussef Bousnaya, wie er das Neue Testament las:

„Vom Morgengrauen bis zur Stunde der Terz lies eifrig im Neuen Testament. Dann erfährst du die Taten, die unser Herr in seinem Leib vollbracht hat, die Liebe Gottes zu uns und die unaussprechlichen Wohltaten, die er über uns gebreitet hat in der Endzeit."

Hier liegt der Grund unserer Lektüre: die unaussprechlichen Wohltaten, die Großtaten Gottes zu entdecken oder wieder neu zu entdecken. Und er schreibt weiter – ich will zwar nicht behaupten, man müsse ihm hier buchstäblich nachfolgen, aber er gibt uns immerhin eine Vorstellung von seiner Geisteshaltung: „Beginne damit, daß du zunächst einmal vor dem anbetungswürdigen Evangelium zehn Metanien machst", das heißt dich zehnmal zu Boden wirfst, dich verneigst und die Knie beugst. „Mache eifrig Kniebeugen und sprich eine Zeitlang angemessene Gebete vor dem Evangelium, bis deine Gedanken schließlich gesammelt sind aus aller äußeren Ablenkung" – wie es der Herr sagt: Schließ deine Tür, nicht nur die Tür deines Zimmers, sondern schließ die Tür deines Herzens vor allem Lärm, der an dich herankommt.

„Bitte Gott inständig, daß er die Augen deines Verstandes und deiner Seele erleuchte, damit du die verborgene Kraft der Worte unseres Herrn und der heiligen Apostel erfaßt. Dann richte dich auf, nimm das Evangelium in deine Hände, küsse es und lege es liebevoll auf deine Augen und an dein Herz, mit Bitten und voller Furcht und sprich die Worte: ‚Christus, unser Herr, wenn ich auch ganz unwürdig bin, so halte ich dich nun durch dein heiliges Evangelium in meinen unreinen Händen. Ich bitte dich, sprich zu mir Worte des Lebens und des Trostes durch den Mund und die Zunge deines heiligen Evangeliums; gib, daß ich sie mit neuen inneren Ohren höre und dein Lob mit der Zunge des Geistes singe. Amen!' Lies dann drei Kapitel im Evangelium und steh dabei aufrecht; dann lies noch zwei Kapitel in der Apostelgeschichte und drei Kapitel in den Schriften des Apostels Paulus. Mitten in jeder Lesung vollziehe noch zehn Metanien."

So also las Jussef Bousnaya. Und wir...? „Wo ist denn wieder meine Bibel", heißt es oft bei uns. Wenn die ersten Christen „den Katechumenen das Evangelium reichten", bedeutete dies gewissermaßen schon eine erste Taufe für sie.

Ich will nicht sagen, daß man unbedingt Metanien machen sollte, ich glaube aber, daß hier eine Haltung angesprochen ist, wie wir uns auf die Schriftlesung einstimmen können. Damit dieser Zugang leichter wird, hat auch der Körper seine Rolle zu spielen. Man könnte sagen, daß der Leib das Herz warm macht, es einstimmt. Das ist wichtig, denn heute besteht die Gefahr, daß man mit Techniken wie Yoga und ähnlichem, von weit herholt, was die syrischen Mönche bereits kannten:

„Verneigungen und Erheben der Arme beim Gottesdienst, anhaltende Kniebeugen während des Gebets verleihen dem Mönch die Demut im Geist und die Erniedrigung, die Herzenswärme, den Eifer der Seele und die Innigkeit der Gedanken. In der Tat ist der Gottesdienst des Bruders ohne Metanien gemein, kalt und matt wie auch die Gebete, die er dann sprechen wird."

Wenn Guigo der Kartäuser und Jussef Bousnaya sich zur geistlichen Schriftlesung vorbereiteten, stützten sie sich auf einen Vergleich, der sich vielleicht exegetisch kaum halten läßt, der aber zutiefst geistlich ist und der Genesis entnommen ist: „Laßt uns den Menschen machen nach unserem Bilde, uns ähnlich" (Gn 1, 26). Für sie sollte die Schrift sie zum Bild machen, „zur Ikone", zum freilich durch die Sünde nur unvollkommenen und getrübten göttlichen Ebenbild. Weil aber dieses Bild von Gott in uns unscharf ist, soll die Schrift es schärfer einstellen, so wie man bei einem Fotoapparat die Schärfe des Bildes regeln kann. Dazu muß man sich beeindrucken lassen, muß man den Film seines Herzens vom Schein des Wortes Gottes belichten lassen. Wir erinnern uns, was Paulus dem Timotheus über gewisse Leute schrieb („Frauenzimmer" nannte er sie, aber das gilt genauso für die Männer), „die immer Neues lernen wollen und doch niemals zur Erkenntnis der Wahrheit kommen können" (2 Tim 3, 7). Bei unserer Lesung dürfen wir uns nicht nur eben „informieren", sondern müssen wir die Wahrheit „erkennen", und zwar mit dem Herzen.

Diese geistliche Schriftlesung ist also nicht irgendeine beliebige Art des Lesens. Weil uns dieses Lesen nahe an das Wort Gottes heranführt, verlangt Gott von uns wie von Mose („Ziehe deine Schuhe von deinen Füßen") und wie von allen Propheten des Alten Testaments die Ablösung von Vertrautem, führt er uns hin zu etwas, was für uns ungewohnt ist.

Die zweite Stufe der „Mönchsleiter" ist die *Meditation.* Diese Meditation hat sich allerdings weiterentwickelt – das ist nach dreizehn Jahrhunderten auch nicht verwunderlich! Wir müssen sie also in ihrem ganzen Umfang hier in Erwägung ziehen. Worin bestand die Meditation in den Anfängen des Mönchtums wie übrigens auch beim Psalmisten in der Bibel („Dein Gesetz betrachte ich, des Nachts ist es meine Freude, es auszusprechen")? Man nannte es damals verborgene oder stille Meditation, wenn man mit lauter oder leiser Stimme einen Text aus der Heiligen Schrift fortwährend wiederholte, ständiges „Wiederkäuen" des Wortes Gottes. Immer wieder sagte man: „Dein Gesetz betrachte ich, Tag und Nacht habe ich es auf meinen Lippen", oder: „Gott, komm mir zu Hilfe, Herr, eile mir zu helfen." Aus dieser Wiederholung oder Litanei ist nach tausend oder mehr Jahren allmählich das geworden, was Guigo der Kartäuser „eine methodische Hinwendung des Verstandes auf einen bestimmten Gegenstand hin" nennt. In der Meditation steckt nämlich beides: man macht sich nicht nur Gedanken über einen Text, sondern wenn man diesen Text immer wieder spricht und „wiederkäut", ist dies bereits regelrecht eine Lockerungsübung: „Selig, die das Wort Gottes hören und bewahren" (Lk 11, 28). Zunächst aber bewahrt man das Wort im Mund und in den Ohren, ehe man es im Herzen aufbewahrt. Das Aufsagen des Wortes Gottes ist bereits in sich ein großer Reichtum. Das zeigt sich, wenn Guigo meditiert, nachdem er das einfache Wort Gottes gelesen hat: „Selig, die reinen Herzens sind!" Wenn die Meditation einsetzt, bleibt sie nicht an der Oberfläche des Textes hängen, sondern dringt in ihn ein, sucht nach den verborgenen Winkeln und bemerkt dabei: „Der Herr sagt nicht, selig die am Körper rein sind, sondern die reinen Herzens sind; es wäre zu wenig, wenn man nur am Körper rein wäre, und das Herz wäre es nicht." Dazu fällt Guigo der Satz ein: „Wer darf hinaufgehn zum Berge des Herrn? Wer darf stehn an seiner heiligen Stätte? Der reine Hände hat und ein lauteres Herz" (Ps 24, 3). Somit bin ich es gar nicht selbst, der bei der Meditation das Wort mit meinen schönen Gedanken ergänze (auch das kann es geben!), sondern es ist vor allem das Verständnis der Schrift, das in mir von einem Wort zum andern reicher wird. Ein Schrifttext erinnert an den andern; „Selig, die reinen Herzens sind" läßt an den Psalmvers denken: „Wer darf stehn an seiner heiligen Stätte? Der reine Hände hat und ein lauteres Herz." Der Meditierende überlegt weiter, mit welcher Sehnsucht der Psalmist nach dieser Reinheit des Herzens ruft, wenn er sagt: „Ein reines Herz erschaffe mir, Gott" (Ps 51, 12) oder: „Hätt' ich im Herzen getragen ein Unrecht, nimmer hätte der Herr mich erhört" (Ps 66, 18).

Bleiben noch zwei Sprossen auf der „Mönchsleiter": das *Gebet* und die *Kontemplation*. Dabei hat man den Eindruck, als trenne Guigo etwas in verschiedene Haltungen auf, was für ihn in Wirklichkeit nur eine einzige große Bewegung des Herzens ist. Er bittet nun Gott, ihm das von oben zu geben, was Lektüre und Meditation allein noch nicht erreichen: „Selig die reinen Herzens sind." Aber wie kann man ein reines Herz erlangen?

Daher bitte ich Gott nun um diese Eröffnung: „Eröffne mir das Verständnis der Schriften und schenke mir die Weisheit." Und gleichzeitig mit dieser Bitte und durch sie knüpft sich das Gespräch unsres Geistes mit Gott an, in dem er alle Schattierungen der Freundschaft erlebt:

„Siehst du", sagt Guigo, „welch köstliche Sache aus der kleinen Traube quillt? Was für ein Feuer durch dieses Fünklein entzündet ward!" Und er findet dazu den schönen Vergleich: „Siehst du, wie dieses kleine Stück Metall ,Selig, die reinen Herzens sind, denn sie werden Gott schauen' auf dem Amboß der Betrachtungen breitgehämmert wurde?" Die Betrachtung erweitert so das gesamte Verständnis der Schrift, und Guigo bemerkt: „Und wie würde sie erst ausgeweitet, wenn einer käme, der sich auf solche Dinge verstünde!"

In diesem Augenblick des Gebetes spricht das Herz: „Wie gut, wie lieblich ist es, im Hause des Herrn zu sein", und nun schlägt die Betrachtung um in einen Ruf; man hat nun den Text betrachtet, man hat ihn geschaut mit den Augen des Herzens und fängt an unwillkürlich zu rufen:

„Die Seele kommt zu dem Schluß, daß es köstlich wäre, diese Reinheit selbst zu erfahren, die ihr in der Meditation so angenehm erschienen ist. Was aber soll sie tun? Sie brennt vor Verlangen, sie auch zu besitzen, aber in sich selbst findet sie nicht die Mittel, sie zu erlangen. Nein, weder Lesung noch Medita-

tion lassen sie diese Süße kosten – sie muß ihr von oben geschenkt werden."

Also wird der Mönch ganz demütig und beginnt zu flehen:
er ruft und bittet.

Hier müssen wir einen Augenblick innehalten. Die Rufe der
Armen Jahwes steigen aus dem Herzen auf unsere Lippen: „Herr,
mach, daß ich sehe, Herr, mach, daß ich höre, Herr, ich glaube,
hilf meinem Unglauben!" Von uns gehen gleichsam Wellen des
Heils aus, denn ein Glaubensakt ist wie eine Welle, die sich in
die Welt hinaus verbreitet und die Herzen verwandelt, unser
eigenes, aber auch das anderer Menschen. Oder es ist ein Akt des
Hoffens: „Dein Knecht ist krank, sprich nur ein Wort, so wird
er geheilt." „Herr, gib mir immer dieses Wasser zu trinken." „Ich
preise dich, daß du dies den Einfältigen geoffenbart hast." Diese
Worte sind aber immer vom Geheimnis abhängig. Es ist niemals
ein Beten, das sich selbst betrachtet, sondern ein Beten, das allmählich zur Kontemplation dessen wird, was Gott uns aus seinem
Mysterium gesagt hat.

Dies ist jedoch noch nicht selbst eigentlich Kontemplation,
sondern bittendes und bettelndes Flehen im Geist der Demut
oder, wie die Mönche der damaligen Zeit sagten, der Zerknirschung. Für Guigo und seine Brüder gibt es zwei Arten der Demut.
Eine Demut, die wir vernünftig nennen könnten, insofern sie vom
Verstand herkommt – es ist die Demut der Theologen, und sie
ist gar nicht so schlecht. Wollte Gott, wir hätten immer schon
diese Demut! Sie läßt uns verstehen, daß Gott die erste Ursache
ist und daß alles von ihm kommt, daß ich als Geschöpf von Gott
abhängig bin und daß ich obendrein Sünder bin! In dieser Weise
folgert die theologische Demut, und sie ist wertvoll genug.

Die zweite Art der Demut, die uns zum Bitten hinführt, ist liebende Demut. Sie entsteht aus der Liebe: „Herr, ich bin nichts,
aber du bist getreu, du hast mich geliebt, du hast dich für mich
hingegeben, ich kann also auf dich zählen."

Diese Demut führt zur „Zerknirschung des Herzens", in der

unser eigenes Herz im Leiden Christi gleichsam mitdurchbohrt wird. In der Apostelgeschichte ist diese Zerknirschung erstmals nach der Rede des Petrus an die Volksmassen angesprochen. Es handelt sich somit nicht nur um irgendeine Privatmystik! Petrus hatte von „eben diesem Jesus, den ihr gekreuzigt habt" gesprochen. „Als sie das hörten, durchschnitt es ihr Herz" (Apg 2, 36 f). Das ist „Zerknirschung": wenn unser Herz durchschnitten ist vor diesem Jesus, den wir selbst gekreuzigt haben. Sie bedeutet, daß wir uns des Dramas bewußt sind, in das wir miteinbezogen sind, des Dramas um Christus, den wir das Leben gekostet haben. Sie bedeutet, daß wir das Menschsein Christi und das Leiden aus Demut verstehen. Das entzündet in uns das Feuer des Gebetes.

Wir besitzen aus der Zeit des Bernhard von Clairvaux ein schönes Gedicht, das uns dahin führt:

Sei gegrüßt, Heil der Welt,
Sei gegrüßt, geliebter Jesus.
Gerne will ich deinem Kreuz gefügig werden,
Du weißt selbst warum. Leih dich aus an mich,
Präge deine roten, deine tiefen Wunden
Auch tief ein in mein Herz,
Damit ich dich in jeder Weise liebe,
Damit ich so dir gleichförmig werde.
Aufrecht am Kreuz,
Blicke du auf mich, mein Geliebter.
Zieh mich ganz an dich und sprich zu mir:
„Ich heile dich, alles vergebe ich dir."
Siehe, von deiner Liebe entzündet, umarme ich dich
Und erröte; ich gleiche mich dir an.
Ach, nur zu gut weißt du den Grund,
Doch ertrage mich und weis mich nicht ab.
Mag meine Kühnheit dir nicht mißfallen –
So krank und befleckt ich auch bin,
Mag dein Blut, das doch überall hier fließt,
Mich waschen, mich heilen und alle Flecken von mir nehmen.

In diesem Gedicht wird das Herz nicht allein durch den Blick auf den Gekreuzigten mit durchbohrt, sondern auch durch den Blick Christi selbst, der auf dem Dichter ruht.

Wie uns die Demut von der Meditation zum Gebet weiterführt, bringt uns die Zerknirschung, die angesichts des Leidens Christi entsteht, vom Gebet hin zur Kontemplation. Aus unserer inneren Stumpfheit und Trägheit werden wir wachgerüttelt und treten ins volle Licht: „Herr, wie sollen wir aber erkennen, daß du dies alles in uns vollbringst? Was ist das Zeichen für dein Kommen?", fragt Guigo. Es ist die Haltung unseres Herzens im Andenken an den gekreuzigten Christus, sie wird zur Gewißheit der Auferstehung. Die Zerknirschung erschöpft sich nicht im Schmerz über unsere Schwachheit, in der Furcht oder Niedergeschlagenheit – denken wir daran, wie Abraham niedergeschlagen ist im Augenblick des großen Opfers, das zum Vorspiel wird für den Bundesschluß. Auf Warten und Angst folgen Sicherheit und Gewißheit. Die Kontemplation ist dann jene innerste Kenntnis, mit der wir Gott kosten und die Gott selbst uns schenkt, wenn wir sie durch Jesus von ihm erbitten: „Niemand kennt den Vater als nur der Sohn und wem der Sohn es offenbaren will." Es ist eine Kenntnis, die ganz von Liebe durchdrungen und kostbar ist und die sich gewissermaßen nicht mehr mit schönen Worten zufrieden gibt. Dazu ruft Guigo uns auf:

„Die Seele zeigt, wie sehr sie betroffen ist. Beschwörend ruft sie zum Herrn. Und der Herr, dessen Blick auf den Gerechten ruht und der nicht nur aufmerksam auf ihr Beten hört, sondern gar nicht abwartet, bis sie ihre Bitten ausgesprochen haben, um sie zu erhören; der Herr unterbricht auf einmal den Fluß dieses Gebetes, er kommt eilig, läuft der Seele mit himmlischem Tau entgegen …"

Hier klingt das Hohelied an, der Bräutigam, der unverhofft eintrifft, noch bedeckt vom Tau der Nacht; er tröstet die ängstliche Seele, stillt und erfrischt sie. Es ist die „Erkenntnis" im biblischen Sinn, Erkenntnis in der Liebe. Und Guigo schreibt zum Abschluß:

„An erster Stelle kommt die Lesung, sie ist die Grundlage. Wenn sie einen Stoff für die Meditation gewonnen hat, weicht sie dieser.

Die Meditation sucht sorgfältig das Erstrebenswerte, sie pflügt den Boden, entdeckt den Schatz und zeigt ihn hervor; sie ist aber selbst nicht fähig, ihn zu erfassen und führt uns so zum Gebet.

Das Gebet erhebt sich mit aller Kraft zum Herrn und bittet um den ersehnten Schatz, die kostbare Kontemplation.

Die Kontemplation endlich belohnt die Anstrengung der drei vorausgehenden Mühen und macht die dürstende Seele trunken mit süßem Tau des Himmels."

Die vier Sprossen der einen Leiter gehören untrennbar zueinander und leisten sich gegenseitige Hilfe, die so nötig ist, daß die ersten ohne die letzten zu nichts nutzen – jedenfalls wenn wir bei der Lektüre oder bei der Meditation einfach stehenbleiben. Auf die letzten Sprossen gelangt man selten oder nie, ohne zuvor die unteren zu durchsteigen, dieses lange und langsame Aufbereiten und „Wiederkäuen".

Guigo macht uns noch auf vier Hindernisse aufmerksam: manchmal unumgängliche Notwendigkeiten, Tätigkeiten, die der Dienst am Nächsten von uns verlangt, menschliche Schwäche und schließlich die Nichtigkeiten der Welt, wenn wir uns mit Kleinkram und Nebensächlichem abgeben.

Wenn wir aus dem Wort Gottes leben wollen, müssen auch wir wissen, daß unsere Schriftlesung zur Meditation werden muß und uns sagen läßt: „Herr, hilf mir, damit ich Zugang finde zu dem, was du mich lehren willst." Dieses betrachtende Lesen, diese Meditation und diese Bitte führen uns hin zur schlichten und beseligenden Schau Gottes.

Im Mittelalter gab es noch eine zweite Art der *Lectio divina*. Die erste Art bei Guigo, die wir eben besprochen haben, setzte immerhin voraus, daß man lesen konnte. Es gab aber auch eine *Lectio divina* der Analphabeten, der einfachen Leute: den

Rosenkranz. Der Rosenkranz ist die *Lectio divina* der ganz Armen. Allerdings nicht der Fließbandrosenkranz aus atemlos heruntergesagten „Gegrüßet seist du Maria". Das ist nur noch eine Karikatur vom Rosenkranz des heiligen Dominikus. Die richtige Weise, den Rosenkranz zu sprechen – die wirklich *Lectio divina* ist – hat der Dominikaner Henri Lacordaire so beschrieben: „Es gibt nur ein Buch des Evangeliums, und der Rosenkranz ist die Zusammenfassung des Evangeliums." Was ist das, der Rosenkranz? Diese Perlenkette, was bedeutet sie eigentlich? Er ist die *Lectio divina* der Armen, in der die großen Geheimnisse Christi gebetet werden, der untrennbar ist von Maria, seiner Mutter. Die Päpste, auch Paul VI., erinnern ständig an den Wert des Rosenkranzes, nicht aus einem verklemmten Traditionalismus heraus, der sich am Rosenkranz festklammern will, sondern um nicht den Armen (und uns!) eine tiefe Weise des Betens zu nehmen.

Der Rosenkranz ist Christus: diesen Christus betrachte ich sein ganzes Leben hindurch, angefangen bei der großen Stille der Verkündigung, bei der Freude des Magnificat bis zur Kreuzigung, zur Himmelfahrt und zum Pfingstereignis. Es ist der fleischgewordene Christus, der nicht von seiner Mutter losgelöst werden darf, aus der er seinen Leib annimmt und die ihn zurückhaltend, aber immer anwesend in seinen großen Stunden begleitet. Der Rosenkranz mit Maria führt uns hinein in die Tiefe der Inkarnation. An den fünfzehn Geheimnissen gibt es viel zu meditieren. Es ist eine Meditation ganz wie in der geistlichen Schriftlesung der Mönche, aber eine Meditation, bei der diese Geheimnisse in uns neu deutlich und bereichert werden mit unserer ganzen Existenz. Wenn ich heute das Geheimnis von der Auferstehung spreche, dann tu ich dies im Licht eines Ostertages meines Lebens voll unbeschreiblicher Freude, als wir damals ganz früh morgens begeistert unsere Prozession zum Heiligen Grab machten im Andenken an Maria Magdalena. Ich kann also dieses Ostergeheimnis nicht sprechen, ohne dabei das Licht (und nicht eben nur ein Gefühl) wiederzufinden, das ich an dem Tag damals erlebt habe. Ebenso ist es mit Weihnachten – das Geheimnis von Betlehem bringt den Reichtum der schönsten Weihnachtstage wieder zu Bewußtsein. So ist es mit jedem Geheimnis. In diesem Gebet, das gleichzeitig „Lesung" des Geheimnisses ist und Bitte, erhält jedes „Gegrüßet seist du Maria" einen eigenen Akzent, einen freudigen, schmerzhaften oder glorreichen Klang.

Als ich damals im Hafen von Marseille als Docker arbeitete, habe ich anfangs natürlich eifrig gebetet – ich hatte nie etwas anderes als einen Federhalter gehoben und gab ein jämmerliches Bild ab mit einem Sack von sechzig, achtzig Kilo auf dem Rücken. Damals betete ich und schrie im Innern: „Gott, komm und hilf mir, sonst überleb ich nicht bis sechs Uhr abends!" Ich betete wirklich und fest drauf los, mit lauten Rufen aus dem Herzen. Als ich dann aber die Säcke ein paar Monate geschleppt hatte, redete ich weniger darüber, weil ich von alleine damit fertig wurde. Auf einmal merkte ich, daß ich überhaupt nicht mehr betete! Ich habe mir damals vorgenommen, den Rosenkranz zu beten, einen morgens und einen nachmittags. Ich konnte ihn aber schlecht aus der Tasche ziehen, um die Ave Maria zu zählen, also sagte ich mir: dieser Stoß Säcke da, das sind die freudenreichen Geheimnisse – auf diesem Stoß liegen fünfzehn, zwanzig oder dreißig Säcke, ich bete also das erste Geheimnis, die Verkündigung und meditiere dabei, und dann kommt der Stoß der Heimsuchung." Es kam schon mal vor, daß ich dann einen Sack fallen ließ oder aus dem Tritt kam, dann konnte auch einmal ein eher menschlicher als mariologischer Kraftausdruck das „Gegrüßet seist du Maria" unterstreichen – aber dennoch blieb das Geheimnis weiter gegenwärtig.

Der Rosenkranz ist das Gebet der armen Leute. Es wäre sträflich, wenn man den Armen das Gebet wegnehmen wollte, um es durch was weiß ich was zu ersetzen. Hier finden wir den Sinn des Gebetes „Sch'ma Israel – Höre Israel" in der Bibel wieder: „Du sollst diese Worte (nämlich dieses einfache kurze Stück Gebet: ,Höre Israel! Jahwe, unser Gott, ist der einzige Jahwe!') sprechen, wenn du zu Hause weilst und wenn du auf Reisen bist, wenn du dich hinlegst und wenn du aufstehst, auch deinen Kindern sollst du sie einschärfen ..." (Dt 6, 4–7). Der Rosenkranz bedeutet genau das: immer wieder die fünfzehn größten Wunder zu sprechen, die Gott vollbracht hat – das ist alles andere als leeres Geplapper.

Jussef Bousnaya erzählt uns „die Geschichte von einem Dämon, der in die Welt gesandt wurde, um die Christen in Zeiten der Verfolgung ins Verderben zu führen":

> „Der Dämon kam gleich zu Beginn an einen Ort, an dem ein alter Mann wohnte, und schon konnte er nicht mehr weiter; nach mehreren Tagen kehrte er ganz verstört zu dem zurück, der ihn geschickt hatte.
>
> Als dieser ihm vorhielt, warum er denn seine Reise in soviel Tagen immer noch nicht durchgeführt habe, antwortete ihm der Dämon: ‚Ich habe unterwegs einen alten Mann getroffen, der Psalmen sang und betete, und mit der Kraft, die er aus seinem Gottesdienst gewann, hat er mich am Weitergehen gehindert; ich habe nun mehrere Tage gewartet und habe gehofft, er würde seinen Dienst irgendwann einmal unterbrechen, damit ich weiterziehen könnte. Aber was ich erhoffte, traf nicht ein, also bin ich zu dir zurückgekehrt, um dir davon zu berichten.'"

So also gelangt man schließlich zum dauernden Beten des Herzens, zum Beten des russischen Pilgers und so vieler anderer in so vielen verschiedenen Formen. Wir sind nun selbst an der Reihe, die *Lectio divina* zu erleben, in ihrer erhabensten Form, aber auch im einfachen Gebet des Rosenkranzes.

*Literatur*

A. *Dumas*, Des hommes en quête de Dieu, la règle de saint Benoît (Éditions du Cerf, Paris), Reihe „Chrétiens de tous les temps".

P. *Deseille*, L'Évangile au désert, des premiers moines à saint Bernard (Éditions du Cerf, Paris), Reihe „Chrétiens de tous les temps".

A. *Brou*, Gebetsschule des hl. Ignatius (Kevelaer 1953).

# 11

## Theresia vom Kinde Jesus
## Eine seltsame Alchimie der Erlösung

Die hl. Theresia vom Kinde Jesus starb am 30. September 1897, kurz vor Anbruch unseres Jahrhunderts. Zwangsläufig stellt sich die Frage: wozu soviel Aufhebens um eine unbekannte Karmeliterin – und zwar nicht nur in ein paar frommen Zirkeln, sondern praktisch überall in der Welt. Wo man hinkommt, nach Brasilien oder nach Japan, man begegnet ihr. Edith Piaf steckte ganze Wälder von Kerzen für die heilige Theresia vom Kinde Jesus an, und als ich selbst noch als Ungläubiger ein paar Tage bei den Kartäusern von Valsainte verbrachte, sagte mir der Pater, der die Gäste betreute, bei der Abfahrt: „Sollten Sie irgendwann mal ein Buch in die Hände bekommen, noch ganz im kleinbürgerlichen Stil des vorigen Jahrhunderts und in altertümlichen Bildern geschrieben...", und er beschrieb mir das Buch auf sehr humorvolle Weise, als wollte er mir im voraus schon ein Gegenmittel verabreichen, um am Ende zu sagen: „Lesen Sie es doch einmal, und Sie werden schon merken, wie hinter dem Schulmädchenstil eine unerhört starke Seele steht." Es war das einzige Buch, das er mir empfahl. Ein paar Monate später stieß ich ganz zufällig darauf: „*L'Histoire d'une âme* – Die Geschichte einer Seele", und es hat mich überwältigt.

Inmitten einer alternden, erschlafften abendländischen Welt, in einem kraftlosen Christentum, ist Theresia „eine kleine Quellensucherin", um ein Wort von Kardinal Daniélou zu gebrauchen, die uns wieder an die verborgene Quelle der Anawim des Alten Testaments führt.

Aber ist es sehr sinnvoll, bei einer Theresia in die Schule des Betens zu gehen, die uns erzählt, wie sie während der Gebetszeiten einschlief oder wie sie oft „mangels erhabener Gedanken" das Vaterunser nur ganz langsam sprechen konnte? Gerade damit aber zeigt Theresia uns aus ihrem tiefsten Wesen heraus, daß das Beten, ehe es zur Methode und Technik wird, offenes und geopfertes Leben ist. Wenn wir ihr zusehen, wie sie lebt, lernen wir unausbleiblich beten.

Sie hatte immer einen Wunsch gehabt, den Kinderwunsch einer Vierjährigen, und sie behielt ihn bis zu ihrem Tod: „Ich will eine Heilige sein, ich will eine große Heilige sein... Ich wähle alles." Aber sie will keine Heiligkeit der aufsehenerregenden Taten oder der außergewöhnlichen Dinge. Sie will eine Heiligkeit im Verborgenen, in der die Demut sich in Liebe und das Alltagsleben sich in Selbstlosigkeit verwandelt. Sie möchte sich deshalb aus den „eigenen Augen verlieren", und das ist wohl am schwersten! Je mehr wir uns nämlich anstrengen, uns aus dem Auge zu verlieren, desto weniger verschwinden wir tatsächlich, weil wir uns dauernd beim Verschwinden zusehen... Der Theresia gelingt dies dennoch durch eine aktive Liebe, die sich in den kleinen Dingen zeigt. Später sagt sie zu ihren Novizen: „Ihr müßt euer Bett ordentlich machen." Ja, das Bett sollen sie ordentlich machen, weiter nichts! „Man muß es so machen, als wäre es wirklich das Bett des Jesuskindes." Aber gleichzeitig hielt sie ihren Novizen vor, sie klammerten sich zu sehr an ihrem Tun fest. „Man muß sich von seiner Tätigkeit loslösen!" – „Tun als täte man nicht", wie Paulus sagte.

In den Jahren 1894 und 1895 ist sie 21, 22 Jahre alt, wohlauf, glücklich, tatkräftig. In dieser Zeit entdeckt sie „das Geheimnis Gottes": der Weg, auf dem sie bisher gegangen war, folgte im

Grunde der Spur der Barmherzigkeit Gottes, denn Gott sucht, was klein ist, um es überreich zu beschenken!

In diesem Augenblick nun wird ihre Demut zum Vertrauen. Es kommt nicht mehr darauf an, sich selbst klein zu machen, sondern immer nur voller Staunen und Wundern auf die Liebe Gottes zu blicken. Und dieser Blick schafft in Theresia grenzenloses Vertrauen. Conrad de Meester hat festgestellt, daß in ihren Schriften vor 1895 das Wort „Barmherzigkeit" fast ganz fehlt; sie gebraucht es lediglich zweimal in ziemlich banaler Weise; aber dann taucht es in ihrem ersten Manuskript von 1895 gleich zwanzigmal auf! Man spürt, wie es nun für sie das Schlüsselwort zum Geheimnis Gottes geworden ist. Nur ihr Glaube an die Barmherzigkeit Gottes kann ihr Unternehmen rechtfertigen:

> „Als Ihr mich gebeten habt, die Geschichte meiner Seele zu erzählen", schreibt sie an ihre Schwester Pauline, die damalige Oberin, „schien es mir, als würde dies mein Herz zerstreuen und es mit sich selbst beschäftigen. Ich will hier im übrigen nur eines: ich will besingen, was ich endlos immer wieder sagen muß: ,die Barmherzigkeit des Herrn!'"

Das ist also das Geheimnis, um nicht auf sich selbst zurückzuverfallen, das Geheimnis der Vereinfachung.

Von woher hätte Theresia diese Wirklichkeit der göttlichen Barmherzigkeit geschöpft als aus der Quelle der Bibel? Und man kann nur staunen, wenn man weiß, wie wenig Texte sie zu ihrer Verfügung hatte. Sie besaß nicht einmal eine Gesamtausgabe der Bibel, sondern nur die Psalmen und das *Manuel chrétien* – das christliche Handbuch, in dem das Neue Testament enthalten war. Sie besaß vor allem noch zwei handgeschriebene Hefte, in das Céline und ihre Cousine vor ihrem Eintritt in den Karmel die Texte kopiert hatten, die ihnen Licht brachten für ihre Entscheidung. Darunter fanden sich Ausschnitte aus dem Buch der Sprüche, aus dem Buch Kohelet, aus dem Hohenlied, dem Buch der Weisheit, aus den Propheten und aus der Geheimen Offenbarung. Diese wenigen Texte, aus dem Glauben gelesen, bilden den

Stoff ihres Gebetes und ihrer Entdeckungen. Wenn sie sagt, wie gern sie Hebräisch gelernt hätte, um die Schrift in Jesu eigener Sprache zu lesen, spürt man ein wenig, mit welchem Eifer sie wohl die Bibelstellen durchforschte, die sie zur Hand hatte. Wie auch sonst bei den Heiligen werden bei Theresia die Kräfte des Lebens und der Gnade, die in diesen einfachen Texten stecken, frei und brechen hervor.

> „Als ich dann das Evangelium öffnete, fiel mein Blick auf die Worte: ‚Und er stieg auf den Berg hinauf und rief die zu sich, die er selbst wollte.' Darin also liegt das Geheimnis meiner ganzen Berufung, und vor allem das Geheimnis, daß Jesus in allem Vorrang hat vor meiner Seele. Er ruft nicht diejenigen, die dazu würdig sind, sondern die er will: ‚Er rief die zu sich, die er selbst wollte.' Oder wie Paulus in seinem Brief an die Römer schreibt: ‚Gott ruft, wen er will, und spricht: Ich werde mich erbarmen, wessen ich mich erbarmen will, und ich werde Mitleid haben, mit wem ich Mitleid haben will. So kommt es also nicht auf den Wollenden oder Laufenden an, sondern auf den sich erbarmenden Gott.' "

In diesem Licht findet sie die Antwort auf die langgestellte Frage: Warum erhalten nicht alle Seelen die Gnade im gleichen Maße? Theresia übersetzt ihre Antwort in ein Frühlingsgleichnis: es kommt nicht so sehr darauf an, ob man Lilie oder Rose, Gänseblümchen oder Veilchen ist, denn „die Liebe unseres Herrn offenbart sich ganz ebenso in der einfachsten Seele, die seiner Gnade nichts in den Weg legt, wie in der erhabensten Seele." Und Theresia führt den Gedanken zu Ende, indem sie nochmals das Warum ihres Manuskriptes in einem Lobgesang an die Barmherzigkeit ausspricht:

> „Ihr fragt euch sicher, worauf ich hinaus will, denn bisher habe ich noch nichts gesagt, was meiner Lebensgeschichte ähneln würde, aber ihr habt mich gebeten, ganz zwanglos aufzuschreiben, was mir in den Sinn kommt. Es ist also nicht eigent-

lich mein Leben, das ich hier beschreibe, sondern es sind meine Gedanken über die Gnaden, die Gott mir geschenkt hat. Ich finde mich in einer Phase meines Lebens, in der ich einen Blick auf meine Vergangenheit zurückwerfen kann. Meine Seele ist reifer geworden im Schmelztiegel innerer und äußerer Prüfungen (Theresia hatte den Tod ihres Vaters nach Jahren eines sehr demütigenden und schmerzlichen Altersschwachsinns erlebt, und sie war mitten im Karmel auf unerwartete, schwere Prüfungen und Widerstände gestoßen). Nun erhebe ich die Augen wie die im Gewitter gestärkte Blume und sehe, wie die Worte des Psalm 22 sich an mir verwirklichen: ,Der Herr ist mein Hirte, ich leide nicht Not; auf grünender Weide läßt er mich lagern, er führet mich an Wasser der Ruhe ... Und muß ich auch wandern im finsteren Tale, ich fürchte kein Unheil, denn du bist bei mir, Herr!' Allezeit war der Herr für mich mitfühlend und voller Güte, langsam im Strafen und überreich an Barmherzigkeit. Daher, meine Mutter, will ich voll Freude die Barmherzigkeit des Herrn vor euch besingen."

Theresia geht an eine „Überprüfung" ihres Lebens im Licht einer neu entdeckten Theologie, die sie vorher zwar schon gelebt hatte, die ihr jedoch jetzt erst im Zusammenhang klar wird: der Öffnung für die Barmherzigkeit, die uns beschenkt, wenn wir ihr nichts in den Weg legen, das heißt, wenn wir alles von Gott erwarten und uns weder hinter unseren Schwächen noch hinter unseren Unfähigkeiten verschanzen; das nämlich hindert uns daran, in die Barmherzigkeit Gottes einzudringen, wenn wir uns an unseren eigenen Widerständen festhaken. Auch hier ist die ganz spontane Theologie Theresias für uns eine unerhört reiche Anleitung zum Gebet: ohne die Sonne der Liebe Gottes bedeuten Schwächen, Elend und Unvermögen Fäulnis und Verfall. Schwäche und Unvermögen gemeinsam mit der Liebe Gottes hingegen – sozusagen der Komposthaufen in der Sonne – bringen wunderbaren Pflanzenwuchs hervor. Ein Anruf Gottes verwandelt alles. Weil Gott in allem als erster die Initiative hat, ist es nun an ihm, alles umzuwandeln; für uns wie für Theresia geht es dabei nur noch darum, einfach beim Wirken eines andern mitzuwirken: „Gott ist es, der unsere unvollkommenen Handlungen fruchtbar macht und sie vollendet."

Theresia dringt in ihrem Verständnis der Liebe Gottes noch weiter vor; sie legt den Schwerpunkt von jetzt an nicht mehr auf ihren Wunsch, Christus zu lieben, sondern darauf zu begreifen, „in welchem Maße Jesus danach verlangt, geliebt zu werden". Sie überträgt das Aktiv ins Passiv. Jesus will geliebt werden, und „lieben" bedeutet dabei für Theresia „sich lieben lassen". Sie fängt nicht von selbst an zu lieben. Lieben heißt für Theresia „seine unendliche Liebe akzeptieren", heißt „die Ströme unendlicher Zärtlichkeit in ihm – Jesus – nicht zu unterdrükken".

Damit stoßen wir auf die beiden Höhepunkte im Leben Theresias. Der eine besteht in sechseinhalb Zeilen ihrer *Histoire d'une âme* und der andere in zweieinhalb Seiten in ihrer Aufopferung an die barmherzige Liebe. Dieses Opfer steht aber so sehr im Licht jener sechs Zeilen, daß man sie davon nicht trennen kann[1]. Wie immer denkt Theresia nach über ihren ständigen Wunsch nach Heiligkeit:

> „Dieser Wunsch mag verwegen erscheinen, wenn man überlegt, wie schwach und unvollkommen ich war und es auch nach sieben Jahren Ordensleben immer noch bin. Dennoch spüre ich immer noch das gleiche kühne Vertrauen, eine große Heilige zu werden, denn ich zähle nicht auf meine Verdienste – ich habe ja keine –, sondern ich hoffe auf den, der die Kraft, die Heiligkeit selbst ist. Er allein, der sich mit meinen schwachen Bemühungen begnügt, hebt mich hinauf bis zu sich und macht mich dadurch zur Heiligen, daß er mich mit seinen unendlichen Verdiensten überhäuft."

---

[1] Diese Parallelität und die folgende Analyse hat Conrad de Meester herausgearbeitet, und ich übernehme sie fast wörtlich.

In diesen sechs Zeilen greifen sieben Dinge ineinander:
1. „schwach und unvollkommen";
2. das Verlangen, „eine große Heilige zu werden";
3. ihr Verlangen ist so groß, daß es „verwegen erscheint", das betont sie eigens;
4. „ein kühnes Vertrauen, es zu schaffen, es wirklich zu werden";
5. „sie hat keinerlei Verdienste". Sie fügt übrigens im weiteren noch hinzu, daß sie „mit leeren Händen" dasteht. Oder sie sagt: „Sogar unsere Gerechtigkeit hat Flecken."
6. Und nun der Sprung nach vorn: „Mein Gott, ich bitte dich, selbst meine Heiligkeit zu sein." Gott allein kann die Heiligkeit sein. Das ist eine seltsame Art, sich selbst loszuwerden. „Ich hoffe auf den, der die Heiligkeit selbst ist" – „ich hoffe, denn ich zähle nicht auf meine Verdienste – ich habe ja keine –, sondern ich hoffe auf den, der die Kraft, die Heiligkeit selbst ist." Sie stützt sich auf die unendlichen Schätze Christi. Christus ist ihr Verdienst. Dies alles ist eine zugleich unglaublich alte und neue Theologie.
7. Christus „hebt mich hinauf bis zu sich" und „überhäuft mich mit seinen unendlichen Verdiensten". Sie will sich mit Gottes eigener Gerechtigkeit bekleiden.

Wenden wir uns jetzt ihrem Akt der Hingabe an die barmherzige Liebe Gottes zu. Sie schreibt diesen Text zum Fest der Heiligen Dreifaltigkeit 1895, zur gleichen Zeit, als sie das Manuskript für ihre Schwester verfaßte. Die Überschrift, das wurde oft angemerkt, ist präzise formuliert wie die Urkunde eines Notars: „Hingabe meiner selbst als Brandopfergabe an die barmherzige Liebe des lieben Gottes." (Lassen wir das „liebe" im „lieben Gott" hier ruhig stehen – inzwischen wurde es abgegriffen, aber so sprach man zu ihrer Zeit, und bei ihr bedeutet es nicht nur eine Verniedlichung).

„O mein Gott, selige Dreifaltigkeit, ich will dich lieben und andere dich lieben lassen, ich will für die Verherrlichung der heiligen Kirche wirken durch die Errettung der Seelen auf der Erde."

So ist ihr Ziel auf Gott ausgerichtet und gleichzeitig weit geöffnet für die universale Sendung der Kirche: „Ich will dich lieben." Erinnern wir uns, daß dies für sie bedeutet „mich lieben lassen", und daß dazu untrennbar die Arbeit gehört für die Sache, für die Jesus Christus auf die Erde gekommen ist. Gleich darauf folgt wieder ihr Wunsch nach Heiligkeit, der nach Paulus ja Gottes eigener Wunsch ist: „Das ist der Wille Gottes, eure Heiligung" (1 Thess 4, 3): „Ich will deinen Willen vollkommen erfüllen und das Maß an Herrlichkeit erlangen, das du mir in deinem Reich bereitet hast."

Heiligkeit ist somit für Theresia keine Sache für sich, sondern dazu da, daß der Wille Gottes erfüllt wird. Und ebenso unvermittelt fügt sie hinzu: „Ich sehne mich danach, heilig zu sein, aber ich spüre mein Unvermögen und bitte dich, mein Gott, du möchtest selbst meine Heiligkeit sein."

Dieses Verlangen nach Heiligung ist keine Ichsucht, sondern Antwort auf die Liebe Gottes, die sich mitteilen will: „Weil du mich so sehr geliebt hast, daß du mir deinen einzigen Sohn geschenkt hast als meinen Erlöser, als meinen Bräutigam, sind die unendlichen Schätze seiner Verdienste auch für mich da."

Das erinnert an einen Vergleich bei Charles Péguy: die beiden zusammengefalteten Hände Christi sind wie der Bug eines Schiffes, und im Fahrwasser des Gebetes des Herrn versammelt sich die ganze Menschheit. Christus und sein Leib, Maria und die Heiligen sind jedoch eins:

„Ich opfere dir auch alle Verdienste der Heiligen im Himmel und auf der Erde, die Taten ihrer Liebe. Schließlich opfere ich dir, heilige Dreifaltigkeit, die Liebe und die Verdienste der heiligen Jungfrau, meiner lieben Mutter. Ihr vertraue ich meine Opfergabe an und bitte sie, alles dir zu übergeben. Ihr Sohn, mein geliebter Bräutigam, hat in den Tagen seines Erdenlebens

uns gesagt: ‚Alles, um was ihr meinen Vater in meinem Namen
bittet, wird er euch geben.'"

Die Kühnheit bei Theresia ist eigentlich nichts anderes als ihr
Glaube an das Wort Christi. Dann folgt eine Stelle, die einiger
Erläuterung aus der Situation bedarf, in der Theresia sich befand:

„Ich kann die heilige Kommunion nicht so oft empfangen, wie
ich es möchte, aber bist du nicht allmächtig, Herr? Bleib in mir
wie im Tabernakel, ziehe dich nie aus deiner kleinen Hostie
zurück."

Damals in Lisieux bestimmte die Oberin des Klosters, wer
wann die Kommunion empfangen durfte oder nicht. Was uns
heute unvorstellbar erscheint, ergab sich seinerzeit aus dem Ein-
fluß des Jansenismus.

Es gab zwar ein päpstliches Dekret, das diese Verfahrensweise
verurteilte, aber die Mutter Oberin war eine etwas eigensinnige
Frau und glaubte, besser als sonstwer zu wissen, was es in ihrem
Karmel zu entscheiden gab. Und ihre Entscheidung, jemanden
zum Empfang der Kommunion zuzulassen, hing manchmal von
höchst nebensächlichen Dingen ab, wie man sagt etwa auch von
dem Umstand, daß wieder einmal jemand ihre oft herum-
streunende Katze eingefangen hatte. Auch daraus hat der Herr die
Heiligkeit der Theresia vom Kinde Jesus geformt!

Kurz darauf finden wir wieder, untrennbar zusammengehörig,
ihr Verlangen nach Gott, ihren missionarischen Geist und ihre
einzige Stütze: die „leeren Hände". Dabei nun erweist sie sich
als eine Theologin, die ihrer Zeit weit voraus ist:

„Ich will allein für deine Liebe arbeiten mit nur dem einen Ziel,
dir zu gefallen, dein Herz zu trösten und Seelen zu retten, damit
sie dich ewig lieben. Am Abend dieses Lebens werde ich mit
leeren Händen vor dir erscheinen, denn ich bitte dich nicht,
Herr, meine Werke zu zählen. All unsere Gerechtigkeit hat in
deinen Augen Flecken. Darum will ich mich mit deiner eigenen
Gerechtigkeit bekleiden und aus deiner Liebe dich als ewigen
Besitz empfangen."

Das aber kann Gott in einem Augenblick vollbringen wie bei Maria Magdalena: „Ihre vielen Sünden sind vergeben, weil sie viel geliebt hat." In einem Augenblick: „In deinen Augen ist die Zeit nichts. Ein einziger Tag ist wie tausend Jahre. Du kannst mich also in einem Augenblick so vorbereiten, daß ich vor dir erscheinen kann."

Ein kühnes Vertrauen! Nun folgen Mittel und Entscheidung, denn Theresia ist eine Frau, die nicht bei frommen Überlegungen stehenbleibt: „Um in einem Akt vollkommener Liebe leben zu können, opfere ich mich deiner barmherzigen Liebe als Brandopfergabe."

Brandopfergabe bedeutet totale Selbsthingabe: das Brandopfertier verbrannte man so vollständig, daß nichts übrigblieb. Das ist das Außerordentliche an Theresia und was in ihr aus Gott stammt, denn zu ihrer Zeit und im Karmel opferte man sich viel lieber der Gerechtigkeit Gottes. Das war das Höchste. Man opferte seine Werke, man gab sich hin zur Sühne, man zahlte für die andern. Es gab eine gewisse Sühnetheologie, bei der man den Eindruck gewinnen konnte, als sei der Vater verbissen hinter seinem Sohn her, um jeden Geißelhieb zu zählen, und als bestehe er darauf, daß der Sohn nur ja die ganze Schuld der Menschheit bezahle. Manch ein Theologe jener Zeit verfiel solcher Buchhaltertheologie. Aber nicht Theresia, und gerade in diesem Sinn führt sie uns wieder ganz zurück in die Tradition der Anawim und der Armen Jahwes. Sie opfert sich als Brandopfergabe, aber an die barmherzige Liebe Gottes, das heißt:

„Wenn ich dich bitte, mich unaufhörlich zu verzehren und wenn ich die Ströme der unendlichen Zärtlichkeit, die in dir beschlossen sind, überfließen lasse in meine Seele, dann will ich so zum Martyrer deiner Liebe werden, mein Gott!"

All das ist für sie nicht ein einmaliger Rechtsakt, sondern Leben, das sich ständig erneuert:

„Mit jedem Herzschlag, mein Geliebter, will ich dir diese Opfergabe unzählige Male wieder neu bringen, bis schließlich die Schatten weichen und ich dir meine Liebe neu sagen kann im ewigen Angesicht zu Angesicht."

Das Papierzettelchen mit ihrem Akt der Hingabe trägt Theresia an ihrem Herzen als Zeichen unablässiger Verbundenheit mit Gott, nachdem sie es am 11. Juni gemeinsam mit ihrer Schwester Céline gesprochen hatte, für die sie es auch niedergeschrieben hatte.

Im Oktober 1895 erlebt sie eine große Freude – Pater Bellière wird ihr geistlicher Bruder, ihr Wunsch nach missionarischer Entfaltung wird erfüllt. Ende 1894 bis Januar 1896 schreibt sie ihre Erinnerungen an die „Barmherzigkeiten Gottes", ihr erstes Heft. Am 2. und 3. April 1896 kommt es zum ersten Blutsturz – Ostern war der 5. April. Dieser 5. April wird zum Anfang einer inneren Prüfung ihres Glaubens und ihrer Hoffnung, die bis zu ihrem Tod dauert. Wenn man liest, was manchmal zu Recht die „Passion der heiligen Theresia vom Kinde Jesus" genannt wird, ihre Notizen und die Notizen derer, die ihr bis zu ihrem Tod beistanden, dann spürt man, welch unvorstellbares Martyrium des Glaubens sie durchgemacht hat. Sie schreibt noch ihren Brief an Maria vom Herzen Jesu und ihren Lebensbericht an Mutter Maria von Gonzaga und stirbt dann am 30. September 1897. Diese fünfzehn Monate sind die Erhörung und Vollendung ihres Opfers. Sie durchlebt dieses Opfer in einem Jahr und drei Monaten und macht sich einen Satz des Johannes vom Kreuz zum Leitsatz, den sie so übertrug: „Liebe läßt sich nur mit Liebe bezahlen."

Theresia vom Kinde Jesus, das ist unendliches Verlangen in unendlicher Ohnmacht. Wenn wir älter werden, stecken wir unsere Wünsche zurück – wir entdecken, daß wir uns Illusionen machten. Wenn die Illusionen hinfällig werden, ziehen wir die Wünsche zurück auf die Ebene unserer eigenen Möglichkeiten. Und das dürfen wir gerade nicht! Das unendliche Verlangen muß aufrechterhalten bleiben, wenn auch in der friedvollen Gewißheit totalen Unvermögens. Die Jungen erfahren zwar das große Verlangen, aber noch nicht das Gefühl eigenen Unvermögens. Die

Alten besitzen das Gefühl des Unvermögens, haben aber nicht mehr das große Verlangen. Wir müssen mit Theresia beides besitzen.

Darin liegt zugleich auch das Wesentliche der missionarischen Haltung des Christen. Das Herz muß sich öffnen und erweitern für das Elend in der Welt, das all unsere Vorstellung übersteigt, ob es nun die Not des Atheismus oder die der Lieblosigkeit ist. Um diese Ängste und verzweifelten Nöte zu überwinden, dürfen wir nur auf jene barmherzige Alchimie Gottes zählen. Es ist wie im Psalm 40, dieser „seltsamen Alchimie der Erlösung", wie André Chouraqui sagt, in der das Heil aus der Prüfung, „aus Schlamm und Morast" entsteht und Gott „die Füße auf Felsengrund stellt":

> „Ich habe gehofft, ja gehofft auf den Herrn, und er neigte sich mir und hörte mein Rufen. Er zog mich heraus aus der Todesgrube, aus Schlamm und Morast, er stellte meine Füße auf Felsengrund, sicher machte er meine Schritte. Er legte mir ein neues Lied in den Mund, ein Lied des Jubels für unseren Gott… Selig der Mann, der auf den Herrn seine Hoffnung setzt."

Theresia und der Psalmist gehören der gleichen geistigen Denkart an – sie haben dasselbe Gebet.

*Literatur*

*C. de Meester*, Dynamique de la confiance, genèse et structure de la „voie d'enfance spirituelle" chez sainte Thérèse de Lisieux (Éditions du Cerf, Paris), Reihe „Cogitatio fidei".

*ders.*, Les mains vides (Éditions du Cerf, Paris), Reihe „Foi vivante".

*V. Sion*, Réalisme spirituel de Thérèse de Lisieux (Éditions du Cerf, Paris), Reihe „Foi vivante".

*H. U. von Balthasar*, Therese von Lisieux. Geschichte einer Sendung (Johannes-Verlag, Einsiedeln 1950).

Vor allem aber und nicht zu ersetzen die Schriften der hl. Theresia vom Kinde Jesus selbst; siehe z. B. den von O. Karrer gesammelten, übersetzten u. eingeleiteten Band „Geschichte einer Seele und weitere Selbstzeugnisse (Ars sacra-Verlag, München 1964), ferner die umfassende Lebensdarstellung von *J.-F. Six*, Theresia von Lisieux. Ihr Leben, wie es wirklich war (Verlag Herder, Freiburg i. Br. 1976).

# 12

## Alle Heiligen
## oder die Demut des Herzens

Versuchen wir einmal, mit einem Blick uns die Heiligen so vorzustellen, als befänden wir uns bereits mitten unter ihnen, und befragen wir sie einmal nach dem Geheimnis, das sie alle teilen. Wie haben diese Frauen und Männer so unterschiedlicher Epochen, Herkunft und Altersstufen es fertiggebracht, um ein solches Maß an Einfachheit und Ausgeglichenheit zu erreichen, in dem sich Unvermögen und Kühnheit, Schwäche und Heiligkeit, Beschwernis und Gnade, mit einem Wort Menschheit und Gott vereinigen. Jeder der Heiligen ist ein großartiges Vorbild, von dem wir lernen, wie Gott und Mensch zusammenwirken.

Wenn wir hier wiederum eines der letzten Worte der hl. Theresia vom Kinde Jesus an den Anfang stellen, dann nicht, um nun weiter über sie zu sprechen: „Ja, ich habe die Demut des Herzens begriffen. Ich glaube nun, ich bin demütig." Für uns ist dies der Ausgangspunkt einiger Fragen, die wir an ganz verschiedene Heilige richten möchten: Theresia von Ávila, Thomas von Aquin und Franz von Sales. Auch ohne vorherige Absprache würde jeder von ihnen voll und ganz das unterschreiben, was jeweils die anderen über die Demut gesagt haben, und jeder würde sich darin selbst ganz wiederfinden. Damit jedoch führen sie uns in das Gebet und das Handeln ein, denn die Demut (das lateinische Wort dafür, humilitas, kommt von *humus*, Erde) ist das Kennzeichen des guten Erdreiches, das reiche Frucht bringt, und nicht das des unfruchtbaren steinigen Bodens.

Bei ihrer Arbeit mit den Novizen hatte Theresia von Lisieux die tiefe und feine Verbindung der Demut mit Stärke und Größe erkannt. Damit sind wir schon bei unserer ersten und wichtigsten Feststellung: Demut ist weder Schwäche noch Schlaffheit. Theresia mochte keine „zimperlichen" Novizen, wie sie es ausdrückte. Sie hat uns ein großartiges Porträt des Apostels hinterlassen; ein Porträt von uns allen, haben wir doch alle Apostel zu sein gegenüber irgend jemand. Diese Texte sind wohl sicherlich bekannt, aber es ist gut, sie einmal aus unserer Perspektive zu sehen:

> „Ich weiß sehr wohl, daß man mich für streng hält. Sie (das sind diejenigen, die sie ihre Lämmer nennt) mögen aber sagen, was sie wollen, im Grunde spüren sie, daß ich ihnen in wahrer Liebe zugetan bin und daß ich es nie wie der Mietling machen werde, der den Wolf kommen sieht, seine Herde im Stich läßt und flieht. Ich bin bereit, für sie mein Leben zu geben, aber meine Zuneigung zu ihnen ist so rein, daß ich nicht wünsche, sie ihnen zu erkennen zu geben. Mit der Gnade Jesu habe ich niemals versucht, ihre Herzen für mich zu gewinnen. Ich habe erkannt, daß meine Aufgabe darin besteht, sie zu Gott hinzuführen und ihnen deutlich zu machen, daß Ihr, meine Mutter (sie spricht hier zu ihrer Oberin Maria von Gonzaga), hier in dieser Welt der sichtbare Jesus seid, den sie lieben und achten müssen."

Wir sehen, wie diese Demut wirkt; sie zieht nichts an sich, will nicht vereinnahmen, sondern führt hin zu derjenigen, die im Kloster die Verantwortung trägt.

> „Ich sagte Ihnen schon, daß ich selbst viel gelernt habe, indem ich andere unterrichtete. Zunächst habe ich gesehen, daß alle

Seelen etwa die gleichen Kämpfe durchzustehen haben, daß sie jedoch auf der anderen Seite auch so verschiedenartig sind, daß es mir nicht schwerfällt zu verstehen, was uns ein Priester sagte: ‚Die Seelen sind weit mehr voneinander verschieden als die Gesichter.‘ Daher ist es unmöglich, mit allen in der gleichen Weise zu verfahren.“

Darauf folgt die Beschreibung der Demut:

„Bei manchen Seelen spüre ich, daß ich mich klein machen muß und nicht davor zurückschrecken darf, mich zu demütigen, indem ich meine eigenen Kämpfe und Niederlagen eingestehe; wenn sie sehen, daß ich dieselben Schwächen habe wie sie, gestehen meine kleinen Schwestern mir ihrerseits die Fehler, die sie sich selbst vorwerfen, und freuen sich, daß ich sie aus eigener Erfahrung verstehen kann. Bei anderen habe ich gesehen, daß ich im Gegenteil sehr entschieden sein muß, um ihnen zu helfen, und daß ich niemals ein Wort zurücknehmen darf. Sich hier erniedrigen wäre keineswegs Demut, sondern Schwäche. Der liebe Gott hat mir die Gnade geschenkt, nicht um jeden Preis die Auseinandersetzung zu vermeiden; ich muß meine Pflicht erfüllen. Mehr als einmal habe ich sagen hören: ‚Wenn Sie bei mir etwas erreichen wollen, müssen Sie es mit Milde versuchen, durch Zwang erreichen Sie bei mir gar nichts.‘ Ich weiß aber, daß niemand ein guter Richter in eigener Sache ist, und anderntags sagt man mir dann: ‚Sie hatten gestern recht, mit mir streng zu sein. Anfangs hat mich das zwar aufgebracht, dann aber habe ich alles nochmals überdacht und habe gesehen, daß Sie sehr gerecht waren.‘“

Theresia führt uns hier auf die erste Spur: Demut ist nicht Schwäche. Im Christentum – und nur hier – kommt die Demut ins Spiel, wenn man nach Größe strebt. Sie ist die Tugend dessen, der nach Großem strebt. Sie ist die Tugend im Magnificat, denn wenn Maria sagen konnte: „Großes hat an mir getan der Mächtige“, dann deshalb, weil sie zugleich die Demut, die Niedrigkeit seiner Magd hervorhebt.

Wenden wir uns jetzt dem scharfsinnigen Theologen zu, einem Forscher und Denker, dem hl. Thomas von Aquin. Auch für ihn ist die Demut die Haltung, die notwendig ist, um große Aufgaben in Angriff nehmen zu können. Das von der Demut bevorzugte Feld ist dasselbe, das im Menschen Quelle der Begeisterung oder auch Anlaß zu Training sein kann: das Streben nach Großem, nach außergewöhnlichen Leistungen. Warum? Wenn wir an eine schwierige Aufgabe herantreten, setzt dies voraus, daß wir unsere Kräfte einigermaßen einzuschätzen vermögen. Weil wir fürchten müssen, daß wir der Anstrengung womöglich doch ausweichen, bedarf es einer zusätzlichen Kraft zur Festigkeit: die Großmut. Sie ist in uns das, was uns dazu bringt, große Dinge zu vollbringen, und ihr Gipfel ist die christliche Hoffnung, die uns das Höchste in der Welt erwarten läßt. Wenn wir Großmut verwirklichen, dürfen wir allerdings nicht „übermütig" werden und müssen das „rechte Maß" bei unseren großen Vorhaben zu wahren wissen.

Die Demut ist die Eigenschaft, die sich in großen Augenblicken bemerkbar macht und dafür sorgt, daß wir uns nicht über unsere Geschöpflichkeit erheben. Beide Eigenschaften, die Demut und die Großmut, stehen in engem Bezug zueinander: die Großmut läßt uns außergewöhnliche Taten vollbringen und die Demut („was hast du denn, was du nicht von Gott empfangen hättest?") weist ihnen das rechte Maß zu.

Im Gegensatz dazu ist der Stolz ein ungeordnetes Streben nach dem eigenen Ich. Statt auf große Werke aus zu sein und dabei zu wissen, daß ich nichts bin, hebe ich mich selbst hervor und stelle mir mein eigenes Ich als Ziel voraus. Nicht mehr die Größe der Aufgabe leitet mein Tun, sondern meine armselige eigene Größe. Eben dies hindert Gott daran, mich Großes tun zu lassen. Darin lag das Großartige bei Maria: sie vermochte zu begreifen, daß sie das fleischgewordene Wort in sich aufnehmen würde und zugleich wußte sie, daß sie selbst nichts war und alles von Gott empfing: wie der Spiegel, der kein Licht für sich behält, sondern alle Strahlen auf die Sonne zurückwirft.

Émile Rideau hat aus den Schriften der hl. Theresia von Lisieux alle Stellen zusammengestellt, die Quelle der Überheblichkeit hätten sein können (a. a. O., S. 88 ff). Theresia besaß einen „wahnsinnigen Ehrgeiz", wie sie sagte, einen Willen zur Selbstüberbietung, der sie hinderte, „ruhig sitzen zu bleiben". Sie will die erste sein, im Blick auf die Leistungen der Heiligen möchte sie am liebsten „alles wählen". „Ich bin für den Ruhm geboren", sagte sie, „mir scheint, daß der Herr mich zu Großem bestimmt hat. Ich habe immer das Große, das Schöne geliebt." Ihr Ideal war vom ritterlichen Ideal geprägt, wie junge Mädchen es damals sich ausdachten: „Als Kind träumte ich, wie ich auf dem Schlachtfeld kämpfte. Als ich die französische Geschichte kennenlernte, war ich begeistert vom Bericht über die Taten der Jeanne d'Arc; ich spürte in mir den Wunsch, es ihr nachzumachen; mir schien, daß der Herr mich zu Großem bestimmt hatte. Ich irrte mich nicht." Theresia vom Kinde Jesus wollte in einem die Judith des Alten Testaments und die Jeanne d'Arc der Geschichte sein. „Mit einem feurigen Herzen und einer kämpferischen Seele", wie sie sagte.

Rideau erinnert in diesem Zusammenhang an einen anderen Mann, einen kleinen baskischen Ritter, den ebenfalls maßloser Ehrgeiz trieb: Ignatius von Loyola. Von den Ritterromanen her angeregt, die er zu lesen begann, um den langen Heilungsprozeß einer Verwundung zu verkürzen, fängt er an, von edlen Taten zu träumen. Als er dann das „Leben der Heiligen" liest, fängt ein ganz ähnlicher Ehrgeiz Feuer in ihm. In der Folge läutert und klärt sich dieses Verlangen in ihm, ohne darum das Große ganz aufzugeben. Er findet Zugang zur Demut, die es ihm erlaubt, das Beste aus seinen ehrgeizigen Wünschen zu verwirklichen.

Das alles hat nichts mit kleinkariertem Gehabe, mit niedergeschlagenen Augen und Einfältigkeiten zu tun: Demut ist keine Einfältigkeit oder Dummheit. Es ist Streben nach Großem. Diese Eigenschaft der Demut ist letztlich Armut im Geiste, die Armut des Herzens der ersten Seligpreisung. Man kann sagen, daß alle Heiligen sie suchen und hierin ihr gemeinsames Merkmal besitzen.

Die Schutzpatronin der kleinen Theresia, die große heilige Theresia von Ávila, spricht unermüdlich davon:

„Die Demut gleicht der Biene, die unablässig im Inneren des Bienenstocks arbeitet, weil sonst alles vergebens wäre. Aber betrachtet einmal die Biene, wie sie herauskommt und hinausfliegt, um von den Blumen Honig zu sammeln."

Für Theresia von Ávila ist eine Selbsterkenntnis nötig – das Innere des Bienenkorbs –, sie ist der Anblick des Nichts, das wir sind. Zugleich aber gibt es ein Außen, den Blick auf Gott:

„Betrachtet die Biene. Die Seele, die sich um Selbsterkenntnis bemüht, soll es ebenso machen, wenn sie mir Glauben schenken will; manchmal schwingt sie sich auf, tritt heraus aus dem Inneren ihres Bienenkorbs, um die Größe und Majestät ihres Gottes zu betrachten. Dabei entdeckt sie weit stärker ihre eigene Niedrigkeit, als wenn sie in sich gekehrt bleibt. Glaubt mir, wir kommen zu weit höheren Tugenden, indem wir uns an die Tugend Gottes heften, als wenn wir in unserem Schlamm (in unserem persönlichen Kleinkram) steckenbleiben. Ich weiß nicht, ob ich mich deutlich genug ausgedrückt habe, denn so lange wir auf dieser Erde sind, ist nichts für uns hilfreicher als die Demut.
Indem wir die Größe Gottes betrachten, entdecken wir unsere Armseligkeit, indem wir seine Reinheit anschauen, sehen wir unsere eigenen Flecken, indem wir seine Demut überdenken, erkennen wir, wie weit wir selbst davon entfernt sind, demütig zu sein."

Der Blick auf Gott und seine Größe ist somit der entscheidende Blick für den demütigen Menschen. Indem wir Gott betrachten, „veredelt sich unser Verstand und unser Wille und werden wir empfänglicher für jegliche Art des Guten …", wir kommen heraus aus dem „Morast unseres Elends" und bleiben nicht in unserem eigenen Boden stecken:

„Deshalb sage ich euch, wir müssen die Augen fest auf Jesus Christus, unseren Schatz, ausrichten und auf alle Heiligen – dort erlernen wir die wahre Demut. Auf diesem Weg wird sich unser Verstand läutern und unsere Selbsterkenntnis, die Einsicht in unser Elend wird uns nicht mehr ängstlich und unterwürfig machen."

Theresia von Ávila bringt sehr deutlich zum Ausdruck, worum es geht. Sie läßt uns nicht viel Raum für faule Ausflüchte.

Wir müssen unterstreichen: christlicher Optimismus ist von Grund auf Optimismus der Demut. Pater Pierre de Menasce, ein außergewöhnlicher Mensch – Konvertit, Gelehrter, Mystiker, humorvoll, aber auch vom Leid gezeichnet – und guter Freund von mir, der vor kurzem gestorben ist, sagte gern: „Wir müssen immer unser wahres Ich betrachten." Was ist aber mein wahres Ich? „Das wahre Ich ist das, was in mir am erhabensten ist, auch wenn es schwach ist und im Sturm schwankt." Und er sagt wie die hl. Theresia von Ávila: „Sowie man sich jedoch auf seine Mittelmäßigkeit oder gar auf seine Sünde fixiert, besteht die Gefahr, daß man sich selbst sieht, als sei dies das wahre Ich." Das wahre Ich ist nicht mein elendes und schwaches Ich, sondern das Ich, das von Gott kommt: „Solange wir uns selbst betrachten, sehen wir immer nur unser Elend, und selbst davon nur einen winzigen Ausschnitt. Ein Blick auf die Liebe Gottes zu uns läßt uns voll und ganz unser eigenes Elend akzeptieren und wissen, daß Gott uns da herausholen will und kann – vorausgesetzt, wir wollen ihn wirken lassen und verzichten auf das Gift der Verzweiflung." Die Verzweiflung, daß wir da einfach nicht herauskommen können, ist ein „Demutersatz", den der Dämon Teufel mit viel Geschick handhabt, indem er unsere Niedergeschlagenheit ausnutzt.

Der hl. Paulus schreibt: „Denn ich sage kraft der Gnade, die mir verliehen worden ist, einem jeden von euch: er soll nicht höher von sich denken, als er denken darf, vielmehr soll er bescheiden von sich denken, wie Gott einem jeden das Maß des Glaubens zugeteilt hat" (Röm 12, 3). Die Demut, „bescheiden von sich zu denken", ist Tochter des Glaubens. Das psychologische Gegenstück zur Demut ist nicht der Stolz oder die Eitelkeit, sondern die Beunruhigung. Das sagt Theresia von Ávila sehr schön in ihrem handfesten Stil:

> „Glaubt mir, wenn eine Seele wirklich demütig ist, auch wenn ihr Gott niemals Tröstungen gewährt, so gibt er ihr doch einen Frieden und eine Übereinstimmung mit seinem Willen, daß sie schließlich glücklicher ist als andere mit all ihrem Trost." Und sie schreibt weiter: „Manchmal kann das heftige Empfinden eures Elends Demut und Tugend sein, und ein andermal wird es zur starken Versuchung." (Sie berichtet, daß sie dies selbst erfahren hat:) „Ich weiß es zur Genüge." „Die Demut mag noch so groß sein (das heißt die Einsicht, wie klein wir doch sind), sie stiftet dennoch keine Beunruhigung, Verwirrung oder Bestürzung; sie ist begleitet von Frieden, Trost und Ruhe. Tatsächlich, wenn man das eigene Elend betrachtet, wird man schließlich trübsinnig... man traut sich kaum noch, um die göttliche Barmherzigkeit zu bitten. Wenn die Demut jedoch echt ist, wird der Schmerz, den man spürt, so von Süße durchtränkt, daß man ihn immer spüren möchte; sie beunruhigt die Seele nicht und schnürt sie nicht ein, sondern weitet sie im Gegenteil aus und befähigt sie besser, Gott zu dienen. Der erstere Schmerz dagegen bringt nur Unruhe und Unordnung und verstört die Seele, er ist voll Bitterkeit. Dabei will der Dämon uns noch einreden, wir seien demütig, und versucht uns im Gegenzug dafür, wenn er kann, das Vertrauen auf Gott zu nehmen."

Wenn das Gegenstück der Demut die Unruhe ist, so ist das Gegenstück zur Unruhe der Friede, das Zur-Ruhe-Finden. Der Friede ist Zeichen und Gefährte der Demut. Damit sind wir beim Lieblingsthema des hl. Franz von Sales. Für Franz von Sales „muß die Demut großherzig und friedfertig sein". Friedfertig!

„Euer Mut soll demütig und eure Demut mutig sein. Erlebt, wie köstlich dies ist, und nicht nur köstlich, sondern voller

Jubel und Freude. Wenn ihr Fehler habt, dann berichtigt euch, aber versucht dies mit Freude zu tun wie ein Gartenfreund, der die Bäume seines Obstgartens beschneidet."

Die Verbesserung unseres Elends muß uns Freude machen. Genau das ist „süße und friedfertige Demut des Herzens". Die Demütigen sind nicht verwundert, wenn sie einmal versagen oder nur langsam vorankommen. Warum läßt Gott dies zu? „Unser Herr", sagt Franz von Sales, „hält die Demut für so wichtig, daß er es ohne große Schwierigkeit auch zuläßt, wenn wir in die Sünde zurückfallen, um daraus die heilige Demut zu lernen." In Marseille sagte ich früher gern, daß zwei Dinge dem Christen helfen zu wachsen, ob er Laie oder Priester ist: die Eucharistie und die Gaslaternen, an denen man sich eine Beule holt! „Wir brauchen Mut und Ruhe in unserer Bedrängnis. Euer Elend und eure Schwachheiten sollen euch nicht verwundern, da hat Gott schon ganz andere gesehen", fügt Franz von Sales noch hinzu.

Das Grimmsche Märchen vom „Schneider im Himmel" bringt diesen Humor Gottes, den nichts überraschen kann, besonders schön zum Ausdruck. Ein gewitzter Schneider kommt durch einen Trick ins Paradies. Er stiehlt sich hinein, als gerade niemand da ist. Der himmlische Hofstaat ist wohl gerade zum Spazieren ausgegangen. Das Schneiderlein sieht den Thron Gottes leer stehen und setzt sich drauf; er hat auch den Fußschemel des Herrn vor sich. Eine großartige Sache! Da er nun im Paradies ist, sieht er auch, was sich auf Erden abspielt. Er sieht, wie seine Nachbarin, eine arme Frau, gerade etwas stiehlt. Von heiligem Zorn ergriffen, so etwas ansehen zu müssen, wo er doch im Paradies ist, greift er nach dem Schemel (dem aus Psalm 110!) und wirft ihn nach der guten Frau unten auf der Erde. In diesem Augenblick kommt der himmlische Hofstaat zurück, und Gott und alle anderen treten ein. Das Schneiderlein bekommt es nun mit der Angst zu tun, weil es sich ja heimlich eingeschlichen hat ins Paradies, und so gut es geht, versteckt er sich hinter dem Thron. Wo ist aber nun der Schemel? Alle suchen nun den Schemel und finden statt dessen den Schneider, der vor Angst zittert. „Was machst du hier?" Er erzählt, wie er hier hereingekommen ist. „Und wo ist der Schemel?" Nun erzählt der kleine Schneider, wie er gesehen hat, daß seine Nachbarin eine schwere Sünde beging, und daß er ihr den Schemel an den Kopf geschmissen hat. Nun fragen ihn die Engel: „Hast du denn schon vergessen, wie oft du viel mehr Stoff berechnet hast, als du für ein Kleid brauchtest?" Und Gott selbst fügt schließlich hinzu: „Im übrigen, wenn ich bei jeder Dummheit, die die Menschen auf der Erde tun, ihnen einen Schemel an den Kopf werfen müßte, dann gäbe es bald kein Möbelstück mehr im Himmel!"

Gerade diese Weisheit finden wir bei Franz von Sales: „Da hat Gott schon ganz andere Dinge gesehen, aber seine Barmherzigkeit stößt die Armseligen nicht vor den Kopf, sondern bemüht sich, Gutes hervorzubringen." Natürlich muß man immer versuchen, zwei Dinge unter einen Hut zu bringen: „eine äußerste Zuneigung zum Guten (wir müssen versuchen zu tun, was wir zu tun haben, und nicht schlechte Gewohnheiten einreißen lassen), aber wir dürfen nur nicht bestürzt, beunruhigt oder verwundert sein, wenn uns Fehler unterlaufen, denn der erstere Punkt hängt ab von unserer Treue und der zweite von unserer Schwachheit, die wir niemals in unserem Erdenleben ganz loswerden."

Die einzig schwere Schuld, die Sünde wider den Geist, besteht darin, daß wir unsere Schwachheit nicht einsehen wollen und mit aller Gewalt dieses oder jenes Böse, das wir tun, für *gut* erklären wollen. Darin liegt wohl die tiefste Verwirrung in der heutigen Zivilisation, daß sie das Gute und das Böse nicht mehr beim Namen nennt. Man könnte allerdings einwenden, daß dies schon so ist, seit Adam und Eva selbst die Grenze zwischen Gut und Böse ohne Bezug zu Gott festlegen wollten.

Eine Frucht dieser Demut ist Milde und Nachsicht den andern und uns selbst gegenüber, damit wir uns zunächst einmal selbst ertragen können, so wie wir sind, und „wir uns niemals über uns oder unsere Unvollkommenheit aufregen, denn aus der inneren Milde uns selbst gegenüber entsteht auch die Nachsicht gegenüber dem Nächsten." Es ist doch klar: wenn ich über jemanden wütend werde, habe ich auch nicht die nötige Nachsicht mir selbst gegenüber. Ich habe dann nicht die Demut, aus der sich „eine milde Annahme des andern mit all seinen Fehlern" ergibt. Franz von Sales betreibt hier vielleicht keine sehr textgetreue Exegese, aber er schreibt zu den zehn Jungfrauen im Evangelium: „Nur fünf von ihnen hatten das Öl der barmherzigen Milde und Nachsicht. Jene Ausgeglichenheit in der Stimmung, diese Milde und Sanftheit des Herzens ist seltener als die vollkommene Keuschheit, aber darum ist sie nur um so erstrebenswerter."

Von sich selbst sich befreien heißt nicht, sich auf sich selbst zurückziehen, das darf nicht miteinander verwechselt werden; anscheinend liegt beides nahe beieinander, doch die Demut des Herzens zieht hier den Trennungsstrich. Im einen Fall ist es Gott, der handelt und in mir wirkt, der „den Baum beschneidet", im andern Fall wirft meine eigene gekränkte Würde (gekränkt wodurch?) die Tür ins Schloß und zieht sich in den Schmollwinkel zurück.

Warum und worin ist im letzten die Demut des Herzens die Quelle des vielgestaltigen und so fruchtbaren Wirkens der Heiligen? Die Antwort ist einfach: weil die Demut des Herzens Quelle der Freiheit und des Realismus ist und gewissermaßen grünes Licht gibt für Gebet und Tun.

Quelle der Freiheit ist sie zunächst deshalb, weil sie uns hilft, von all den Gedanken loszukommen, die wir uns über uns selbst machen: „Was wird man von mir denken? Werde ich beobachtet? Was werden die Leute sagen? Was geschieht, wenn ich an diese Arbeit gehe? Und wenn es schief geht?" Und nicht nur Freiheit gegenüber dem Urteil, das andere über mich fällen, sondern vor allem dem gegenüber, was ich mir vorstelle, daß die Leute es über mich denken, denn oft genug leben wir in einer Einbildungswelt und haben Angst vor Hirngespinsten. Das soll aber nicht heißen, daß wir uns überhaupt nicht um die Meinung derer kümmern, die uns unsere Grenzen, unsere Schwächen bewußt machen. Es bedeutet vielmehr, daß wir uns nicht durcheinanderbringen lassen von dem, was man über uns denken oder sagen könnte. Auch Paulus war beunruhigt über die Meinung der andern. Wie wird er damit fertig: er weiß, daß er von den Korinthern angegriffen wird: „Doch was mich angeht, so ist es mir völlig gleichgültig, von euch oder von einem andern menschlichen Gerichtstage beurteilt zu werden; ja, ich beurteile mich nicht einmal selbst. Ich bin mir zwar keiner Schuld bewußt, aber damit bin ich noch nicht gerechtfertigt. Es ist vielmehr der Herr, der über mich das Urteil fällt. Deshalb urteilt nicht vorzeitig über etwas, bis der Herr kommt; er wird euch das im Dunkeln Verborgene ans Licht bringen und die Absichten der Herzen offenkundig machen: dann wird jedem sein Lob von Gott zuteil werden" (1 Kor 4, 3–5).

Theresia von Lisieux geht noch ein Stück weiter:

„Wenn andere euch für tugendlos halten, dann nimmt euch dies nichts, und es macht euch auch nicht ärmer, sondern die andern verlieren ihre innere Freude, denn es gibt nichts Schöneres, als von unserem Nächsten Gutes zu denken. Wenn man Schlechtes über mich sagt und es stimmt, dann ist das traurig für mich; wenn es aber nicht stimmt, dann ist es um so trauriger für den, der es sagt, weil er selbst unglücklich wird dabei. Um so bedauerlicher für diejenigen, die euch nachteilig beurteilen und um so besser für euch, wenn ihr euch vor Gott demütigt."

Und Franz von Sales fragt:

„Wen nennt ihr denn einen großen Geist und wen einen Kleingeist? An großem Geist gibt es nur den Geist Gottes, der gütig genug ist, um gern in kleinen Geistern zu wohnen; er liebt den Geist kleiner Kinder und lenkt sie nach seinem Willen, weit besser als alte Geister."

Wenn wir uns von der Einbildung lösen, dann führt uns dies ferner zum Realismus im Handeln. Theresia von Ávila hat dies sehr scharfsinnig festgestellt:

„Ich sagte schon, daß uns der Dämon manchmal sehr erhabene Wünsche einflüstert, damit wir im Dienst unseres Herrn die möglichen Dinge beiseiteschieben und uns damit befriedigen, dafür nach unmöglichen Dingen zu streben!"

Man schmiedet sich große Ideale zurecht und sieht dabei auch sehr wohl, daß man sie doch nicht erreicht, aber man hat dabei ein gutes Gewissen, daß man überhaupt darauf gekommen ist, und währenddessen werden die kleinen möglichen Dinge vernachlässigt, die man von uns erwartet und die ganz in unserer Reichweite liegen: „Ich will nicht lange auf alles eingehen, was ihr vollbringen könnt, sondern euch nur sagen: versucht nicht, der ganzen Welt Gutes zu tun, sondern begnügt euch damit, den Personen Gutes zu tun, in deren Gesellschaft ihr lebt", sagt Theresia von Ávila.

Für Papst Paul VI. ist dieser Realismus das Merkmal der Theresia vom Kinde Jesus gewesen. Er nennt sie das „Paradox der Hoffnung", „an den Gegenpolen des Kindischen, der Passivität, der Traurigkeit".

„Die Größe der hl. Theresia", schreibt Paul VI., „liegt in ihrer realistischen Einfügung in die christliche Gemeinschaft, in der zu leben wir hier und jetzt berufen sind. Diese Einfügung, die Theresia uns vorgelebt hat, erscheint uns als eine eminent wünschenswerte Gnade für unsere Zeit. Viele Christen sehen kaum, wie sie konkret ihre persönliche Entfaltung vereinbaren sollen mit den Anforderungen eines religiösen Gehorsams oder mit einem Leben in Gemeinschaft, wie sie Freiheit mit Autorität, Heiligkeit mit Institution, Wahrheit in den Beziehungen mit Bruderliebe, Vielfalt in den Charismen mit Einheit, den Realismus im Alltag mit der heutigen prophetischen Protestbewegung vereinbaren sollen. Theresia hat sich fortwährend mit derartigen Problemen auseinandersetzen müssen. Allerdings würde man bei ihr umsonst nach einer modernen Formulierung dieser Frage suchen und noch weniger nach systematischen Problemlösungen. Man darf aber die weitsichtigen Gedanken nicht übersehen, die den täglichen Umgang mit ihren Schwestern und ihre Einfügung in den engen Rahmen der klösterlichen Lebensform bestimmten ... Sie hat nicht erst eine ideale Lebensweise oder eine vollkommenere Umwelt abgewartet, ehe sie anfing zu handeln, sagen wir lieber, sie trug dazu bei, daß diese sich von innen heraus veränderten. Die Demut ist der Raum für die Liebe."

Wir dürfen daher ruhig das Hohelied der Liebe im dreizehnten Kapitel des ersten Korintherbriefes einmal in der Weise neu lesen, daß wir jeweils das Wort „Liebe" durch das Wort „Demut" ersetzen:

„Wenn ich mit Menschen-, ja mit Engelszungen rede,
habe aber die Demut nicht,
so bin ich ein tönendes Erz und eine gellende Schelle ...

Wenn ich allen Glauben habe, so daß ich Berge zu versetzen vermöchte,
habe aber die Demut nicht,
so bin ich nichts ...

Die Demut ist langmütig, gütig ist die Demut,
die Demut ist nicht eifersüchtig ...
Sie freut sich nicht über das Unrecht,
freut sich vielmehr mit an der Wahrheit.

Alles deckt die Demut zu, alles glaubt sie, alles hofft sie, alles erträgt sie.

Man kann auch die Stelle im Kolosserbrief (Kol 3, 12) in dieser Weise neu lesen, wo Paulus die verschiedenen Elemente zu einem Strauß zusammenbindet, die genau die Demut ausmachen – auch hier stimmt alles:

Legt also an als Auserwählte Gottes,
als Heilige und Geliebte,
herzliches Erbarmen, Güte,
Demut, Sanftmut und Geduld.

Im letzten ist all das in dem einen Wort Jesu bereits enthalten, und aus diesem Wort müssen wir begreifen, wie es die Herzen der Heiligen umgewandelt hat: „Lernt von mir, denn ich bin sanftmütig und demütig von Herzen und ihr werdet Ruhe finden für eure Seelen."

Jesus wendet hier (ganz mit denselben Worten) die Seligpreisung der Armen, der Sanftmütigen, der Barmherzigen und der Friedensstifter auf sich selbst an. Dieses „Selig" muß aber zu unserer eigenen Seligpreisung werden! Bitten wir um diese Gnade, nach großen Dingen zu streben, Großmütige zu werden, die in der Welt und in der Kirche etwas verändern wollen, die aber zugleich auch wissen, daß alles von Gott kommt, und die außerdem die himmlischen Fußschemel Gott überlassen, statt sie ihren Brüdern an den Kopf zu werfen.

*Literatur*

*É. Rideau*, Thérèse de Lisieux, la nature et la grâce (Librairie A. Fayard, Paris).
*Theresia von Jesu*, Sämtliche Schriften, hrsg. u. übers. von P. A. Alkofer, 6 Bde (Kösel-Verlag, München 1956/63).
*Franz von Sales*, Werke, 12 Bde (Sales-Verlag, Eichstätt), ferner die Textauswahl: Worte des Vertrauens (Verlag Herder, Freiburg i. Br. [2]1976).
*Paul VI.*, Brief vom 2. Januar 1973 an den Bischof von Bayeux und Lisieux.
*R. Rochefort*, Souvenir du Père J. P. de Menasce, in: Nova et Vetera 1974, Nr. 2.

# 13

## Dietrich Bonhoeffer
## Beten inmitten der Menschen

*Sinngebung des Lebens*

Das Gebet kann genau wie das apostolische Amt eine Täuschung sein, sofern sie nicht beide in einem schlicht und vorrangig christlichen Leben verwurzelt sind. Der gemeinsame Lebenssaft von Apostolat und Gebet ist gleich dem der Blume mit der Erde verbunden, die die Pflanze nährt. In gleicher Weise ist auch ein christliches Leben dann eine Täuschung, wenn es sich nicht mit den Menschen und den verschiedenen Verantwortungen auseinandersetzt, wenn es nur dilettantisch an der Oberfläche der Dinge verbleibt. Ein Apostel muß zuallererst ein Christ sein, und wenn er auch der Papst ist. Gerade dies motivierte einen von ihnen zu dem Ausspruch, ,,der größte Tag im Leben eines Papstes ist der Tag seiner Taufe". Desgleichen ist auch ein christliches Leben nicht wahrhaft, wenn es nicht in ein menschliches Leben, mit all seinen Begrenzungen eingebettet ist. Wir bedürfen der Unterweisung durch jene Männer und Frauen, die sichtbar auf allen diesen Ebenen und bisweilen auch in der Schule der Gefahr und des Todes gelebt haben.

In Erinnerung an Pascals Wort: „Ich glaube nur jene Ge-schichten, deren Zeugen ihr Leben dafür geben", wollen wir das Leben und Sterben – und das Beten – des Pastors Dietrich Bonhoeffer näher betrachten. Damit soll nicht gesagt sein, daß alle Ideen Bonhoeffers zu übernehmen wären, aber von seinem Lebenslauf können wir doch etwas lernen.

Die Frage, die das ganze Leben Bonhoeffers durchzog, war stets die gleiche: „Wie kann man im gegenwärtigen Leben Christ sein? Wie Zeugnis geben von der Gegenwart des lebendigen Gottes, jenes Gottes, der immer unter den Menschen gegenwärtig ist? Wie kann man teilhaben an der freudigen und schmerzlichen, angst-vollen und gelösten Begegnung Gottes mit der Welt?" Für ihn lau-tete die Frage letzlich: „Wie kann man als Mensch vor Gott leben?" Das sind Fragen, die wir alle uns stellen müssen. Die Ant-wort Dietrich Bonhoeffers bewegt sich, seinen Lebensabschnitten entsprechend, in verschiedene Richtungen. Das ist normal, denn die Begegnung mit Gott ist eine Begegnung, die inmitten wech-selnder Ereignisse geschieht. Bonhoeffer stirbt mitten in seiner Suche, und dies ist zu beachten, denn wir dürfen ihn nicht in die eine oder andere Richtung festlegen. Überdies müssen wir hinzu-fügen, daß seine Suche unter außergewöhnlichen Umständen stattfindet. Niemand kann sagen, wie sein Denken sich vollendet und definitiv ausformuliert hätte.

Wir wollen in unserer Betrachtung am Ende seines Lebens ein-setzen: „Zeugen, die ihr Leben hingeben." Bonhoeffer ist bereits zwei Jahre im Gefängnis, verhaftet wegen seines Widerstands gegen Hitler. Es sind nur noch wenige Wochen bis Kriegsende und zum Selbstmord Hitlers. Da die alliierten Truppen rasch vor-dringen, hat man Bonhoeffer und seine Gefährten aus dem Gefängnis weggeschafft. Mit einer Anzahl wichtiger Gefangener wird Bonhoeffer von Lager zu Lager transportiert. Eine machtvolle Hoffnung erfaßt ihn, da angesichts des Zusammenbruchs des Hit-lerreichs die Freiheit nahe zu sein scheint. Selbst die Wachen sind nun weniger unzugänglich. Doch da erreichen die Gefangenen, die abends gerade im Lager von Flossenbürg eingetroffen sind,

Spezialorder aus Berlin. In der Nacht findet ein Scheinprozeß statt. Vom Lagerarzt von Flossenbürg haben wir die letzte Nachricht über Bonhoeffer:

„Am Morgen des 9. April 1945, etwa zwischen 5 und 6 Uhr wurden die Gefangenen, darunter Admiral Canaris, General Oster und Reichsgerichtsrat Sack aus den Zellen geführt und die kriegsgerichtlichen Urteile verlesen. Durch die halbgeöffnete Tür eines Zimmers im Barackenbau sah ich vor der Ablegung der Häftlingskleider Pastor Bonhoeffer in innigem Gebet mit seinem Herrgott knien. Die hingebungsvolle und erhörungsgewisse Art des Gebetes dieses außerordentlich sympathischen Mannes hat mich auf das Tiefste erschüttert … Ich habe in meiner fast 50jährigen ärztlichen Tätigkeit kaum je einen Mann so gottergeben sterben sehen" (vgl. Bethge 1038).

Im gleichen Sinne schreibt ein Engländer, der in einem der schrecklichsten Gefängnisse Bonhoeffers Schicksal geteilt hatte:

„Bonhoeffer war immer ganz ruhig und normal, er schien sich durchaus wohlzufühlen … Seine Seele hatte in der düsteren Verzweiflung unseres Gefängnisses eine tatsächliche Ausstrahlung … Bonhoeffer war ganz Demut und Sanftmut, er schien mir immer eine Atmosphäre von Glück, von Freude über jedes geringste Lebensereignis und von tiefer Dankbarkeit für die bloße Tatsache zu verbreiten, daß er am Leben war. In dem treuen Blick seiner Augen und seinem Frohsein, wenn man ihn merken ließ, daß man ihn mochte, lag etwas von der Treue eines Hundes. Er war einer der sehr wenigen Menschen, denen ich je begegnet bin, für die Gott real und immer nah ist" (vgl. Bethge 1029).

Man hat Bonhoeffer für so vieles in Anspruch genommen, daß es vielleicht angebracht ist, das wenige, was wir über seine letzten Tage wissen, noch einmal kurz zusammenzufassen. Am Tag vor seinem Tod war die kleine Gruppe der Gefangenen in der Aufbruchsstimmung der endlosen Transporte von einem Lager zum

anderen beisammen. Einige baten Bonhoeffer um eine Morgen-
andacht. Aber Bonhoeffer wollte sich der katholischen Mehrheit
nicht aufdrängen und lehnte – vor allem im Hinblick auf einen
jungen russischen Gefangenen – ab. Aber der Russe erklärte sich
einverstanden, und so las und legte Bonhoeffer in knappen und zu-
rückhaltenden Worten die Losung des Sonntags Quasimodogeniti
aus: „Durch seine Wunden sind wir geheilt."

Am nächsten Morgen kniete Bonhoeffer entblößt unter dem
Galgen nieder, um ein letztes Mal zu beten.

Bonhoeffer war ein außergewöhnlich kräftiger Mann, groß,
breitschultrig, strotzend vor Gesundheit. Als kleiner Junge de-
monstrierte er seiner Schwester Sabine seine körperliche Kraft. Er
besaß sehr viel Charme. Sein Leben war äußerst intensiv. Er war
Pianist, Theologe, Humanist, sprach mehrere Sprachen, kurz, ein
umfassend gebildeter Mann. Eine glückliche Kindheit in einer
wohlsituierten Familie: der Vater ist Arzt, Professor für Psych-
iatrie und Neurologie; er hat fünf ältere Brüder und Schwestern,
eine Zwillingsschwester, Sabine, und eine jüngere Schwester,
Susanne. Musik, Theater, Naturverbundenheit, all dies trägt dazu
bei, die Kinder zu formen. Die Familie begeht in großer Verbundenheit die Feste des Jahreskreises, vor allem Weihnachten. Am
Weihnachtsfest liest man die Bibel und singt Choräle. Das Leben
ist von einer starken christlichen Moral getragen, aber man geht
nie in die Kirche. Der Vater wie auch einige seiner Brüder sind
Agnostiker.

Eines Tages erklärt der Siebzehnjährige zum Erstaunen aller vor
der ganzen Klasse (man hatte ihn gefragt: „Was willst du
werden?"), er wolle Theologie studieren, also Pastor werden. Er
war nicht einmal aufgestanden, so schnell war ihm das Wort ent-
fahren. Die ganze Klasse schaut auf ihn. In seinem Milieu war
eine solche Entscheidung nicht üblich, vor allem nicht bei einem
begabten Schüler. Er selbst schreibt später darüber:

„Der Junge hatte diesen kurzen Augenblick tief in sich hinein-
gesogen. Es war etwas Außerordentliches geschehen, und er

genoß dies Außerordentliche und schämte sich zugleich. Jetzt wußten sie es alle. Jetzt hatte er es ihnen allen gesagt. Jetzt mußte sich ihm das Rätsel seines Lebens lösen. Jetzt stand er feierlich vor seinem Gott, vor seiner Klasse. Jetzt war er der Mittelpunkt. Ob er jetzt auch so aussah, wie er es gewünscht hatte, seine Züge ernst und entschlossen? Es wurde ihm seltsam wohl bei diesem Gedanken, wenn er ihn auch sogleich vertrieb, indem er sich die Hoheit seines Bekenntnisses und seiner Aufgabe vergegenwärtigte. Es konnte ihm in diesem Augenblick auch nicht entgehen, daß der Lehrer durch ihn in eine gewisse Verlegenheit geraten war und ihn zugleich mit Wohlgefallen angesehen hatte. Der Augenblick schwoll zum Genuß, der Klassenraum weitete sich ins Grenzenlose. Da stand er in der Mitte der Welt als der Verkünder und Lehrer seiner Erkenntnis und seiner Ideale, jetzt mußten alle schweigend ihn hören, und das Wohlgefallen des Ewigen ruhte auf seinen Worten und auf seinem Haupt. Und er schämte sich wiederum. Denn er wußte um seine erbärmliche Eitelkeit. Wie oft hatte er schon versucht, ihrer Herr zu werden. Aber sie schlich sich immer wieder ein und verdarb ihm noch den Genuß dieses Augenblicks" (Vgl. Bethge 65).

Dietrich Bonhoeffer studiert also an der Universität Theologie. Seine Biographen sind sich darin einig, daß sich sein Leben in drei Abschnitte gliedert: er ist zunächst „Theologe", geprägt vom Empfinden für die Kirche. In einem zweiten Abschnitt wird er, bekehrt durch das Wort Gottes, zum „Christen". Und er beendet sein Leben als „Zeitgenosse" jener, die in eine Hölle auf Erden geraten sind.

Der erste dieser Abschnitte ist geprägt von einer Romreise, die der Achtzehnjährige unternimmt. Der junge Dietrich entdeckt in Rom die universale Kirche, die Kirche im Herzen der Welt. Am Palmsonntag erlebt er das erste Hochamt in Sankt Peter. „... Seminaristen, Mönche. Fabelhaft wirkt die Universalität der Kirche, Weiße, Schwarze, Gelbe, alle in geistlichen Gewändern, vereint in der Kirche." Abends hört er die Vesper in Santa Trinità dei Monti: „Der Tag war herrlich gewesen, der erste Tag, an dem mir etwas Wirkliches vom Katholizismus aufging, nichts von Romantik usw., sondern ich fange, glaube ich, an, den Begriff ‚Kirche' zu verstehen" (Bethge, a. a. O. 87). Dieser Begriff der Kirche sollte ihn nicht mehr verlassen. In einer seiner ersten Predigten sagt er:

> „... Aber es ist vielleicht die dringendste Not der Gegenwart, daß wir nicht verstehen, was Kirche heißt, was Jesus in seinen Abschiedsreden am Herzen lag, wovon Paulus so unübertrefflich im Epheserbrief gesprochen hat; ... nicht nur ..., daß wir das alles verstehen, sondern daß wir selber Kirche werden ... Paulus nennt es ‚Leib Christi sein'. Paulus schreibt an die Gemeinde der Korinther; an Leute, die von allerlei Fragen geplagt werden ...; an eine Gemeinde, in der die Sünde wirkt, wie heute bei uns, in der mangelnder Glaube herrscht; – an eine solche Gemeinde schreibt Paulus: ‚Ihr *seid* der Leib Christi'. Nicht ‚ihr sollt sein', nein gerade ihr ‚*seid*'. Darauf kommt ihm alles an, daß sie zum Leib Christi gehören, ob sie Sünder sind oder nicht. Ihr *seid* ... So ruft es offenbar auch uns der Text zu" (GS 5, 440).

Die Kirche ist für Bonhoeffer die Antwort auf seine Frage: „Wie kann man im gegenwärtigen Leben Christ sein?" Für einen Lutheraner hatte das eine große Bedeutung. Nach ihm kann das Problem der christlichen Existenz nur in der Kirche gelöst werden. In der konkreten und geschichtlich gewordenen Gemeinde, so wie sie ist, mit all ihrer Schwerfälligkeit, ereignet sich die Begegnung des Menschen mit Gott. Immer wieder wendet sich Bonhoeffer gegen jene, die eine Kirche der Reinen, der Vollkommenen wollen und die Kirche der Lauen, der Anonymen, der Gleichgültigen zurückweisen.

In diesem Zusammenhang sagt er:

„Nicht an eine unsichtbare Kirche glauben wir, nicht an das Reich Gottes in einer Kirche, die als Versammlung der Auserwählten im Himmel gilt, sondern wir glauben, daß Gott aus der konkreten erfahrbaren Kirche, in der das Amt des Wortes und des Sakramentes ausgeübt wird, seine Gemeinde gemacht hat. Wir glauben, daß diese Kirche der Leib Christi, d. h. die Gegenwart Christi in der Welt ist; wir glauben, daß gemäß der Verheißung der Geist Gottes in ihr wirkt."

Der junge Student absolviert in Barcelona ein einjähriges theologisches Praktikum. Später geht er in die Vereinigten Staaten. Hatte er in Sankt Peter in Rom das aufrüttelnde Erlebnis der Kirche gehabt, das ihn bis zum Ende verfolgte, so schreibt er über New York:

„Man kann in New York fast über alles predigen hören, nur über eines nicht oder doch so selten, daß es mir jedenfalls nicht gelungen ist, es zu hören, nämlich über das Evangelium Jesu Christi, vom Kreuz, von Sünde und Vergebung, von Tod und Leben ... Was aber steht an der Stelle der christlichen Botschaft? Ein fortschrittsgläubiger ethischer und sozialer Idealismus, der – man weiß nicht ganz woher – sich das Recht nimmt, sich ‚christlich‘ zu nennen. Und an der Stelle der Kirche als der Gemeinde der Gläubigen Christi steht die Kirche als Gesellschaftskorporation. Wer ein Wochenprogramm einer der großen New Yorker Kirchen gesehen hat, mit ihren täglichen, ja fast stündlichen Ereignissen, Tees, Vorträgen, Konzerten, Wohltätigkeitsveranstaltungen, Sport-, Spiel-, Kegel-, Tanzgelegenheiten für jedes Alter, wer gehört hat, wie man einem Neuzugezogenen zuredet, der Kirche beizutreten, da man doch dort ganz anders in die Gesellschaft hereinkomme, wer die peinliche Nervosität kennengelernt hat, mit der der Pfarrer für membership wirbt, der kann den Charakter einer solchen Kirche einigermaßen einschätzen" (GS 1, 94 f).

Für den jungen Theologen, der damals ganz der Reflexion und dem Studium zugewandt war, ist die Kirche der als Gemeinde existierende Christus. Dies ist das erste Fundament des Denkens und christlichen Lebens Bonhoeffers.

In den Anfängen seiner Amtszeit als Pastor in Berlin entdeckt Bonhoeffer die Bibel! Er, der mit Diplomen überhäufte Theologe, wird Christ:

„Ich stürzte mich in die Arbeit in sehr unchristlicher und undemütiger Weise. Ein wahnsinniger Ehrgeiz, den manche an mir gemerkt haben, machte mir das Leben schwer (...). Dann kam etwas anderes, etwas, was mein Leben bis heute verändert und herumgeworfen hat. Ich kam zum ersten Mal zur Bibel. ... Ich hatte schon oft gepredigt, ich hatte schon viel von der Kirche gesehen, darüber geredet und geschrieben – und ich war noch kein Christ geworden... Ich weiß, ich habe damals aus der Sache Jesu Christi einen Vorteil für mich selbst... gemacht. Ich bitte Gott, daß das nie wieder so kommt. Ich hatte auch nie, oder doch sehr wenig gebetet. Ich war bei aller Verlassenheit ganz froh an mir selbst. Daraus hat mich die Bibel befreit und insbesondere die Bergpredigt. Seitdem ist alles anders geworden. Das habe ich deutlich gespürt und sogar andere Menschen um mich herum. Das war eine große Befreiung. Da wurde es mir klar, daß das Leben eines Dieners Jesu Christi der Kirche gehören muß und Schritt für Schritt wurde es deutlicher, wie weit das so sein muß" (GS 6, 367 f).

Seine Frage bleibt immer die gleiche: „Wie kann ich in dieser konkreten Welt ein christliches Leben führen? Welches ist die Autorität, die dieses Leben als das einzig lebenswerte bestimmt?" Es ist immer die gleiche Suche und Antwort, die er findet, die Bibel, das Wort Gottes, das zum Licht seines Lebens wird. In diesem Zusammenhang schreibt er mehrere Briefe an seine Schwester und deren Mann:

„Ich will da zunächst ganz einfach bekennen: ich glaube, daß die Bibel allein die Antwort auf alle unsere Fragen ist, und daß wir nur anhaltend und etwas demütig zu fragen brauchen, um die Antwort von ihr zu bekommen. Die Bibel kann man nicht einfach lesen wie andere Bücher. Man muß bereit sein, sie wirklich zu fragen. Nur so erschließt sie sich. Nur wenn wir letzte Antwort von ihr erwarten, gibt sie sie uns. Das liegt eben daran, daß in der Bibel Gott zu uns redet. Und über Gott kann man eben nicht so einfach von sich aus nachdenken, sondern man muß ihn fragen. Nur wenn wir ihn suchen, antwortet er" (GS 3, 26 f).

„Bin ich es, der sagt, wo Gott sein soll, so werde ich dort immer einen Gott finden, der mir irgendwie entspricht, gefällig ist, der meinem Wesen zugehörig ist. Ist es aber Gott, der sagt, wo er sein will, dann wird das wohl ein Ort sein, der meinem Wesen zunächst gar nicht entsprechend ist, der mir gar nicht gefällig ist. Dieser Ort aber ist das Kreuz Christi. Und wer ihn dort finden will, der muß mit unter dieses Kreuz, wie es die Bergpredigt fordert" (GS 3, 28).

Er entdeckt, daß er soeben den Kampf Jakobs durchgestanden hat: „Nun sammelt Jakob seine letzten Kräfte, er läßt ihn nicht ziehen, er kämpft gegen den Engel, aber er betritt das verheißene Land."

So gelangt er zum „einfältigen Gehorsam" gegenüber Christi Gebot in der Schrift, zum einfältigen Gehorsam gegenüber dem einfältigen Glauben:

„Der Gehorsam steht ganz auf dem einfältigen Glauben, und es ist auch der Glaube nur im Gehorsam wahr. Der Glaube muß einfältig sein, sonst wirkt er Reflexion, nicht Gehorsam" (vgl. Bethge 253).

Ausgehend vom Wort, und die Forderung dieses Wortes bis zum Letzten verfolgend, entdeckt Bonhoeffer die Kraft des „reinen Herzens", denn er erfährt die Spaltung seines eigenen Herzens, das noch nicht gereinigt und noch so schwankend ist:

„Gott und die Welt, Gott und die Güter dieser Welt wollen unser Herz erfassen und werden erst dann sie selbst, wenn sie die Herrschaft über unser Herz gewonnen haben..."

„Das Herz des Jüngers darf nur Christus zugewandt sein. Wenn das Herz sich an den äußeren Schein hängt, mehr an die Schöpfung als an den Schöpfer, dann ist der Jünger verloren ..."

Und er zitiert einen Satz, in dem sich Johannes vom Kreuz wiedererkennen könnte:

„Wir müssen wie Pilger wandern, frei, losgelöst, wirklich leer ... Wir haben uns verabschiedet und reisen nun, zufrieden mit Wenigem."

Dieser Lebensabschnitt der Bibel ist für Bonhoeffer der Abschnitt der Transzendenz Gottes. Er ist geblendet von der Größe Gottes. Dies ist der Augenblick des „Gott allein", es ist aber auch der Augenblick des „unaufhörlichen und vielfachen Kampfes des Geistes gegen das Fleisch", wie Paulus sagt.

Man schreibt das Jahr 1932/1933. Hitler ergreift die Macht: Deutschland wird vom Wahnwitz überrollt. „Im Magdeburger Dom stand ein Wald von Hakenkreuzfahnen um den Altar. Domprediger Martin deutete den Anblick von der Kanzel – und mancher Kirchenmann drückte es ähnlich aus:

‚Es ist einfach das Symbol der deutschen Hoffnung geworden. Wer dies Symbol schmäht, der schmäht unser Deutschland. Um den Altar die Fahnen mit dem Hakenkreuz, sie strahlen die Hoffnung aus: es wird einmal licht werden!'" (Bethge 305)

Zur gleichen Zeit erklärt Bonhoeffer in der Dreifaltigkeitskirche:

„Wir haben in der Kirche nur *einen Altar*, und das ist der Altar des Allerhöchsten ..., vor dem alle Kreatur auf die Knie muß. ... Wer etwas anderes will als dies, der bleibe fern, der kann nicht mit uns im Hause Gottes sein ... Wir haben in der Kirche auch nur *eine Kanzel*, und von dieser Kanzel aus wird vom Glauben an Gott geredet und sonst von keinem Glauben und keinem noch so guten Willen" (GS 4, 110f).

In Bonhoeffers Leben tritt eine Wende ein. Noch bevor das Hitlertum seine schlimmsten Folgen zeitigt, spricht er zu seinen Mitbrüdern in der Kirche über seine Reaktionen auf die Machtergreifung Hitlers. Aber den meisten seiner Kollegen erscheinen seine Worte utopisch:

„Ich fühlte, daß ich mich unbegreiflicherweise gegen alle meine Freunde in einer radikalen Opposition befände, ich geriet mit meinen Ansichten über die Sache immer mehr in die Isolierung, obwohl ich persönlich in nächster Beziehung mit diesen Menschen stand und blieb – und das alles machte mir Angst, machte mich unsicher, ich fürchtete, daß ich mich aus Rechthaberei verrennen würde – und dabei sah ich gar keinen Grund dafür, daß ich jetzt gerade diese Dinge richtiger und besser sehen sollte, als so manche ganz tüchtige und gute Pfarrer, zu denen ich einfach aufsehe – und so dachte ich, es wäre wohl Zeit, für eine Weile in die Wüste zu gehen ... Die Gefahr, in der gegenwärtigen Stunde eine Geste zu machen, schien mir größer als die, sich in die Stille zu begeben" (GS 2, 132).

Da das Zusammenleben mit seinen Mitbrüdern immer schwieriger wird, geht Bonhoeffer für zwei Jahre (1933–1935) nach London ins Exil. Dann wird er nach Deutschland zurückgerufen, um jenes außergewöhnliche Prediger- und Gemeinschaftsseminar von Finkenwalde zu gründen, in dem er junge Pastoren heranbilden wollte, die nach seinem Beispiel Zeugen für Gott in einer gottlosen Welt sein wollen. Das aber kann nur eine Kirche leisten, die tatsächlich fähig ist, ihre Pfarrer im Wort, im brüderlichen Leben und im Abendmahl zu vereinen. Dies zu verwirklichen, ist über vier Jahre hinweg die Aufgabe dieses Seminars, das zu einem Zentrum des Widerstands wird. Bonhoeffer selbst gibt uns in seinem kleinen Büchlein „Gemeinsames Leben" einen Einblick in Wesen und Ziel dieser Gemeinschaft. Als 1939 das Seminar durch das Regime aufgelöst wird, geht Bonhoeffer in den aktiven Widerstand. 1932 hatte er seine Berufung gefunden, 1939 seine definitive Bestimmung.

Nach und nach gelangen Bonhoeffer und einige andere zur Überzeugung, daß die wahre Liebe zu Deutschland nur in dem lag, was viele als Verrat bezeichnen würden. Jetzt, da Juden vernichtet, Kranke getötet, Kirchen zum Schweigen gebracht wurden, angesichts der Lage der deutschen Soldaten, die man nach Rußland schickte, wo sie unter schrecklichen Umständen sterben werden, angesichts der vielen Toten, die der Größenwahnsinn und die Unfähigkeit Hitlers forderten, galt es zu handeln. Bonhoeffer ist sich der Folgen seines Einsatzes für den Widerstand bewußt, bis hin zum Eintritt in das Netz der Abwehr, das Admiral Canaris, Oster und viele andere Deutsche aufgebaut hatten, die dann gleichzeitig mit ihm ermordet wurden. 1942 schreibt er:

„Sind wir noch brauchbar im Amt? Wir sind stumme Zeugen böser Taten gewesen, wir sind mit vielen Wassern gewaschen, wir haben die Künste der Verstellung und der mehrdeutigen Rede gelernt, wir sind durch Erfahrung mißtrauisch gegen die Menschen geworden und mußten ihnen die Wahrheit und das freie Wort oft schuldig bleiben, wir sind durch unerträgliche Konflikte mürbe oder vielleicht sogar zynisch geworden – sind wir noch brauchbar? ... Wird unsere innere Widerstandskraft gegen das uns Aufgezwungene stark genug und unsere Aufrichtigkeit gegen uns selbst schonungslos genug geblieben sein, daß wir den Weg zur Schlichtheit und Geradheit wiederfinden?" (W + E, 27)

In dieser Zeit des Blutes, des Elends und Schmutzes begegnet Bonhoeffer einem jungen achtzehnjährigen Mädchen – er selbst ist 35 – Maria von Wedemeyer, die von großer Schönheit, Vornehmheit und voller Mut ist. In der Hölle, in der er sich befindet, gewinnt Maria für Dietrich einen einzigartigen Wert. Er liebt sie. Und Marias Antwort auf seine Liebe kommt unmittelbar und freudig. Am 17. Januar 1943 findet die Verlobung statt. Bonhoeffer weiß sehr genau, auf was er sich eingelassen hat, und daß er auch Maria in dieses Engagement einbezieht. Seine Hochzeit erscheint ihm daher als „ein Ja an die Erde Gottes":

„Jeremias sagt seinem Volk im Augenblick bitterster Not, ein jeder solle noch Häuser und Äcker kaufen in diesem Lande als Zeichen des Vertrauens in die Zukunft. Dies gilt auch für den Glauben. Möge Gott ihn uns täglich geben. Ich denke hierbei in keiner Weise an den Glauben, der die Welt flieht, sondern an den Glauben, der sich ihr stellt, der sie liebt und der ihr treu bleibt ungeachtet aller Leiden, die sie für uns birgt. Unsere Heirat wird ein Ja zur Erde Gottes sein. Sie wird unseren Mut stärken, zu handeln und auf Erden etwas zu vollbringen. Ich fürchte, daß jene Christen, die nur mit einem Fuß auf der Erde stehen, auch nur mit einem Fuß im Himmel stehen werden."

Am 5. April 1943 jedoch entdeckt die Gestapo den Widerstandsherd und verhaftet Bonhoeffer und seine Gefährten. Nur drei Monate, von Januar bis April, konnte er mit seiner Verlobten zusammen sein.

Nun beginnt die letzte Periode im Leben Bonhoeffers: sie sollte zwei Jahre dauern. Im Gefängnis erkennt er, in welchem Maß die Menschen, die um ihn sind, aufgehört haben, Christen oder gar religiös zu sein. In diesem totalen Teilhaben an den Schmerzen der Menschen wird ihm klar, daß für die meisten von ihnen und morgen vielleicht schon für die Mehrzahl „Gott tot ist".

Bonhoeffers Schriften aus diesen beiden Jahren der Gefangenschaft wurden so verschieden interpretiert, daß man sehr behutsam vorgehen muß, um nichts zu verhärten. Gott war für Bonhoeffer niemals tot, er stellt nur fest, daß Gott für die Menschen seiner Umgebung tot ist: Für den Menschen, der glaubt, ihn entbehren zu können und sich allein für die Welt verantwortlich hält, existiert Gott nicht mehr; er existiert nicht mehr für den, der das Glück nur von sich selbst erwartet und der glaubt, Gott sei früher nur deshalb angerufen worden, weil man nicht wußte, wie man mit den Geheimnissen der Natur oder den Schwierigkeiten des Lebens fertig werden sollte. Angesichts dieser, sonst sehr guten und wertvollen Menschen stellt sich Bonhoeffer im Gefängnis die gleiche Frage, die er sich von Anfang an gestellt hat, „die Frage, was das Christentum und Christus für uns hier und heute bedeuten. Diese Frage beschäftigt mich pausenlos." Für ihn lautet die Frage nicht „Was ist für den Glauben heute noch annehmbar?", sondern: „Wer ist dieser Christus heute für uns und was muß er für diese Menschen sein?", „Wie kann Christus zum Herrn der Religionslosen werden? Wie sprechen wir von Gott – ohne Religion, d.h. ohne die zeitbedingten Voraussetzungen der Metaphysik, der Innerlichkeit, usw.?" Mit anderen Worten, wie kann man zu diesen Menschen sprechen, für die die Sprache des Glaubens und der Religion sinnlos geworden ist? Wie kann man den Menschen von heute von der Herrschaft Christi sprechen? Wie kann man sich voll und ganz mit der modernen Welt identifizieren, ohne seine christliche Identität zu verlieren? Das Mittel, inmitten der Welt die christliche Identität zu bewahren, liegt für Bonhoeffer in dem, was er mit einem von ihm häufig gebrauchten Ausdruck definiert: „Arkandisziplin". Diesen terminus technicus hat Bonhoeffer von den ersten Christen übernommen, die ihrer Umgebung nichts von ihrem Leben verrieten, da diese sie nicht verstehen konnte. Dies geschah in Anwendung der Worte Jesu: „Gebt das Heilige nicht den Hunden und werft eure Perlen nicht vor die Schweine." Bonhoeffer nun verstand unter Arkandisziplin alles, was in uns das christliche Leben, das Gebet, die Meditation, die Liturgie, die Sakramente, die Erfahrungen des Gemeinschaftslebens, wie er es in Finkenwalde praktiziert hatte, vertiefen und erhalten kann, kurz alles, was dazu beiträgt, den Christen an ein Leben der Liebe zu gewöhnen, das mit Gott und für die Brüder gelebt wird. Der Ausdruck bedeutet daneben aber auch, daß diese Wahrheiten des Evangeliums unter Christen mitgeteilt werden können und müssen, aber doch in anderer Weise, als wenn es sich nur darum handeln würde, anderen etwas weiterzugeben.

Dietrich Bonhoeffer drückt sich – als Musiker, der er war – durch einen Vergleich aus der polyphonen Musik aus. In der polyphonen Musik gibt es eine Hauptmelodie, den *cantus firmus*, um den sich die anderen Stimmen ranken:

„Es ist nun aber die Gefahr in aller starken erotischen Liebe, daß man über ihr – ich möchte sagen: die Polyphonie des Lebens verliert. Ich meine dies: Gott und seine Ewigkeit will von ganzem Herzen geliebt sein, nicht so, daß darunter die irdische Liebe beeinträchtigt oder geschwächt würde, aber gewissermaßen als cantus firmus, zu dem die anderen Stimmen des Lebens als Kontrapunkt erklingen; eines dieser kontrapunktischen Themen, die ihre *volle Selbständigkeit* haben, aber doch auf den cantus firmus bezogen sind, ist die irdische Liebe ... Wo der cantus firmus klar und deutlich ist, kann sich der Kontrapunkt so gewaltig entfalten wie nur möglich. Beide sind ,ungetrennt und doch geschieden‘, um mit dem Chalcedonense zu reden, wie in Christus seine göttliche und seine menschliche Natur" (W + E, 331).

Es wird verständlich, in welcher Weise Bonhoeffer „gleichzeitig" geworden ist mit seinen Brüdern in der Hölle des Krieges, der Konzentrationslager, der Vernichtung von Millionen von Menschen. Es ist die Zeit des „Schocks" der atheistischen Welt und des apokalyptischen Tieres. Erinnern wir uns, daß jeder Christ, der sich dieser neuen Welt konfrontiert sieht, ob er es will oder nicht, von welcher Kraft und Größe er auch sein mag, diesem Schock ausgesetzt ist. Wie können wir in dieser apokalyptischen Welt die Beständigkeit der Gegenwart Gottes wiederfinden? Bonhoeffer sagt mit Nachdruck, daß gerade seine Erfahrungen in den beiden vorangegangenen Lebensabschnitten ihm gezeigt hätten, daß leben als Christ in der Welt, in dieser Welt mit ihrer Vielfalt von Aufgaben, Fragen, Erfolgen, Mißerfolgen, Erfahrungen und Ratlosigkeiten in uns eine Umkehrung des Seins und des Geistes bewirkt, die uns einführt in das „Leiden Gottes in Christus":

„Nicht einen Menschentypus, sondern einen Menschen schafft Christus in uns. Nicht der religiöse Akt macht den Christen, sondern das Teilnehmen am Leiden Gottes im weltlichen Leben" (W + E, 395).

Indem er teilnimmt an diesem Leiden der Welt, in das sie geraten ist, wird der Christ zum Menschen schlechthin, wie man Jesus auf dem Höhepunkt seines Leidens genannt hat: „Seht, welch ein Mensch!" Er darf nicht zuerst an sein eigenes Elend, seine Probleme, Sünden und Ängste denken, sondern muß sich auf den Weg Jesu mitreißen lassen, auf dem sich der leidende Gottesknecht des Jesaja vollendet.

Auch wenn Bonhoeffers Denkweg unabgeschlossen geblieben ist, können wir doch sagen, daß in ihm die Vergeblichkeit endgültig überwunden wurde:

„Später erfuhr ich und ich erfahre es bis zur Stunde, daß man erst in der vollen Diesseitigkeit des Lebens glauben lernt. Wenn man völlig darauf verzichtet hat, aus sich selbst etwas zu machen – sei es einen Heiligen oder einen bekehrten Sünder oder einen Kirchenmann (...) einen Gerechten oder einen Ungerechten, einen Kranken oder einen Gesunden – und dies nenne ich Diesseitigkeit, nämlich in der Fülle der Aufgaben, Fragen, Erfolge und Mißerfolge, Erfahrungen und Ratlosigkeiten leben – dann wirft man sich Gott ganz in die Arme, dann nimmt man nicht mehr die eigenen Leiden, sondern die Leiden Gottes in der Welt ernst, dann wacht man mit Christus in Gethsemane, und ich denke, das ist Glaube, das ist *metanoia;* und so wird man ein Mensch, ein Christ. Wie sollte man bei Erfolgen übermütig oder an Mißerfolgen irre werden, wenn man im diesseitigen Leben Gottes Leiden mitleidet?" (W + E, 401 f)

Bonhoeffer will uns sagen, daß auch wir in den kommenden Jahren in einer säkularisierten Welt leben müssen und daß unser *cantus firmus,* die Grundmelodie unseres Lebens, in Gott stark genug sein muß, damit wir inmitten der Menschen unser Menschenleben in seiner ganzen Fülle leben können.

## Die Wege der Freiheit

Einige Monate vor seinem Tod, als jede Korrespondenz schon fast unmöglich geworden war, schreibt Bonhoeffer dieses Gedicht mit dem Titel: Stationen auf dem Wege zur Freiheit.

Es handelt sich hier zwar mehr um schmerzliche als um frohe Geheimnisse, aber sie sind dennoch zutiefst mit den glorreichen Geheimnissen verbunden: es ist das Pascha eines Mannes, der zutiefst den Karfreitag erlebt, der jedoch in dieser Leidensgeschichte die Auferstehung schon sieht oder genauer, lebt. Diese Freiheit, diese Befreiung, von der er spricht, ist genau jene der Apostel im Dienste ihrer Brüder, im Dienste Gottes.

Wenn Paulus an die Galater schreibt: „Gewiß, zur Freiheit seid ihr berufen, Brüder! Nur macht aus der Freiheit keinen Anlaß zur Selbstsucht, dient vielmehr einander in Liebe" (5, 13), so handelt es sich um jene christliche Freiheit, die uns aus unserem Egoismus herausreißt, um uns der Liebe zu allen zu öffnen. Genau so ist im ersten Petrusbrief der wahre Inhalt der christlichen Freiheit die Möglichkeit, Gott zu dienen: „Ihr seid wohl frei, aber ihr habt die Freiheit nicht, um sie als Deckmantel der Bosheit zu gebrauchen, sondern (handelt) als Knechte Gottes" (1 Petr 2, 16).

Wir müssen dieses Gedicht Bonhoeffers als die Aussage eines Christen verstehen, der seinen Freunden seine größte Entdeckung mitteilt, und wir müssen es auch verstehen als das Gedicht eines Mannes, der uns seine letzten Worte übergibt.

## Stationen auf dem Wege zur Freiheit

### Zucht

Ziehst du aus, die Freiheit zu suchen, so lerne vor allem / Zucht der Sinne und deiner Seele, daß die Begierden / und deine Glieder dich nicht bald hierhin, bald dorthin führen. / Keusch sei dein Geist und dein Leib, gänzlich dir selbst unterworfen / und gehorsam, das Ziel zu suchen, das ihm gesetzt ist. / Niemand erfährt das Geheimnis der Freiheit, es sei denn durch Zucht.

## Tat

Nicht das Beliebige, sondern das Rechte tun und wagen, / nicht im Möglichen schweben, das Wirkliche tapfer ergreifen, / nicht in der Flucht der Gedanken, allein in der Tat ist die Freiheit.

Tritt aus ängstlichem Zögern heraus in den Sturm des Geschehens, / nur von Gottes Gebot und deinem Glauben getragen, / und die Freiheit wird deinen Geist jauchzend empfangen.

## Leiden

Wunderbare Verwandlung. Die starken, tätigen Hände / sind dir gebunden. Ohnmächtig, einsam siehst du das Ende / deiner Tat. Doch atmest du auf und legst das Rechte / still und getrost in stärkere Hand und gibst dich zufrieden. / Nur einen Augenblick berührtest du selig die Freiheit, / dann übergabst du sie Gott, damit er sie herrlich vollende.

## Tod

Komm nun, höchstes Fest auf dem Wege zur ewigen Freiheit, / Tod, leg nieder beschwerliche Ketten und Mauern / unsres vergänglichen Leibes und unsrer verblendeten Seele, / daß wir endlich erblicken, was hier uns zu sehen mißgönnt ist. / Freiheit, dich suchten wir lange in Zucht und in Tat und in Leiden. / Sterbend erkennen wir nun im Angesicht Gottes dich selbst (W + E, 403).

„Niemand erfährt die Freiheit, es sei denn durch Zucht"; was aber versteht Bonhoeffer unter Zucht? Diese notwendige Etappe und diese erste Station auf dem Weg der Freiheit ist eine Verhaltensregel, die er sich auferlegt. Die Zucht wird je nach der Vollkommenheit, nach der der einzelne strebt, eine andere sein: es gibt die Zucht des Pianisten, des Sportlers, des Handwerkers, die ihr Werk vortrefflich erfüllen und es gibt auch die Zucht des Hilfsarbeiters, der sich darum bemüht, die Bretter oder Sackstapel in Reih und Glied zu bringen. Zucht ist also das Gegenteil von Sich-gehen-Lassen, sie ist der Ernst und die Würde der Aufgabe des Menschen.

Die Glaubenskrise unserer Zeit ist auch eine Krise der mensch-

lichen Qualität, es ist die Krise des auf Sand gebauten Hauses.
Der Glaube auf Sand gebaut, kann keinen Bestand haben. Er muß
auf Fels gegründet sein, und dieser harte und feste Fels ist die
Zucht. Gewiß sprechen wir mit dem Psalmisten: „Führe mich,
Herr, auf den Felsen, der für mich zu hoch ist" (Ps 61, 3), aber ich
muß dem Felsen anhangen. Bonhoeffer erfährt nicht nur durch
die Abgeschlossenheit des Gefängnisses, sondern auch in sich
selbst die Prüfung, die zum „Ruin aller geistigen und menschlichen Fruchtbarkeit" führen kann. Diese Prüfung nennt er „Sehnsucht" (Nostalgie). Die Theologen bezeichnen mit dem lateinischen *Acedia* eine gewisse Trägheit im geistlichen Bemühen, die
aus Traurigkeit, Verstimmung und Bitterkeit herrührt. Die
*Acedia* ist der Freude entgegengesetzt. Bonhoeffer beschreibt
diese Prüfung sehr genau:

> „Das ist das traurige Schicksal ... und der Ruin aller geistigen
> Fruchtbarkeit ... Es gibt keinen schlimmeren Schmerz, und ich
> habe in den Monaten hier im Gefängnis ein paar Mal ganz
> schreckliche Sehnsucht gehabt ... Die erste Folge solcher Sehn-
> suchtszeiten ist immer, daß man den normalen Tagesablauf ir-
> gendwie vernachlässigen möchte, daß also eine gewisse Unord-
> nung in unser Leben kommen will. Ich war manchmal in der
> Versuchung, morgens einfach nicht um 6 Uhr aufzustehen wie
> üblich, – was durchaus möglich gewesen wäre –, sondern
> länger zu schlafen. Ich habe mich bisher immer noch dazu
> zwingen können, das nicht zu tun; es war mir klar, daß das der
> Anfang der Kapitulation gewesen wäre, dem vermutlich
> Schlimmeres gefolgt wäre; und von der äußeren und rein kör-
> perlichen Ordnung (morgendliches Turnen, Kaltabwaschen)
> geht schon etwas Halt für die innere Ordnung aus. Weiter: es
> ist nichts verkehrter, als den Versuch zu machen, in solchen
> Zeiten sich irgendeinen Ersatz für das Unerreichbare zu
> schaffen" (W + E, 187 f).

Diese Verstümmelung des eigenen Wesens und Lebens muß
akzeptiert werden:

„Ich glaube, es ist gut, nicht mit Fremden von seinem Zustand zu reden – das wühlt nur noch mehr auf –, sondern nach Möglichkeit sich für Nöte anderer Menschen offenzuhalten" (W + E, 188).

Theresia vom Kinde Jesus sagte zu ihren Novizinnen, die ein wenig zur Scheinheiligkeit neigten: „Beeilt euch, Werke der Nächstenliebe zu tun!" Bonhoeffer sagt: „Vor allem darf man nie dem self-pity, dem Sichselbstbemitleiden, verfallen" (W + E, 199).

Wenn Bonhoeffer schreibt: „Keusch sei dein Geist und dein Leib", dann liegt für ihn das Wesentliche der Keuschheit „nicht in einem Verzicht auf Lust, sondern in einer Gesamtausrichtung des Lebens auf ein Ziel. Wo eine solche fehlt, verfällt die Keuschheit zwangsläufig der Lächerlichkeit" (W + E, 408). Weil ich laufe, sagt Paulus, um dieses Ziel zu erreichen, bemühe ich mich, meinen Geist und mein Fleisch mir selbst zu unterwerfen. Welchen Sinn hat Keuschheit in einem mittelmäßigen Leben? „Keuschheit ist die Voraussetzung für klare und überlegene Gedanken" (ebd.).

In diesem Kampf, in dem der Christ mit allen Fibern seines Seins in der Welt verwurzelt ist, wie der Baum mit seinen Wurzeln in der Erde gefangen ist, „lebt der Christ in Zucht, und das Wissen um Tod und Auferstehung steht immer vor ihm".

Dieser Mann, der sich diese Selbstzucht auferlegt hat, um zur Freiheit zu gelangen, kann nun zur Tat schreiten, zu einer sehr realistischen Tat: „Nicht im Möglichen schweben, das Wirkliche tapfer ergreifen." Leben im Wirklichen, in den kleinen Dingen des Alltags, das ist es, was Bonhoeffer durch zwei Ereignisse entgegengesetzten Inhalts praktiziert: zum einen im Scheitern der Verschwörung, das zum Gefängnis geführt hat, in dem er sich nun befindet, sowie zum Risiko des Todes, der ihn bedroht, aber zum anderen auch in seiner aufkeimenden Liebe zu Maria und ihrer Verlobung. Zwei ganz verschiedene Ereignisse, die er jedoch beide im „Wirklichen" leben will.

Über das Scheitern spricht er sich mit seinem Schwager, Hans

von Dohnanyi, dem Haupt der Verschwörung, aus; Hans war es,
der Dietrich in gewisser Weise ins Gefängnis gebracht hat und
nun schreibt Hans, der ebenfalls Gefangener ist, an Dietrich:
„Verzeih, ich bin schuld an Deiner jetzigen Lage!" Bonhoeffer
antwortet ihm:

> „...Du mußt wissen, daß auch nicht ein Atom von Vorwurf
> oder Bitterkeit in mir ist über das, was Dir und mir zugestoßen
> ist. Solche Dinge kommen von Gott und ihm allein, und ich
> weiß mich darin mit Dir und mit Christel (Dietrichs Schwester)
> eins, daß es vor Ihm nur Unterwerfung, Ausharren, Geduld –
> und Dankbarkeit gibt. Damit verstummt jede Frage nach dem
> ‚Warum'... Nein, Du darfst und Du brauchst Dir um uns jetzt
> gar keine Sorgen zu machen; diese Sorge hat Dir jetzt ein
> Anderer abgenommen" (W + E, 43 f).

Über seine Verlobung schreibt er im gleichen Brief:

> „Ich will Dich nun auch wissen lassen... um Dich an meiner
> Freude teilnehmen zu lassen – daß ich seit Januar mit Maria
> von Wedemeyer verlobt bin... Ich bin überzeugt, daß dieses
> Erlebnis für uns beide gut ist, auch wenn es heute noch so unbe-
> greiflich ist" (W + E, 43).

Bonhoeffer zitiert nun ein Lied, das er in seinem Gefängnis als
Gebet spricht: „Über Nacht, über Nacht kommt Freud und Leid,
und eh' du's gedacht, verlassen dich beid', und gehen dem Herren
zu sagen, wie du sie getragen."
Wir erinnern uns, daß er an seine Braut im Rückgriff auf Jeremias geschrieben hatte, ihre Hochzeit werde „ein Ja zur Erde
Gottes" sein:

> „Man soll Gott in dem finden und lieben, was er uns gerade
> gibt; wenn es Gott gefällt, uns ein überwältigendes irdisches
> Glück genießen zu lassen, dann soll man nicht frömmer sein
> als Gott und dieses Glück durch übermütige Gedanken und
> Herausforderungen und durch eine wildgewordene religiöse

Phantasie, die an dem, was Gott gibt, nie genug haben kann, dieses Glück wurmstichig werden lassen" (W + E, 189).

Dem Herrn Dank sagen, annehmen, was von ihm kommt; davon spricht auch Pascal: „Alle Dinge sind wie Herren, die aus der Hand Gottes kommen. Man muß ihnen gehorchen können."

Bonhoeffer hat die Nostalgie kennengelernt, die nur durch eine strenge Zucht geheilt werden kann; nun entdeckt er in der Tat einen Ausgleich zur Nostalgie: die auf die Zukunft gerichteten Wünsche. Das ist aber eine Pseudo-Aktion, die nicht „wirklich" ist, denn sie handelt nicht in der Gegenwart und sie lebt vom Traum. Er erfährt die mächtige Versuchung der Imagination, als Lieder von draußen in sein Gefängnis dringen:

„Ich sitze bei mir oben, im Haus ist es still, draußen singen noch ein paar Vögel und sogar der Kuckuck ruft aus der Ferne. Diese langen, warmen Abende, die ich nun zum zweiten Mal hier erlebe, setzen mir etwas zu. Es zieht einen hinaus, und man könnte Dummheiten machen..." (W + E, 342).

Was ist also zu tun? Sein Begehren niederknüppeln? Das könnte eines Tages zu einer Explosion führen:

„Sieh mal, ich könnte es z. B. heute abend garnicht wagen, mir wirklich konkret auszumalen, daß ich mit Maria bei Euch im Garten am Wasser säße, daß wir dann bis in die Nacht miteinander sprächen usw. usw. Das ist einfach Selbstquälerei, die physisch weh tut. Also flüchte ich mich ins Denken, ins Briefeschreiben ... und verbiete mir – als Selbstschutz – das eigene Begehren."

Bonhoeffer kennt seine Schwäche, er fühlt, daß der Mensch sich nicht an seine Begierden hängen darf. Für ihn liegt die Freiheit nicht in „flüchtigen Gedanken", sondern in der Tat. Der freieste Mensch ist der, welcher die größte Herrschaft nicht über das Universum, sondern über seine Entscheidungen besitzt, welcher am meisten in seinem Inneren frei ist. „Tritt aus ängstlichem Zögern heraus in den Sturm des Geschehens."

Auch das Leid ist ein Weg zur Freiheit, aber unter der Bedingung, daß man einen Preis, einen hohen Preis einsetzt. Wenn wir den Boden unter den Füßen verlieren, wenn nur noch Not und Drangsal herrscht, sagt Paulus: „Aber nicht nur dies, sondern wir wollen uns auch der Drangsale rühmen, da wir wissen, daß die Drangsal Geduld bewirkt, die Geduld Bewährung, die Bewährung Hoffnung. Die Hoffnung aber läßt nicht zuschanden werden" (Röm 5, 4–5).

Für Bonhoeffer ist das Leiden diese hohe und gefährliche und doch so notwendige Tat, für die er sich eingesetzt hatte und die gescheitert ist. Ohne Rückkehr zu dem, was hätte sein können und nicht sein wird, ohne aber auch die Notwendigkeit und Bedeutung seines Unternehmens herabzusetzen, „legt" Bonhoeffer „sein Tun in Gottes Hände", wie der Psalmist und Jesus ihr Leben in die Hände des Vaters legen. Bonhoeffer ist sicher, daß Gott sein Tun in wunderbarer Weise vollenden wird:

> „Du legst das Rechte
> still und gestrost in stärkere Hand und gibst dich zufrieden.
> Nur einen Augenblick berührtest du selig die Freiheit,
> dann übergabst du sie Gott…"

An diesem Punkt angekommen entdeckt er auch den Unterschied zwischen Christen und Heiden. Er drückt dies in einem anderen, zur gleichen Zeit im Gefängnis entstandenen Gedicht aus:

> Menschen gehen zu Gott in ihrer Not,
> flehen um Hilfe, bitten um Glück und Brot,
> um Errettung aus Krankheit, Schuld und Tod.
> So tun sie alle, alle, Christen und Heiden.

> Menschen gehen zu Gott in Seiner Not,
> finden Ihn arm, geschmäht, ohne Obdach und Brot,
> sehn Ihn verschlungen von Sünde, Schwachheit und Tod.
> Christen stehen bei Gott in Seinen Leiden.

Gott geht zu allen Menschen in ihrer Not,
sättigt den Leib und die Seele mit Seinem Brot,
stirbt für Christen und Heiden den Kreuzestod,
und vergibt ihnen beiden (W + E, 382).

Bonhoeffer legt all das, was er selbst nicht mehr vollbringen kann, in Gottes Hand, aber der Gott, dem er begegnet, ist Jesus auf Getsemani. Es ist der Gott der Leidensgeschichte, „der sein Leben verliert".

Für Bonhoeffer entspringt Freiheit letztlich der Konzentration auf das Wesentliche. Sowohl in der Zucht als auch in der Tat, im Leid und im Tod folgt die Freiheit aus diesem Blick auf das allein Notwendige. Er fand jene außergewöhnliche Formulierung, die er auf einem kleinen Stückchen Papier niederschrieb: „Was ist Freiheit? Formal: im Gefängnis ist es die Liebe zur Freiheit."

Und diese Freiheit kann ihm niemand rauben, denn sie ist ganz innerlich. In einem letzten Text „Freiheit und Gehorsam" faßt Bonhoeffer nicht nur sein augenblickliches Denken zusammen, sondern sein ganzes Leben:

„Jesus steht vor Gott als einer, der in Freiheit gehorcht. Im Gehorsam erfüllt er den Willen des Vaters, indem er den Buchstaben des Gesetzes, das ihm auferlegt ist, erfüllt. In Freiheit spricht er durch eine ganz persönliche Entscheidung offenen Auges und freudigen Herzens das Ja zum göttlichen Willen. Es ist, als schaffe er diesen Willen von sich her neu. Gehorsam ohne Freiheit ist Sklaverei, Freiheit ohne Gehorsam ist Willkür. Der Gehorsam bindet die Freiheit, diese veredelt den Gehorsam. Der Gehorsam bindet das Geschöpf an seinen Schöpfer, die Freiheit stellt es Ihm, der es nach seinem Bild und Gleichnis geschaffen hat, gegenüber."

Wenn Dietrich Bonhoeffers Denken unvollendet bleibt, so vollendet sich doch sein Leben in der Gegenwart für die Menschen und für Gott, die frei und gehorsam, aber um den Preis dieser vier Stationen der Zucht, der Tat, des Leides und des Todes erkauft ist, die alle vier Vorspiel der Auferstehung sind.

Was bedeutet also Beten für Bonhoeffer?

„Mich vorzubereiten, das Wort wie eine persönliche Botschaft in meinen Aufgaben, Entscheidungen, Sünden und Versuchungen aufzunehmen."

Was er den künftigen Pastoren in Finkenwalde lehrte, hat Dietrich Bonhoeffer selbst gelebt.

*Literatur*

D. *Bonhoeffer*, Widerstand und Ergebung. Briefe und Aufzeichnungen aus der Haft. Hrsg. von E. Bethge. (Neuausgabe. München 1970) (= W + E).

D. *Bonhoeffer*, Gesammelte Schriften. Hrsg. v. E. Bethge. Band 1–6 (München 1958–1974) (= GS).

E. *Bethge*, Dietrich Bonhoeffer. Eine Biographie (München 1967) (= Bethge).

# 14

## Wandeln in Gottes Gegenwart

Was wir bisher über das Gebet gesagt und in der Schule der großen Beter gelernt haben, möchte ich zusammenfassend in einer einzigen Haltung verdeutlichen. Vielleicht geht es uns dabei wie Naaman dem Syrer, der sich weigert, in den Jordan – ein kleiner Bach, verglichen mit den Strömen in seiner Heimat – einzutauchen: das ist zu einfach, um dadurch vom Aussatz geheilt zu werden! Wir müssen aber verstehen, daß es bei Gott nur einfache Mittel geben kann, um uns auf den Weg der Begegnung mit ihm zu führen, wobei einfach hier freilich weder einfältig noch auch immer leicht bedeutet.

Hören wir dazu noch einmal das Wort Gottes aus der bekannten Stelle in der Bibel, wo von der Begegnung des Elija mit Gott am Berg Horeb die Rede ist. Elija wird auf die Probe gestellt. Er ist deprimiert durch die Angriffe der Feinde Jahwes und durch seine eigene Schwäche („ich bin ja nicht besser als meine Väter"), er flieht, wird auf wunderbare Weise am Leben erhalten durch die Speise, die er beim Aufwachen vorfindet, und er wandert vierzig Tage und vierzig Nächte durch die Wüste bis zum Gottesberg, dem Sinai (hier wird er Horeb genannt), an die gleiche Stelle, an der Gott im brennenden Dornbusch vor Mose seinen Namen offenbart hat und wo er ihm sein Gesetz übergeben hat. Elija kehrt hier bis an die Quelle des Glaubens seiner Väter zurück, er macht sich auf zur Begegnung mit seinem Gott. Beachten wir hier den langen Anmarsch: vierzig Tage – das erinnert an die vierzig Jahre des Exodus und weist schon hin auf die vierzig Tage der Versuchung Jesu: man kann sich nicht mit Gott an einer Stelle oder zu einem bestimmten Zeitpunkt fest verabreden, sondern muß auf die Begegnung mit ihm demütig und geduldig zugehen. Und Gott unterstützt uns in geheimnisvoller Weise auf unserem Marschweg, auch wenn wir nicht sehen wie.

Bei der Ankunft am Horeb, ergeht das Wort an Elija: „,Geh hinaus und tritt auf dem Berg vor Jahwe hin!' Und siehe, Jahwe zog vorüber. Ein gewaltiger, heftiger Sturm, der Berge zersprengt und Felsen spaltet, ging vor Jahwe her; aber Jahwe war nicht in dem Sturm. Nach dem Sturm kam ein Erdbeben, aber Jahwe war nicht im Erdbeben. Nach dem Erdbeben kam Feuer, aber Jahwe war nicht im Feuer. Nach dem Feuer kam ein leises, sanftes Säuseln. Da, als Elija das vernahm, verhüllte er sein Antlitz mit seinem Mantel, ging hinaus und trat an den Eingang der Höhle. Nun drang eine Stimme zu ihm" (1 Kg 19, 11 – 13). In diesem Text, so heißt es in der Erklärung der Jerusalemer Bibel, bedeutet das „leise, sanfte Säuseln" den Geist Gottes und die Innerlichkeit des Gesprächs mit seinem Propheten. Doch Vorsicht! Da ist auch der Sturm, der Wind, das Gewitter, das Erdbeben, Symbole für die furchtbaren Befehle, die dem Propheten erteilt werden. Wenn Gott in einem Säuseln spricht, so ist sein Handeln nicht sanft, sondern oft schrecklich. Er ist verzehrendes Feuer.

In dem Roman „Le bel aujourd'hui" von Julien Green gefiel mir besonders ein Satz aus dem Mund eines alten geistlichen Schriftstellers namens Duguet. Es ist gleichsam ein großartiger Kommentar zu Elija:

> „Weil man allein auf Gott hören muß, darum spricht er leise und wie es ihm gefällt. Das leiseste Geräusch überdeckt seine Stimme."

Damit ist weniger der äußere Lärm gemeint, der sich manchmal gar nicht vermeiden läßt, sondern der Lärm, den man dämpfen könnte und vor allem unser innerliches und persönliches Hin und Her.

Um dieser Gottesbegegnung näher zu kommen, wollen wir drei Dinge betrachten. Zuerst die grundlegende Wahrheit jeder Gegenwart Gottes, einer Gegenwart, die die Bibel Blick, Angesicht Gottes nennt. Anschließend die ebenso grundlegende Haltung, welche diese Wirklichkeit auf unserer Seite hervorruft: daß wir unablässig diese Gegenwart Gottes suchen: „Ihr sollt allezeit beten" sagt Jesus (Lk 18, 1). Schließlich werden wir versuchen, die bescheidenen Mittel zu dieser Begegnung uns anzusehen.

## Das immer gegenwärtige Angesicht Gottes

Betrachten wir zuerst die bleibende Allgegenwart Gottes. Diese Gegenwart ist der gemeinsame Reichtum der ganzen Menschheit. Sie kommt zum Ausdruck in dem bekannten und vielsagenden arabischen Sprichwort: „Gott sieht auch eine schwarze Ameise auf einem schwarzen Stein in der schwarzen Nacht." Das ist die ökumenischste, universalste Wahrheit aller Religionen, zugleich auch der großen Philosophien, die ein Sinn für das bewahrt haben, was über den Menschen hinausgeht. Zugleich ist es das gemeinsame väterliche Erbe der Menschheit von den Patriarchen her aus der Zeit vor der Sintflut nach den ersten Kapiteln der Genesis.

„Wandeln in Gottes Gegenwart". So kennzeichnet die Bibel zwei Männer in der Zeit vor der Sintflut, zwei Gerechte mitten in einer pervertierten Menschheit. Sie gehören nicht zum Volk Israel, denn das gibt es noch nicht, und doch betrachtet die jüdische Tradition Henoch und Noach als zwei Freunde Gottes, als zwei Heilige des Alten Testaments, als zwei „heilige Heiden", wie Jean Daniélou es formulierte.

Dem Henoch räumt die Bibel eine Sonderstellung ein: er ist die siebte Gestalt, die nach Adam erwähnt wird (Gn 5, 23). Sieben ist eine besondere Zahl, die Zahl der Vollkommenheit, und die Zahl 365 für die Lebensdauer Henochs ist ebensowenig eine bloß zufällige Zahlenangabe: 365 Jahre – also ein Jahr von Jahren, so viele Jahre wie unser Sonnenjahr Tage zählt. Vor allem aber sagt die Bibel in einer eindrucksvollen Kurzformel – „Henoch wandelte mit Gott" –, was besagen soll, daß er im vertrauten Umgang mit Gott lebte, eingeweiht in das Geheimnis Gottes. Dann „war er nicht mehr, denn Gott hatte ihn hinweggenommen". diese Gestalt des Henoch hat in der jüdischen Tradition starken Eindruck hinterlassen. Es spinnen sich nicht nur Legenden, die seine Geschichte ausschmücken, um ihn, sondern auch der Verfasser des Hebräerbriefes bezieht sich auf ihn, wenn er vom Glaubenszeugnis der Alten spricht: „Henoch hatte Gott wohlgefallen. Ohne Glauben aber ist es unmöglich, Gott wohlzugefallen. Denn wer zu Gott kommt, muß glauben, daß er ist und daß er denen, die ihn suchen, zum Vergelter wird" (Hebr 11, 5 f).

Von Noach wird dasselbe ausgesagt: „Noach war ein gerechter Mann, untadelhaft unter seinen Zeitgenossen. Es wandelte Noach mit Gott" (Gn 6, 9). Auch er lebt im vertrauten Umgang mit Gott. Und wir kommen weiter zu Abraham: Jahwe erschien ihm und sagt: „Ich bin El Schaddai. Wandle vor mir und sei vollkommen" (Gn 17, 1). Für Abraham gilt dasselbe wie für Henoch und für Noach. Hat die Vertrautheit mit Gott aus der ersten Zeit hier schon abgenommen? Damals wandelten sie „mit Gott", wie man mit einem Gefährten auf der Straße wandert; Abraham wandelt „vor Gott", in der Gegenwart Gottes. In der Ausdrucksweise liegt vielleicht schon ein wenig mehr Distanz, aber die Wirklichkeit bleibt klar dieselbe.

Und wir? Sind wir in dieses Wandeln vor Gott einbezogen? Ja, denn in uns muß die Prophezeiung des Zacharias aus dem Benedictus weitergeführt werden, und es muß sich an uns fortwährend „sein heiliger Bund, der Eid" erfüllen, „den er unserem Vater Abraham geschworen hat, uns zu verleihen, damit wir... ohne Furcht ihm dienen in Heiligkeit und Gerechtigkeit vor ihm alle unsere Tage" (Lk 1, 72). Der Vater Johannes des Täufers ist stark und sicher im Glauben und aktualisiert hier für seine und auch für unsere Generation die Verheißung, die sein Vater Abraham achtzehn Jahrhunderte zuvor erhalten hatte.

Dieser Zeitabschnitt war in diesem Punkt jedoch keineswegs eine Epoche des Schweigens! Wie ein Angelpunkt zwischen den Patriarchen und Sacharja steht dieser unausschöpfbare Text bei Micha über den Rechtsstreit mit Israel:

„Höret doch das Wort, das Jahwe spricht:
‚Auf! Führe den Rechtsstreit angesichts der Berge, auch die Hügel sollen deine Stimme hören!‘ Höret ihr Berge den Rechtsstreit Jahwes…“

Jahwe geht mit seinem Volk ins Gericht, und das Volk antwortet ihm:

„Womit soll ich vor Jahwe hintreten, mich beugen vor dem Gott der Höhe? Soll ich mit Brandopfern vor ihn treten? Soll meinen Erstgeborenen ich opfern als Sühne meiner Schuld…?“

Gottes Antwort fegt daraufhin dies alles hinweg mit einem Lichtstrahl:

„Was gut ist, ward dir gesagt, o Mensch, und was Jahwe von dir fordert: nichts als Recht tun und die Güte lieben und in Demut wandeln mit deinem Gott.“

Wiederum dieses Wandeln in Gottes Gegenwart. Wörtlich müßte man diese Stelle so übersetzen: „und dein Wandeln vor Gott sollst du demütig machen.“

Da diese Gegenwart Gottes der bleibende Reichtum unserer Menschheit ist, müssen wir an dieser Stelle noch etwas verweilen. Wie oft halten auch die Psalmen hier inne! Während wir das Angesicht Gottes suchen, sieht er uns an: „Der Herr blickt hernieder vom Himmel, er sieht auf alle Söhne der Menschen“ (Ps 33, 13). „Doch sieh, es ruht auf den Frommen das Auge des Herrn, auf denen, die seiner Gnade vertrauen: ihre Seelen zu entreißen dem Tode“ (Ps 33, 18f). Das ist die große Wahrheit. Gott blickt uns immerfort an. Ein Kind weiß das, wenn dies aber zur Realität für unser Leben wird, verändert sich alles: „Behüte mich, Gott, ich nehme zu dir meine Zuflucht" (Ps 16, 1). Für Gott ist sein Segen gleichbedeutend mit seinem Blick: „So sollt ihr die Israeliten segnen, indem ihr zu ihnen sagt: Jahwe segne dich und behüte dich! Jahwe lasse sein Antlitz auf dich leuchten und sei dir gnädig! Jahwe erhebe sein Antlitz hin zu dir und schaffe dir Heil!" (Nm 6, 22–26).

Dieser Blick Gottes, der immer auf uns ruht, verschafft uns seine ungeheure und innerliche Gegenwart. Man könnte dies auch die kosmische Gegenwart Gottes nennen. Dieses Geheimnis ist letztlich das Geheimnis unseres Seins – das sollten wir kurz überdenken. Es geht hier nicht um Aristoteles oder Thomas von Aquin, sondern um unser eigenes Leben. Die Welt ist eine fortdauernde Schöpfung. Das All ist Tag und Nacht, jeden Augenblick abhängig von Gott. Eine Kerzenflamme und auch das entfernteste Milchstraßensystem gäbe es nicht, wenn Gott sie nicht ständig bewahrte und am Sein erhielte. Das ist nicht hohe Philosophie, sondern einfach die Daseinsweise des Kosmos, die allererste Wahrheit, die so einfach ist. Hören wir, wie ein kleiner Junge sie entdeckt hat – er hat es mir selbst erzählt. Er war in allem möglichen und unvorstellbaren Elend aufgewachsen, eines von jenen Kindern oder Jugendlichen, mit denen sämtliche Sozialarbeiter und Sonderpädagogen des Viertels alle Hände voll zu tun hatten! Schließlich landete er in dem Haus, das man früher „Fürsorgeanstalt" nannte, in einem Erziehungsheim. Da war er nun, ohne jeden Glauben, ohne jede Bildung. An einem trübsinnigen Tag betrachtete er einen Kugelschreiber und dachte: „Jetzt ist er neu. Irgendwann ist er einmal verbraucht." Dann sah er ein Haus noch im Rohbau: „Dieses Haus ist neu, irgendwann wird es einmal alt und baufällig sein." Und nun kam diesem Burschen, der noch nie ein Buch aufgeschlagen hatte, der Gedanke: „Gibt es auf der Welt eigentlich irgendwas, was nicht alt wird?" Damit stand er mitten im tiefsten Kern aller Philosophie.

Gibt es in der Welt etwas an Sein, was nicht alt wird? Damit hat dieser intelligente Nichtswisser die ganze Frage des Seins entdeckt. Wir sind selbst nur „kontingente" Seiende, wie die Philosophen sagen, das heißt, wir hätten auch nicht sein können. Wir sind von uns aus nicht zwangsläufig da. Keiner von uns ist dies. Wenn ich zwangsläufig oder „notwendig" wäre, wie wiederum die Philosophen es nennen, dann wäre ich immer schon gewesen und würde auch zukünftig immer sein. Aber da ich nun einmal nicht immer da gewesen bin und ich auch nicht immer da sein werde, bin ich kein notwendiges Wesen, und meine Eltern waren es ebensowenig wie ich. Nichts auf der Welt, nicht einmal die Welt selbst ist notwendig. Sie hätte auch nicht sein können.

Ein Seiendes jedoch, das nicht notwendig ist und dennoch existiert, muß von einem Sein abhängen, das seinerseits notwendig ist. Wie sollen wir uns das bewußtmachen, daß dieses völlig relative und abhängige Wesen, das ich bin – ich spreche gar nicht einmal vom Leben, sondern einfach von meiner tiefsten Seinsanlage –, daß dieses nicht notwendige Wesen, das ich bin, jederzeit ein Sein braucht, das selbst notwendig ist? Nehmen wir einen Vergleich, der uns auf die Sprünge helfen kann (wenn er auch kein Beweis ist): man könnte an Milliarden von Spiegeln denken, die das Licht reflektieren – einer wirft jeweils dem andern das Licht zu, aber irgendwo muß es eine anfängliche Lichtquelle geben, denn diese Spiegel sind ja nicht selbst Licht, sondern haben es selbst erhalten. Ohne ein Licht am Anfang, das sich von einem zum andern weiterleitet, wäre alles dunkel. Die Spiegel sind nur Empfänger und Sender, sind aber selbst Licht nur, insofern sie am Licht partizipieren. So ist es mit unserem Sein: wir empfangen unser Dasein und unser Wesen, wir sind es nicht. Und eben danach suchte unser Junge: nach einem Sein, das nicht nur nicht alt werden kann, sondern dessen Existenz in der eigenen Definition liegt: es kann nicht nicht sein.

Gott würde in uns verniedlicht und amputiert, wenn dieser Unterschied zwischen ihm und uns nicht klar hervorträte. Gott allein ist, Gott allein kann nicht nicht sein, und alles, was außerhalb Gottes existiert, empfängt von ihm, überhaupt außerhalb des Nichts zu sein. Er selbst *ist* die Existenz, und ich *habe* eine Existenz, ich erhalte sie. Das ist einerseits eine einfache Sache, auf der andern Seite aber müssen wir uns doch noch darüber Gedanken machen – damit uns bewußt wird, daß wir nicht notwendig sind, daß allein Gott uns aus dem Nichtsein heraushebt. Damit aber wird meine Vergänglichkeit etwas Kostbares: ich existiere, obwohl nichts in mir fordert, ich müsse sein! Am Tag, an dem uns das klar wird (und nicht nur als philosophisches Problem), entsteht eine ständige Beziehung zwischen Gott und uns, zeigt sich die liebende Zuneigung Gottes zu uns. Wenn ich jetzt in diesem Augenblick existiere, wenn ich gerade jetzt hier stehe und wenn ich noch ein wenig länger stehenbleibe, dann deshalb, weil Gott mich jetzt, in dieser Minute in meiner Existenz erhält. Es ist gewissermaßen eine Nabelschnur, die mich mit Gott verbindet. Diese Armbanduhr, dieses Stück Papier, dieses Vogelgezwitscher, alles, was – länger oder flüchtig – existiert, gibt es nur, weil Gott ihm etwas von seinem eigenen Sein leiht. Der Psalm 104 drückt dies eindrucksvoll und in viel einfacheren Worten aus als ich. Aber vielleicht läßt das, was ich dazu gesagt habe, uns dies besser auskosten:

> „Verbirgst du dein Angesicht, so vergehn sie (alle Seienden) in Furcht, nimmst du ihnen den Odem, so schwinden sie hin und sinken zurück in den Staub.
> Du sendest aus deinen Geist, und sie werden geschaffen, und das Angesicht der Erde machest du neu."

Das also ist diese Seinsgegenwart, diese Unendlichkeit Gottes, und ich entdecke, daß ich daran teilhabe: „Denn in ihm leben wir, bewegen wir uns und sind wir", sagt Paulus (Apg 17, 28). Kann eine Blume den Stengel vergessen, der sie trägt und ihr in diesem Augenblick Blüte schenkt? Ich bin ein dauernder Krümel des unzerstörbaren Brotes Gottes oder wie in einem guten Gedanken bei Maritain: „Ich bin für die Welt völlig unwichtig, aber ich bin nicht völlig unwichtig vor Gott." Darum und nur darum bin ich für mich die wichtigste Person. Wenn ich da bin, dann bin ich es als ein Gedanke Gottes. Der Vater des verlorenen Sohnes wartete auf seine Rückkehr, ohne dazu etwas tun zu können, aber Gott zeugt mich unaufhörlich zum Dasein in allen Fasern meines Seins.

Auf diesem großen Gedanken über Sein und Größe Gottes wurzelt, aus ihm hervorgehend, eine zweite Gegenwart, die Gegenwart der Gnade. Gott schenkt mir Zutritt in sein Inneres. Dieser Gott, der macht, daß ich bin, macht mich auch zum Sohn gemeinsam mit seinem Sohn. Ich bin imstande, zu ihm zu sagen: „Unser Vater". Ich werde zu einer Wohnung des Heiligen Geistes.

Diese beiden Arten der Gegenwart haben die Heiligen und Mystiker nie voneinander getrennt und schon gar nicht im Gegensatz zueinander gesehen. Immer haben sie die Gegenwart in der Gnade mit der Gegenwart der ungeheuren Größe Gottes verbunden. Ob nun bei Theresia von Avila, bei Johannes vom Kreuz, bei Franz von Sales oder Franz von Assisi oder vielen anderen, „wir finden immer, wie dieses eine und selbe Thema zum Tragen kommt: Gott ist gegenwärtig im Innersten aller Seienden, und also finden wir ihn, wenn wir in uns selbst einkehren" (Cognet).

Diese beiden Arten der Gegenwart – die eine geht aus von den ganz handgreiflichen Dingen der Welt, die andere führt hin bis zur Gegenwart der Dreifaltigkeit in uns – stiften unendlich viel Frieden.

Jeder drückt das auf seine Weise aus. So stellt Paulus fest: „Wir wissen auch, daß denen, die Gott lieben, alles zum Guten mithilft, das ist denen, die nach seinem Ratschluß berufen sind" (Röm 8, 28).

„O immer stille Dreifaltigkeit, stiller Gott, der allem Frieden schenkt!" heißt es in einem lateinischen Gedicht aus dem Mittelalter. Jenes „ich nehme in deine Hand meine Zuflucht" des Psalmisten trifft für uns noch viel stärker zu als für einen Vogel, der sich in die Hand eines Menschen schmiegt, sind wir doch mit unserem innersten Seinsgrund in der Hand Gottes. Wir können daher wirklich, wie es Elisabeth de la Trinité sagte, „bewegungslos und voller Frieden sein, als fänden wir uns schon in der Ewigkeit". Im Glauben begegne ich dem Gott, der schon da ist, gegenwärtig ist. Und wenn es auch stürmisch wird, wenn ich den Mut verliere, „die Nase voll habe" oder „den Kram hinwerfen" möchte, finde ich wieder Frieden: ich kann an der Gegenwart Gottes keinen Zweifel haben, denn ich existiere, und Gott behält mich in seinem Blick. Meine Stärke liegt darin, daß ich nach dem Angesicht Gottes suche: „Es redet zu dir mein Herz, dich suchet mein Antlitz; dein Angesicht, o Herr, will ich suchen" (Ps 27, 8).

„Wann darf ich kommen und schauen das Angesicht Gottes?" (Ps 42, 3.)
„Schaut auf den Herrn und schaut seine Macht, sein Angesicht suchet immerdar" (Ps 105, 4).

Auf dieser Suche erfahre ich doppelte Hilfe, da Gott in allem immer als erster die Initiative ergreift; noch ehe ich schaue, blickt er mich an, und ich bin gleichsam in den Gesichtskreis Gottes hineingezogen und auf unsichtbare Weise erfaßt. Al Hallaj, ein Heiliger und Mystiker des Islam, hat es unnachahmlich ausgedrückt: „Ich rufe dich... Nein, du bist es, der mich zu dir ruft. Wie hätte ich zu dir sprechen können, wenn du nicht erst zu mir gesprochen hättest?"

Doch gibt es noch den andern, unendlich sicheren Weg: wir finden das Angesicht Gottes im Angesicht Christi. Denn wie uns die Gegenwart der Gnade, die auf der Gegenwart des Seins fußt, bis ins Innere Gottes hineinführt, so entdecken wir auch das Angesicht des Gottes des ganzen Alten Testaments für uns heute wieder, indem wir auf Christus schauen: „Wer mich gesehen hat, hat den Vater gesehen", sagt Jesus zu Philippus (Jo 14, 9). Von jetzt an müssen wir „die Erkenntnis der Herrlichkeit Gottes suchen, die auf dem Antlitz Christi erstrahlt", wie es bei Paulus heißt (2 Kor 4, 6). Ja, die Herrlichkeit Gottes erstrahlt auf dem Antlitz Christi, denn, so steht es bei Johannes, „Gott hat niemand jemals gesehen. Der eingeborene Sohn, der an der Brust des Vaters ruht, er hat Kunde gebracht" (Jo 1, 18). Er ist „der Abglanz seiner Herrlichkeit und Ausprägung seines Wesens, der Sohn, der auch das All trägt durch sein machtvolles Wort" (Hebr 1, 3). Und wir selbst werden dabei verwandelt: „Wir alle aber, die wir wie im Spiegel, doch mit unverhülltem Angesicht die Herrlichkeit des Herrn sehen, werden in das gleiche Bild verwandelt von Herrlichkeit zu Herrlichkeit, wie es vom Herrn, vom Geiste geschieht" (2 Kor 3, 18). Darin wird auch das ewige Leben bestehen: „Und sie werden sein Angesicht schauen, und sein Name wird auf ihren Stirnen sein" (Offb 22, 4).

Johannes vom Kreuz hat das Mysterium des Anblicks, der uns verwandelt, selbst erfahren:

> Du hast mich angeblickt,
> deine Augen übermittelten mir deine Gnade;
> darum hast du mich geliebt,
> und meine Augen, die nach deinem Bild suchten,
> durften anbeten, was sie in dir fanden.

> Verachte mich nicht,
> denn wenn du in mir findest, was schwarz ist,
> so kannst du mich nun doch anblicken,
> weil du zuvor mich schon angeblickt
> und Gnade und Schönheit in mir zurückgelassen hast.

## Demütige Wege der Begegnung

Diese göttlichen Wahrheiten liegen nicht völlig außerhalb unserer Reichweite: es gibt bescheidene Wege (denken wir etwa an den aussätzigen Naaman), auf denen wir in dieser Gegenwart Gottes wandeln dürfen. Den ersten nennen die Zisterziensermönche in ihrer benediktinischen Tradition „die Rückkehr zu Gott". Es ist ganz einfach: Ich blicke Gott an, er blickt mich an. Es ist gut, wenn wir auf Gott schauen, doch ist es weit schöner, wenn ich sehe, wie Gott selbst mich anblickt.

Nicht nur ich selbst versuche nun, Gott etwas zu sagen, sondern ich betrachte Gott, der mich gleichfalls anschaut.

Was kann ich aber tun, um immer wieder daran zu denken, auf Gott zu schauen, der mich anblickt? Wenn wir das aufrichtig wollen, müssen wir auf unsere Art und Weise das tun, was der Verfasser des Buches Numeri durch den Mund des Mose vorschreibt: sie sollen sich Quasten an die Zipfel ihrer Kleider machen und an jeder Zipfelquaste eine Schnur von blauem Purpur anbringen: „wenn ihr sie anseht, sollt ihr euch an all die Gebote Jahwes erinnern, um nach ihnen zu tun" und um „eurem Gotte heilig zu sein". Die Quaste mit der Purpurschnur erinnerte an den heiligen Charakter der von Gott gestifteten Gemeinschaft eines Volkes von Priestern. Der Mensch ist unbeständig und muß in aller Demut solche Anstöße akzeptieren, weil er sonst „nach den Gelüsten seines Herzens und seiner Augen abschweift!" (Num 15, 37–40). Wenn wir nun diese Tür zumachen oder jene Treppe hinaufsteigen, kann uns das ein Anstoß, eine Gelegenheit werden, zu Gott „zurückzukehren". Die Mönche hatten dazu eine Glocke, für uns kann es eine Fabriksirene oder ein vorbeifliegendes Düsenflugzeug sein, das mich „auf Gott blicken läßt, der mich anschaut". Man mag einwenden, das sei nicht eben sehr natürlich. Aber man darf nichts als zu billig ansehen, wenn es um einen hohen Einsatz geht, und hier geht es um Gott selbst. Wenn wir also je nach Tagesrhythmus oder Arbeitsweg beispielsweise auf den Knopf der automatischen Bus- oder Straßenbahntür drücken, können wir daraus eine Rückkehr zu Gott machen, und die ganze Busfahrt wird so verwandelt. Wenn wir den Glauben haben, müssen wir das glauben. Die Heiligen haben sich keine komplizierten Dinge ausgedacht. Sie glauben an die ganz einfachen, bescheidenen Dinge. Und weil sie so einfach sind, bemühen sie sich, sie auch zu tun.

Eine Art der Rückkehr zu Gott ist das Gebet, bei dem man ständig den Namen Jesu im Herzen trägt: „Jeder, der den Namen des Herrn anruft, wird gerettet werden" (Apg 2, 21). Das Gebet des Herzens ist das große Gebet in der orientalischen Tradition:

„Jesus, Sohn Davids, erbarme dich meiner!" schreit der Blinde vor Jericho (Lk 18, 38), und das ist auch das Gebet des Zöllners: „Gott, sei mir Sünder gnädig" (Lk 18, 13). Dies „all unsere Tage" immer wieder neu zu sagen, nannten die Mönche des Ostens „das Atmen des Namens Jesu". Man atmet den Namen Jesu ein, der sich wie der Duft im Hohenlied ausbreitet und den man freudig einatmet. Es gibt ein Einatmen des Namens Jesu, das zu einem hoffnungsvollen „Aufatmen meines Herzens" wird. Das kann schon physisch spürbar sein, wenn wir dieses Gebet unserem eigenen Atemrhythmus angleichen: „Herr, Jesus, Sohn des lebendigen Gottes, sei mir Sünder gnädig."

Nichts jedoch, keine Methode und kein Charisma, kann die Demut des Herzens ersetzen. Alle Erweckungsbemühungen, alle Anrufungen des Namens Jesu usw., haben einen Wert nur dank der Demut des Herzens, die sie in sich tragen können. Hören wir einmal die Ratschläge eines Mönches der Ostkirche namens Siluan, der 1866 in Rußland geboren wurde, 1892 Mönch auf dem Athos wurde und 1938 gestorben ist. Er gehört also fast noch zu unseren Zeitgenossen. Er war Bauer, hatte ein Mädchen verführt, einen Mann getötet und war dann Mönch geworden. In seiner Heimat wollte man ihn nicht mehr haben, darum war er zum Athos gegangen. Siluan schreibt folgendes:

„Wenn du in deinem Herzen beten möchtest, es aber nicht recht kannst, dann begnüge dich damit, das Gebet mit den Lippen zu sprechen und lenke deinen Geist aufmerksam auf das, was du da sagst. Der Herr gibt dir dann allmählich auch die Gnade des inneren Gebetes, und dann kannst du ohne Zerstreuung beten. Bemühe dich nicht, das Gebet des Herzens mit Techniken zu erreichen, denn dann schadest du deinem Herzen, und am Ende betest du nur noch mit den Lippen."

Unser Gebet muß aus der Tiefe des in uns gegenwärtigen Gottes hervorspringen:

„Erkenne die Ordnung des geistlichen Lebens: Gott schenkt seine Gaben der demütigen und aufrichtigen Seele. Sei gehorsam, wahre in allem das rechte Maß, im Essen, im Wort, in allem, was du unternimmst: dann gibt der Herr selbst dir die Gnade des inneren Betens."

Und Siluan fügt noch hinzu:

„Die Seele des Demütigen ist wie ein Meer; wenn einer einen Stein ins Meer wirft, ist einen Augenblick lang die Oberfläche des Wassers aufgewühlt, aber dann sinkt der Stein hinab in den Abgrund. So versinkt auch jeder Schmerz im Herzen des Demütigen, denn die Kraft Gottes ist in ihm."

Die Demut des Herzens trägt nämlich auch die liebevolle Hinwendung zu den Ereignissen in sich. Das lehrt uns auch Jean-Pierre de Caussade: „Jeder Augenblick bringt eine Pflicht, die wir treu erfüllen müssen." Er gebrauchte gern den Vergleich mit dem Uhrzeiger, der jede Minute den Weg zurücklegt, den er vor sich hat, ohne sich um den vorherigen oder nachfolgenden Weg zu kümmern. Das sagt auch die ganz einfache Antwort Marias: „Mir geschehe nach deinem Wort."

Diese Bindung an den Willen Gottes vollzieht sich ebenfalls in den ganz kleinen Dingen. „Kraft des Höchsten wird dich überschatten", aber dieser Schatten ist die oft dunkle und verwirrende Weise, in der die Gegenwart Gottes sich darbietet (und verbirgt). Da erscheint etwas als ein Schatten; das Sichtbare daran ähnelt den Dingen, wie sie jedermann begegnen, aber das Unsichtbare daran, an das sich der Glaube hält, ist die Gegenwart Gottes. Gott gegenwärtig – das hat Madeleine Delbrêl in ihrer Weise als Frau, als Dichterin und als tief Glaubende deutlich erlebt:

„Wir brauchen hier nicht lernen, wie man die Zeit vertrödelt, sondern wie man allein sein kann, immer wenn das Leben uns eine Atempause verschafft.

Und das Leben ist voll von solchen Atempausen, die wir entdecken oder auch verplempern können.

Was für eine Freude kann es für uns an schwersten und düstersten Tagen sein, wenn wir uns solche, sich ständig ablösende Begegnungen vornehmen."

„Was für eine Freude ist es, wenn wir wissen, daß wir die Augen zu deinem Gesicht erheben können, wenn das Gewühl um uns herum immer erstickender wird, wenn aus dem Telephon ständig „besetzt" tönt, wenn wir an der Haltestelle warten, und der Bus kommt nicht, wenn wir Treppen steigen, wenn wir hinten im Garten noch ein paar Halme Schnittlauch für den Salat holen."

Was für großartige „Wüsten" deckt sie uns hier auf…

Man sagt, die heilige Johanna von Chantal habe einmal Franz von Sales gefragt, ob er sein Gebet verrichtet habe. Er antwortete: „Nein, meine Tochter, heute nicht", zeigte ihr aber zugleich ein großes Paket von Briefen und fügte hinzu: „Ich habe etwas getan, was dem sehr wohl gleichkommt." Wir sollten uns die Sache jedoch nicht zu einfach machen und sagen: ich arbeite, also bete ich! Die Episode spielt sich am Lebensende des Franz von Sales ab. Er hatte jahrelang die Gebetszeiten eingehalten und konnte beurteilen, daß die Beantwortung seiner Briefe dem Gebet gleichkam. Aber Vorsicht, wir sind noch lange nicht Franz von Sales.

Gestern, heute und morgen, für den ungebildeten oder gebildeten Menschen, für den Mönch, den Bauer auf dem Feld oder den Elektriker bleibt das tägliche Leben in Gottes Gegenwart ein Geheimnis des Gebetes und des Friedens. Hier muß ich unbedingt Bruder Laurent de la Résurrection zitieren, einen Laienbruder der Karmeliter, für den das ganze Leben ein Aufmerken auf die Gegenwart Gottes war: „Seit meinem Noviziat", schreibt er, „versuchte ich mich von der Wahrheit dieses göttlichen Seins zu überzeugen (daß also die Gegenwart Gottes nicht irgendeine vage Vorstellung bleibt); ganz durchdrungen von der Größe dieses unendlichen Seins, zog ich mich dann zurück an den Ort, den mir der Gehorsam angewiesen hatte, nämlich die Küche." Manchmal schob sich eine Fülle von abschweifenden Gedanken hartnäckig an die Stelle Gottes, und dann drängte er sie allmählich beiseite. „Die Zeit des Handelns", sagt er, „ist gar nicht von der Zeit des Gebetes verschieden. Ich besitze Gott ebenso ruhig im Durcheinander meiner Küche, wo manchmal mehrere Personen von mir gleichzeitig verschiedene Dinge verlangen, wie wenn ich vor dem Altarsakrament knie." Das setzt aber voraus, daß man zu dem Punkt gelangt ist, an dem man in der Gegenwart Gottes lebt. „Und auf dem Weg Gottes", sagte er, „zählen die Gedanken wenig und tut die Liebe alles." Gott zählt nicht die Dinge, die wir getan haben, sondern die Liebe, mit der wir sie getan haben:

> „Man muß nicht unbedingt große Dinge zu tun haben. In der Küche beschäftige ich mich mit meinem einfachen Rührei in der Pfanne um der Liebe Gottes willen; wenn es dann gar ist und ich sonst nichts zu tun habe, lege ich mich nieder auf den Boden und bete zu meinem Gott, von dem ich die Gnade erhalten habe, es zu backen; dann stehe ich wieder auf und freue mich wie ein König. Wenn ich nichts anderes tun kann, genügt es mir, wenn ich aus Liebe zu Gott einen Strohhalm vom Boden aufheben kann."

Seine Oberen schickten ihn von Paris nach Burgund, Wein zu holen. Bruder Laurent hatte ein verkrüppeltes Bein, er konnte sich auf dem Boot nur vorwärtsbewegen, indem er sich über die Fässer abrollte, aber darüber war er nicht sonderlich traurig, denn er wußte, daß Gott da war. Wir finden durch die bescheidenen Mittel der Gegenwart Gottes großen Frieden in unserem Tun. „Wandle vor mir und sei vollkommen..." Warum führt dieser Weg in der Gegenwart Gottes hin zur Vollkommenheit? Weil er unaufhörlich in jeden Tag unseres Lebens das Wort Jesu hineinträgt, das keine Ausflüchte erlaubt: „So kann keiner von euch, der sich nicht von allem, was er hat, lossagt, mein Jünger sein." Gustave Thibon hat die Stelle so kommentiert: man muß „aufhören, nur an einer Stelle sein zu wollen, sich nur an einem Ort, an einer Sache, einem Wesen, einer Hoffnung festzuhaken." Das bedeutet nicht Gleichgültigkeit, sondern die große Freiheit liebevoller Zuneigung, die wirklich und viel mehr als die andern diese Wesen, Dinge, Worte und die Welt liebt, jedoch im Lichte Gottes, der „verzehrt als verzehre er nicht", wie die Flamme des Dornbuschs, die brennt und doch nicht verbrennt.

Damit werden wir zu Übermittlern des Vertrauens auf Gott. Was sich auch immer ereignet, wird im Glauben und in der Hoffnung erlebt:

> „Mein Gott, ich glaube ... ich hoffe ...
> Warum?
> Weil du es gesagt hast, weil du es versprochen hast, weil du wahrhaftig bist, weil du treu bist."

Was auch geschieht, unsere ganze Stütze liegt in diesem „Weil", *weil Gott Gott ist.*
Und die Liebe?
„Weil Jesus mich geliebt hat, hat er sich selbst für mich ausgeliefert" (Gal 2, 20).
„Weil Gott die Welt so sehr geliebt hat, hat er seinen eingeborenen Sohn dahingegeben, damit jeder, der an ihn glaubt, nicht verlorengehe, sondern ewiges Leben habe" (Jo 3, 16).

*Literatur*

*J. Green*, Le bel aujourd'hui (Librairie Plon, Paris).
*J. Daniélou*, Die heiligen Heiden des Alten Testaments (Stuttgart 1958).
*L. Cognet*, Les problèmes de la spiritualité (Éditions du Cerf, Paris).
*H. de Lubac*, Über die Wege Gottes (Verlag Herder, Freiburg i. Br. 1958).
*Jean Daniélou*, Dieu et Nous, Reihe „Livre de Vie" (Librairie Bernard Grasset, Paris).
*Laurent de la Résurrection*, L'Expérience de la présence de Dieu (Éditions du Seuil, Paris).
*Gustave Thibon*, L'Ignorance étoilée (Librairie A. Fayard, Paris).
*Starez Siluan*, Spiritualité orientale (nach dem Manuskript) Abbaye de Bellefontaine.
*J.-P. de Caussade*, Ewigkeit im Augenblick (Freiburg i. Br. [4]1955).
*M. Delbrêl*, Gebet in einem weltlichen Leben (Einsiedeln 1973).

Von Jacques Loew ist ebenfalls bei Herder
erschienen:

# Christusmeditationen

Exerzitien im Vatikan mit Paul VI.

Dieser Band enthält die Meditationen eines Exerzitienkurses,
den der ehemalige Arbeiterpriester Jacques Loew auf Einladung
Pauls VI., ihm und seinen engsten Mitarbeitern im Vatikan
gehalten hat. Sie stehen unter dem Thema Christus und die
Kirche.
,,Seit dem Buch ‚Der Herr' von Romano Guardini hat kaum eine
religiöse Lektüre einen so tiefen Eindruck gemacht wie das Werk
von Jacques Loew über seine im Vatikan gehaltenen Exerzitien …
Loew setzt in seinen Meditationen biblisch an, bringt Erfahrungen
aus seinem reichen Leben ein und endet in personalen Schluß-
folgerungen. Kontemplation und Realitätssinn vereinen sich in
einer seltenen Weise.''

Christ in der Gegenwart, Freiburg

,,Man ist von der ersten Seite an fasziniert von der biblisch gepräg-
ten Spiritualität und der den modernen Menschen ansprechenden
Lebendigkeit der Darstellung. Es geht um die Person Jesu Christi:
im Alten Bund, in seinem Leben und Leiden und in seiner Gegenwart in der Kirche von heute.''

Amtsblatt des Bischöflichen Ordinariats, Berlin

Übersetzungen in sechs Sprachen; Auflage der französischen
Originalausgabe in einem Jahr: 45 000 Exemplare.
216 Seiten, kart. lam., ISBN 3-451-16420-5

*Verlag Herder Freiburg · Basel · Wien*

*Aus der Schule einer großen Gebetstradition*

Metropolit Anthony

## Lebendiges Beten

Hier führt ein hervorragender Kenner der großen christlichen,
vor allem ostkirchlichen Gebetstradition in Wesen und Grundhaltung christlichen Betens ein und erschließt im Blick auf die
Not heutigen Betens in anschaulicher Weise den Reichtum des
Gebets in seinen vielfältigen Ausdrucksformen.
In England, wo Metropolit Anthony lebt, hat dieses Werk mit
bisher zwölf Auflagen eine außergewöhnliche Resonanz gefunden; ein Erfolg, der in der tiefen menschlichen und spirituellen
Erfahrung des Metropoliten und in seiner sehr persönlichen und
gewinnenden Art begründet ist.

144 Seiten, kart. lam., ISBN 3-451-17497-9


Emmanuel Jungclaussen

## Beten mit Franz von Assisi

Dieser Band bietet in neuer deutscher Übersetzung alle als echt
bezeugten Gebete des Heiligen, der Christen wie Nichtchristen
immer wieder fasziniert und im Innersten bewegt. Die einzelnen
Gebete werden von praktischen Hinweisen zum Verständnis und
Vollzug begleitet. Eine ausführliche Einleitung erschließt den
mystisch-meditativen Grund dieses Betens, während der dritte
Teil wichtige Zeugnisse über das kontemplative Beten in der
Nachfolge des heiligen Franz bringt.
Ein verläßliches Weggeleit in die lebendige Kunst des Gebets.

128 Seiten, kart. lam., ISBN 3-451-17681-5

*Verlag Herder Freiburg · Basel · Wien*